LE LIVRE D'OR D'HITLER
DES DIPLOMATES AU COEUR DU IIIE REICH

希特勒的賓客簿

二戰時期駐德外交官的權謀算計與詭譎的國際情勢

JEAN-CHRISTOPHE BRISARD

讓-克里斯多弗·布希薩————著　洪夏天————譯

目次

推薦序

令人耳目一新的二戰史

——國立政治大學歷史學系教授　周惠民

　　有關希特勒或「第三帝國」的討論已是汗牛充棟，本書作者另闢蹊徑，從俄國軍事檔案庋藏的「第三帝國」禮賓部門舉辦宴會時的賓客簽名簿找出線索，講述一九三九年德國與世界主要國家的關係逐漸發生變化後，各國外交人員的處境，論述或觀察角度都令人耳目一新。

　　一九四一年底，珍珠港事變爆發，許多國家先是斷交，繼而宣戰。天翻地覆之際，留在柏林的各國外交人員得面臨怎樣的未來？當時，約有一千名駐在柏林的各國外交人員遭軟禁，面臨飢餓與絕望，幽居五個月後才獲准離境，倉皇逃出生天。與之對照的，是一九四五年德國戰敗投降後，與德國尚有邦交的各國外交人員，同樣前途茫茫，只不過，沒有那麼幸運。

　　一九四四年底，德國敗象已經相當明顯，此時，柏林所剩的使館已經相當有限，但仍努力維持歌舞昇平的假象。一九四五年四月，柏林外交部門終於面對現實，安排各國重要使節撤離，僅剩下一些參事、祕書留守，直到蘇聯軍隊攻陷柏林，將他們俘虜回莫斯科。這種景象，讓人想起金人南下，將

北宋靖康之變，兩位亡國之君及皇族、后妃全遭擄往五國城的景象。

提前試閱本書時，許多熟悉的人名、事件出現紙上：滿洲國、大島浩，三國共同防共協定等。本書作者花了許多考證功夫，對「第三帝國」末期與柏林仍保持外交關係的幾個國家：愛爾蘭、日本、滿洲國、泰國的外交官員都有詳盡的考證，也可從他們的遭遇，看盡世情冷暖。

一九三九年歐洲戰事爆發後，除了教廷與永久中立國瑞士之外，瑞典、愛爾蘭也以中立國立場，保持對德邦交，並未撤出德國或其占領區。這些中立國都成為當時兩大陣營的緩衝。瑞士則兩面討好：一方面准許難民猶太通過，另一方面卻接受第三帝國的「納粹黃金」，難怪遭受諸多質疑。一九四三年以後，愛爾蘭駐德大使克雷明（Cornelius Christopher Cremin）與瑞典大使瑞雪特（Arvid Gustaf Richert）在柏林仍相當活躍，參加德國政府舉辦的各種官式活動，在「希特勒的賓客簿」上留下簽名。一九四五年四月，俄軍即將攻入柏林，克雷明已經事先獲得友邦善意警告，立即潛往瑞士，逃過一劫，瑞典大使瑞雪特也於四月二十三日離開柏林，命代辦留守。

相較之下，日本駐德國大使大島浩的境遇完全不同。大島浩是「共同防共協定」的影武者，頗受希特勒信任，日本人甚至稱他為「駐德的德意志大使」，挪揄他的親德立場。一九四五年四月十三日，大島浩參加柏林政府的官式活動時，還誓言與德國共赴「國難」。但幾天之後，大島浩便與日本使館許多人員逃往奧地利巴特加斯泰因（Bad Gastein）。五月八日

德國投降，美軍抵達，率先管收日本使館人員，將一干人等送到美國審訊，再遣返日本。一九四五年十二月十六日，大島浩因戰罪而遭起訴，遠東國際軍事法庭判其終身監禁。在服刑十年後，獲得假釋，隱居東京附近，度過餘生。奉命留守柏林的日本使館參事河原駿一郎則與其他國家使館留守人員遭遇相同的命運：送往莫斯科，而後不知所終。

日本人早於一九三二年成立魁儡政權「滿洲國」，但德國遲至一九三八年才在日本堅持下，給予承認並建交。日本隨即以呂宜文出任滿洲國駐德公使，王替夫則擔任參事。德國投降之前，呂宜文已經先安排其奧地利籍情婦並同兩子返回奧地利，自己則回到「新京」，一九四五年八月，滿洲國瓦解，呂宜文被逮捕，曾經遭雲南省高等法院判處死刑，但最終獲赦。留守柏林的祕書王替夫則遭蘇聯逮捕，先在俄國戰犯集中營中服刑十二年，假釋後遣返回國，再度勞改二十二年。一生悽苦，正是蘇武故事的翻版。

作者行文之際，為加強張力，不時加入一些個人想像，例如描寫中華民國陳介大使在一九三九年四月參加希特勒生日宴會時，無法順利出示邀請卡的窘狀，又指出「滿洲國」公使呂宜文不通德文。須知呂宜文是日本早稻田大學工學部畢業，當時日本大學中德文不僅是必修，且必須具備相當能力。呂宜文在柏林期間，與其奧地利管家產生情愫，生育子女，說他不通德語，恐怕無法說服讀者。

希特勒主導的「第三帝國」覆亡超過四分之三個世紀，有關「第三帝國」的論述主題甚多，從戰爭破壞文明、猶太滅絕

離散到戰後世界重整，率皆有之。從俄軍收繳的「第三帝國」
政府文書，挑選宴客的紀錄做為切入點，倒是非常新的嘗試。
視角不一，但幾乎可以得到相同的結論：兵，凶器；戰，危事
也。

推薦序
外交工作的現實與血淚

——時代力量國際中心主任／前外交官　劉仕傑

　　外交官的工作，總讓人聯想到光鮮亮麗的一面。一般人談到外交官或大使，總想到出入各大宴會，杯觥交錯的愉悅畫面，例如一個大使代表母國，意氣風發地跟駐在國進行各項談判交涉。

　　但，你有沒有想過，如果一個大使所派駐的國家，不是正義的一方呢？作為外交官，一方面得聯繫當地的政要，培養與當地政界的關係，一方面又擔心自己未來將被歷史唾棄，甚至影響身家性命，面對這樣的兩難，該怎麼辦呢？

　　《希特勒的賓客簿》正是一本精彩的好書。時間設定在二次大戰，世界分成同盟國及軸心國兩大陣營，希特勒掌權下的納粹德國當時被認為是歐洲強國。二戰情勢未卜，希特勒橫掃全歐洲，如果你是被派駐在德國的外交官，你又如何預知希特勒終將戰敗？

　　這本書的標題乍看之下令人有點困惑，為何要談賓客簿？賓客簿有沒有簽到，很重要嗎？但一讀之下，才赫然明瞭，原來本書講的是「作為派駐納粹德國的外交官，該如何在正義良

心與捍衛國家利益之間求取平衡？」，以及出席希特勒壽宴或相關納粹德國慶典的各國使節，在賓客簿上寫下自己的名字，等到日後德國戰敗，蘇聯的反間情報組織如何找出這些賓客簿上的名字，並一一復仇的故事。

回想起來，一九三〇到一九四〇年代的駐德外交官，想必經歷了內心反覆痛苦的糾結。一九三九年四月二十日，希特勒舉辦五十歲壽宴，這可是一件大事，作為外交使節既然受邀，能不出席嗎？一九三八年十一月九日，德國「水晶之夜」悲劇震撼全世界，無數名猶太人遭到納粹迫害，但派駐德國的外交官，又有何選擇呢？

書中特別寫到了美國駐柏林代辦當時向德國猶太人核發將近七萬份簽證，讓猶太人得以逃到美國。當時美國第一夫人認為應該要每年准許一萬名猶太孩童前往美國，但這項作法當時並未得到美國國內主流民意的支持，最後美國國會只好作罷。這段故事讓我想到，當時中華民國駐維也納總領事館的何鳳山總領事，也不顧上司駐德大使陳介的反對，執意核發了數千份生命簽證予猶太人，多年後何鳳山被稱為「中國的辛德勒」並獲以色列政府頒贈「國際義人」獎項。書中花了一些篇章提到當時滿洲國駐德大使館也核發了數萬名簽證給猶太人，對台灣讀者來說，這是少見談論滿洲國政府的歷史角度。

這些故事，其實都是在談外交官在歷史的洪流下，如何面對自己的良心，做出最終的選擇。而當時各國在思考是否接受猶太難民的難題時，也深怕難民之中是否曾有納粹間諜。這樣的顧慮是否似曾相識？沒錯，香港自從爆發反送中以來，台灣

政府及社會內部激烈辯論是否針接收大規模香港難民，反對派的顧慮即包括：如果這些香港難民中藏有中共間諜呢？

　　回到一九三○～一九四○年代的納粹德國，當時部分歐洲中立國（如瑞士）或小國的駐德代表，事實上因為忌憚希特勒最終將侵略自己母國，所以在與納粹政府互動時，或多或少帶有一種釋出善意甚至祈求輸誠的卑微心態。是的，外交官不總是光鮮亮麗，有些時候為了保存國家生存利益，總得認清形勢比人強的國際現實，畢竟當時的納粹德國，可是勢如破竹呢！

　　一九三九年十一月，希特勒意外逃過一場暗殺行動，當時納粹政府急忙召開一場邀請各國使節的公開活動，慶祝希特勒得到上天的眷顧。所有的外交使節都出席了這場慶祝活動，為何？因為作為派駐德國的外交使節，如果不出席這場活動，可能被解讀為不支持納粹德國政府領袖希特勒。作為外交官，必須要在形式上與派駐國廣結善緣，不是嗎？

　　總之，如果你對外交官的真實工作面貌有興趣，相信你會喜愛《希特勒的賓客簿》這本書。這本書談的是歷史，也是個人。書中將外交官這份看似高尚的工作除魅化，但同時加上了許多人性血淚。

　　讀完此書，你還會認為外交官出席宴會是件輕鬆愉快的事嗎？也許有時是吧，但更多時候可是戰戰兢兢，苦酒滿杯呢。

序幕

一、

史達林從不寬恕。

因為他無所不知。

一九四五年五月二十日，德國納粹就此滅亡。連德國也不復存在。正當歐洲歡慶和平再次降臨，苦難終結，一場復仇計畫在克里姆林宮的高牆裡漸漸成形。對象是派駐柏林的各國外交官。蘇聯中央委員會掌握了完整名單。每一個曾和惡魔希特勒同桌共飲的人，都不放過。

猩紅的旗幟依舊鋪天蓋地飄揚於柏林。只是鐮刀與錘子取代了原本的卐字。但它們有著一樣沉鬱濃稠的紅色，就像戰場上流淌成河的鮮血。躍登為戰勝者的蘇聯軍隊，自五月二日起全面占領這座首都。西方聯軍遲遲未到。他們是否特意向莫斯科獻殷勤？並非如此！俄羅斯人才不在乎那些好意禮讓。他們會威逼要求，也會奪取占有，但絕不會開口詢問。柏林屬於俄羅斯人。史達林在最後進攻前提出要求時，羅斯福和邱吉爾根本無意阻撓。這兩位盎格魯—薩克遜人只在乎結果。他們必須

贏得這場戰爭，歐洲最後的終極之戰，奪下這座永遠不會被稱為日耳曼尼亞的城市。與此同時，只有紅軍願意不計死傷，浴血奮戰。

　　柏林以俄文為語言，以俄羅斯方式「度日」，受俄羅斯法令制約。不過這景況只維持了幾週。到了六月，美國人、英國人，就連法國人都會抵達柏林，要求分一杯羹。但在此之前，柏林之春的這一頁將由西里爾字母寫就。所有人都是如此。從戰囚、德國平民到外國人，絕無例外。戰火一停，俄國人就發現了數百名外國人。其中大多都是外交官和各國大使館的職員。為什麼他們沒有像其他人一樣逃難呢？德國外交部長里賓特洛甫（Ribbentrop）的手下，從三月底就建議過他們。只要他們願意，巴伐利亞及阿爾卑斯山區附近充滿田園風情的地下掩體網絡都可供他們棲身，靜待德軍實現突擊反攻的幻夢。這提議看似頗為慷慨，可惜為時已晚。離開首都代表重陷危險、遭受突擊，死於蘇聯戰鬥機掃射。對他們來說，還不如乖乖待在城裡的防空洞安全。只要戰事一結束，不管戰勝者是美國人、英國人還是俄羅斯人，他們都有外交豁免權當保命符。即使身處戰事，外交官也絕不輕易犯險。這世上還有不容違反的國際外交慣例。

　　那麼，他們是敵人還是朋友？再簡單不過了：蘇聯參謀部不斷探詢只想求得一個答案。一個只有克里姆林宮能回答的答案。五月剛過第一週，俄國政府的辦公桌上就堆滿厚厚數疊來自柏林的報告。某個部隊抓到了幾個日本人，其他部隊則逮捕

了瑞典人、丹麥人、阿富汗人、西班牙人、葡萄牙人、中國人……這出乎莫斯科的意料。該如何處置這些人?他們是朋友還是敵人?

五月十八日,克里姆林宮回覆了。莫斯科下令逮捕所有人。豁免權全面失效。蘇聯政府任命國家安全委員會(簡稱KGB)前身,內務人民委員部(簡稱NKVD)接手處理。從即刻起,軍隊再也沒有發言權,此事轉而成為祕密任務。不只如此,就官方而言此項任務不曾存在。數小時後,柏林各大使館的職員都被召集起來,移送到東邊幾棟殘破的集體建築裡。不過幾個月之前,這些身分顯赫的外交官可是納粹政府的座上佳賓,在第三帝國新總理府的迎賓大廳裡慶祝新年。由於酒精取得不易,香檳更是難上加難,再加上為了配合納粹官員的心情,他們都恰如其分地露出絕望的神色。然而德國人表現得格外友善多禮,幾乎可說是體貼殷勤。就連面對保持中立的小國使節,如瑞士、瑞典、梵蒂岡,德國人也一改過去的輕蔑態度。雖說如此,隨著納粹日暮窮途,這些外交官的境遇大相逕庭。那些母國政府在戰爭期間得以倖免於難的外交人員,心知自己的外交生涯尚未結束。他們可能會出使另一個國家,也許會獲得內部晉升,多半還會寫本回憶錄,講述出使棕土[1]的點點滴滴。然而有些人與第三帝國過從甚密。這些外交官自忖得熬過一段苦日子。他們必須謹言慎行,改頭換面。有些人會踏入

---

1 譯注:納粹衝鋒隊身穿黃褐色制服,因此此處以棕土象徵納粹掌權的德國。

貿易界，做做生意；手中那密密麻麻的通訊錄想必會助他們一臂之力。等到世人漸漸淡忘，也許他們還能重返外交圈，但那會是很久、很久以後的事了。

在這場歷時近六年的全面大戰中，不管與納粹政權的關係親疏與否，各國外交人員都安然度過。大多時候，這是場頗為抽象的全面大戰。的確，同盟國自一九四一年起就不斷發動空襲，讓他們的生活多少陷入困境，但尚能忍受且性命無虞。直到一九四五年四月，他們才見識到瀰漫血腥惡臭、死傷遍野，足以摧毀最堅強的心志的真實戰爭。四月十六日，世界末日終於降臨。它的臉孔粗野，那是俄羅斯農兵激憤的面容。柏林化身為戰場，空襲轟炸，激烈巷戰，希特勒青年團（Hitlerjugend）全變成人肉炸彈，攻擊那些勇猛的蘇聯戰車。夜晚不再黑寂。燃燒彈的火光吞沒夜幕，人造火焰照亮希特勒政權滅亡的最後一幕。接著是無盡沉寂。烈焰吞噬了金屬與磚石的殘骸，也毫不留情地燒過屍體，但槍炮聲已然停止。柏林投降了。有豁免權護身的外交人員終於不必再躲躲藏藏，泰然地前來迎接戰勝者。

他們不瞭解史達林。

他無所不知。他清楚明白當德意志國防軍和納粹親衛隊屠殺蘇聯人民時，哪些人參加了第三帝國的官方儀式與宴會。

一九四三年一月一日。將近一百萬人在史達林格勒死去或失蹤，眼看整座城市即將陷入前所未見的慘烈災難中，與此同時有多少外交官現身德國總理府，參加新年宴會？

共有來自至少二十二國、超過一百名的外交官員出席。

其中一半的國家甚至未與德國正式結盟。

梵蒂岡、瑞士、愛爾蘭、瑞典、葡萄牙、土耳其、阿根廷、阿富汗……這些中立國無法或不願和納粹德國保持距離。當許多國家決定與德國斷交，它們仍守在柏林，直到最後一刻。

蘇聯兩大反間情報組織，內務人民委員部和國防人民委員部反間諜總局（簡稱SMERSH）展現驚人效率。他們在幾天內就翻遍了被炸得面目全非的新總理府。他們找到了許多珍貴文件，其中有本以紅色摩洛哥皮革包覆的寬大名冊。封面繡了民族社會政權醒目的紋章，一頭展翅黑雕以銳爪緊抓卐字的圖像。這是一本官方儀式與宴會的賓客簽名簿。第一頁以一九三九年一月一日為始，一直到一九四五年四月二十日結束，也就是希特勒自殺的十天前。從戰爭期間直到納粹最終垮台敗亡，曾出席希特勒政府活動的男女賓客，他們的親筆簽名、姓名和頭銜填滿了一頁又一頁，總共有一百五十頁。這本簽名簿根本不該落到莫斯科手中。它幾乎不可能逃過無法計數的燃燒彈與燒殺擄掠。但它居然真的倖免於難，完好無缺。一頁不少，毫髮無傷，宛如全新。德國品質，無人能及。

該死的德國品質。

內務人民委員部領導部一分一秒也不浪費，趕緊命人將所有賓客的大名譯成西里爾字母再重新謄寫，接著用紅筆在最重要的幾個人名下方畫上底線。

接下來，他們一如往常地祕密行動。

至於那本簽名簿，已消失在蘇俄祕密警察歷史悠久的莫斯科總部，盧比揚卡大樓（Loubianka）中無人可及的幽暗角落。它就此消失於所有官方紀錄中。第一面扉頁上貼了一張手寫命令：「收進特別檔案區。未經授權，不得交給任何人。」簽名的是內務人民委員部祕書長，馬姆洛夫（Mamoulov）中將，他可是內務人民委員部首腦，也是手握龐大權力的拉夫連季·帕夫洛維奇·貝利亞（Lavrenti Pavlovitch Beria）的親信。貝利亞可說是全蘇聯最讓人聞之色變的人物。

當然，他還是比不過史達林。

二、

「他有幾個？」

「噓！」

「可能五個。至少……不，不只喔。」

「小聲點！他會聽到的……」

「六個？」

「八個！」

他立刻伸出雙手摀住自己的嘴巴，可惜為時太晚。他失聲大叫。那句尖銳的「**八個**」朝庭院傳了過去，沒人阻止得了。他就像個孩子，眼前有頭沉睡的吃人巨獸，心知非輕聲細語不可仍無法克制。

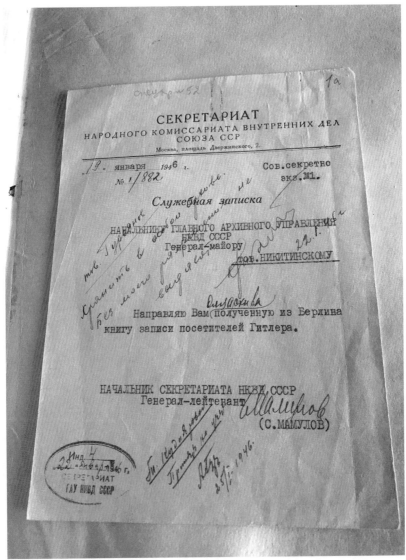

圖説：蘇聯當局針對簽名簿的處理方針。這份一九四六年一月十九日的文件指出，這本簽名簿必須存放於特別檔案中，除非有特別准許令，否則不能讓任何人過目。簽名的是內務人民委員部馬姆洛夫中將。（俄羅斯聯邦國家檔案局〔簡稱Garf〕，莫斯科）

他身旁那幾個同伴機靈地貼緊窗框。千萬不能被看見。

他們是丹麥人和挪威人。全是大使館的祕書、外交官和記者，但此刻都成了內務人民委員部的犯人。

兩層樓的下方，那片疏於整理而長得過高的草地上有名士兵，頂著一頭削短的亂髮，後腦勺平坦得像掌心。他張口發出一聲低吼。他挺起肩膀，望向眼前的建築物。他有對寬大凸出的顴骨，襯得那雙眼更加細小。還未進入夏天的這個五月，熱浪已先行襲來，讓他覺得此刻的柏林更加難以忍受。阿爾泰山脈（Altai Mountains）₂下涼爽的大草原格外令他思念，但它卻從未如此遙遠過。魁梧健壯的西伯利亞人緩緩地伸展身軀，背上的肌肉隨之扭曲，直到那件品質粗劣的棉布背心都變了形。他以滿懷自信的氣勢，從褲腰刀鞘裡拉出一把長刀。

他是否聽到囚犯的呼喊？他會不會站起身？踏著大步上樓來？對他們施以重刑？

那個發出驚呼的丹麥人，大氣也不敢喘，緊挨著牆往下滑。他依然用雙手摀住嘴巴，眼神掃過身旁的幾張臉孔，迫切尋求答案。一個能讓他安心的訊號。然而他找不到任何回應。儘管如此，他們可都是熟悉權謀角力之人，見識過許多高壓的大場面。其中有些人還見過希特勒、里賓特洛甫，或者這個民族社會主義國家其他地位顯赫的官員。他們自認通曉與這些人應對進退的祕訣，但恐怕還不夠熟練；或者不如說，他們自以為有勇氣抵抗，不會完全灰心喪志。不管如何，納粹政權垮台後，他們是這麼宣稱的。然而當威脅再次敲門，他們卻都躲在這兒瑟瑟發抖，手足無措，連大氣也不敢吭一聲。

這群斯堪地那維亞人中，最靠近窗戶的那個人恐怕好奇心最重，至少必定是最莽撞的，他小心翼翼地抬了抬下巴，示意同伴們靠近些。樓下花園的西伯利亞人盤腿而坐。雙臂上共戴了八只手錶的他，正試圖用刀尖一一撬開錶蓋。八只手錶！大使館的年輕職員看得沒錯。想到俄羅斯人對鐘錶的熱愛，他不禁笑出聲來。但那突如其來的淺笑很快就消失了。專心拆解戰利品的士兵什麼也沒聽見，只顧欣賞那精巧的機械構造。他知道他還會找到更多手錶。比這些都更迷人，想必也更加昂貴的手錶。也就是那些富裕外交官戴在手腕上的錶，他們很快就會被送往莫斯科。

克里姆林宮核准了接下來要移送的囚犯名單。

名單很長。

那些公務員沒花什麼心思就列出了名單。只要翻到希特勒賓客簽名簿的最後幾頁就夠了。只要列出從一九四五年一月到最後一個有人簽名的日期，也就是一九四五年四月二十日希特勒生日，這段期間出現的所有人名即可。

二戰的最後幾個月，只剩下十六國外交使節留在柏林；與戰前一九三九年四月相比，當時共有五十三國在柏林設立外交使館。在這十六國中，有些與納粹結盟，有些則是沒有斷交。

2　譯注：阿爾泰山脈從中國新疆維吾爾自治區北部和蒙古西部，一直延伸至俄羅斯境內與哈薩克東部。

首先是日本和兩個由日本在中國建立的傀儡政府：滿州國和南京政府₃。然後是法西斯義大利。若要直接稱為義大利，也無不可。義大利半島自一九四五年夏天分裂為兩半。同盟軍入侵西西里島後，南義大利就加入同盟國陣營。墨索里尼只勉強控制北半部，自稱義大利社會共和國，亦稱薩羅共和國。除此之外，還有親納粹的克羅埃西亞、斯洛伐克和匈牙利。它們都是德國的附庸國，想盡辦法勉力生存。但每個禮拜，反納粹勢力與蘇聯軍隊都奪走它們大塊領土。最後，別忘了還有泰國。雖然兩國距離遙遠，但泰國一直是德國忠心耿耿的盟友。

其他還有幾個與納粹沒有太多牽連、表面維持中立的國家，力圖維持柏林大使館運作。它們包括六個歐洲國家：梵蒂岡、西班牙、瑞典、瑞士、葡萄牙和愛爾蘭。比較特別的是已被納粹占領的丹麥，它除了維持邦交別無他途。接下來，還有個距離遙遠、令人意外的奇特國家：阿富汗。阿富汗曾試圖加入軸心國，在英蘇兩面施壓下只能作罷，但仍堅持不與柏林斷交。

弗拉迪米爾・伊茲列羅維奇・康涅夫斯基（Vladimir Izrailovitch Kanevsky）中將出生於烏克蘭。那個慘遭納粹蹂躪的烏克蘭。四十歲的康涅夫斯基毫不掩飾身上的猶太血統，不過就像所有的好蘇聯人一樣，他痛恨社群主義（Communitarianism）₄也痛恨宗教。他是否知道自己家人在戰時吃了多少苦頭？他知不知道德國人槍殺了將近一百五十萬名烏克蘭猶太人？德國特別行動隊（Einsatzgruppen）負責執行那

場大屠殺。在這個一九四五年的五月，康涅夫斯基想必對此瞭若指掌。畢竟他的專業正是搜集情報。無人知曉、極為機密，唯有政府高層才知道的情報。康涅夫斯基身上穿的軍服與一般軍人並無二異，但他隸屬一個極為特別的部門。他在外套左肩的數個勛章旁邊，別了一個頗不起眼的小徽章，一把劍上壓著鐮刀和鐵槌的圖樣，中央只寫了五個西里爾字母：CMEPIII。譯成拉丁字母就是「反間諜總局」，這個縮寫可說是「間諜滅亡！」的象徵。

在史達林指示下，反間諜總局於一九四三年四月成立。此機構專門從事反間諜任務，支援內務人民委員部之餘，也肩負監視後者的任務。史達林慣於增加繁複的權力控制層級，祕密情報機構也不例外。康涅夫斯基中將可不是為了確保外交官移送任務順利進行而隨便受到委派。這名反間諜總局官員本是內務人民委員部的高階官員。這段悠長的故事始於一九二〇年，當時康涅夫斯基不過十五歲。耐心十足的他擅長攀權附勢，數次逃過大清洗，在大禍臨頭前先行揭發他人，但他最屬害的長項還是服從，盲目的服從。

今天，這名高官無須再弄髒自己的雙手。至少表面上是如此。他把那些骯髒事都交給別人去做。那些年輕人。政府不斷

3　譯注：指汪精衛政權。
4　譯注：一種提倡民主卻與個人主義、自由主義對立的政治哲學，又稱為「社區主義」、「共同體主義」、「合作主義」等。社群主義強調個人與群體之間的聯繫。這種信念源於認為自我、社會認同、格等概念都是由社群建構，與個人主義的觀點有很大分歧。資料摘自維基百科。

召集新血加入，好替換那些太快就消耗殆盡的老鳥。康涅夫斯基再次細讀那份外交官名單。軍隊的打字機老是故障，設計差勁，再由薪水低廉的工人以粗劣技術製作而成，這名單就是用其中一台爛機器打成的。資源供給一再被削減，也延誤了政治警察的辦事效率。他得抱怨幾次？色帶、墨水、鍵盤，全部都故障了。這份名單只能勉強辨認。更別提那些名字了！把它們全翻成西里爾字母是項艱鉅任務，到底要怎麼交叉對照？錯誤連篇。瑞典大使館的代辦雨果・昂法斯特（Hugo Ärnfast）成了一名叫做雨果・昂・法斯特（Hugo Ern Fast）的瑞士外交官。這都是因為俄文的「瑞典」和「瑞士」寫法幾乎一模一樣。

讓我們稍稍離題，聊聊昂法斯特這個人吧。一九四五年四月底，他成了瑞典駐柏林代表團最高階的負責人。然而他年僅三十六歲。當柏林傳來蘇聯軍隊的第一聲槍響，瑞典大使立刻逃離柏林。兵荒馬亂之際，昂法斯特被要求守在首都，以各種方式維護瑞典王國的權益。首先，柏林空襲不斷，他得想辦法抵擋，於是他在大使館防空掩體的屋頂漆上黃藍兩色，也就是瑞典的代表色。接著蘇聯開始最後一波攻擊，他在使館外面都貼上俄文傳單，以求喚醒士兵的憐憫之心。雖說瑞典沒像日本與蘇聯簽下協約換取安全保障，但握有另一個強大優勢：莫斯科在一九四一年六月選定瑞典擔任「委託保護國」，負責維護蘇聯在整個德國的權益。一九四五年五月一日，昂法斯特寫給蘇軍的信中提道：「若有機會拜見紅軍代表，我將十分感激。……如您們所知，瑞典皇家代表團仍是維護蘇聯在德國權益的『委託保護國』。」然而俄羅斯人也知道，最後幾個捍衛

希特勒地堡的部隊中，有支是親衛隊北地師，其中部分士兵是效忠納粹的瑞典人。然而在五月一日下午，北地師一名上尉漢斯—葛斯塔・派爾森（Hans-Gösta Pehrsson）向瑞典使館求助，希望他的同志能夠順利回鄉。昂法斯特該怎麼回覆這名親衛隊上尉呢？除他以外，大使館另有九名留守職員，他是否願意讓全員都為此擔上死亡風險？幾個小時後，瑞典的防空掩體就被俄羅斯人占領了，而派爾森已不知所終。

　　康涅夫斯基無意為了昂法斯特而打亂蘇聯威力強大的指揮鏈。究竟是瑞士或瑞典，無足輕重！這是刻不容緩的隱蔽任務，不容任何阻礙。所有人都得在一九四五年五月二十日這天啟程前往莫斯科。預計午後三點出發。通往蘇聯首都的鐵路網才剛修復。對蘇聯工程師和工人來說，這是場浩大艱困的工程。過去幾個月戰火連天，近兩千公里的鐵路被截得七零八落。不管是波蘭還是白俄羅斯平原，都只剩片斷殘骸。土地就像人民一樣，都被多達數噸的彈藥炸得遍體鱗傷，也被無數坦克輾壓，每一座橫越河川的橋梁都慘遭摧毀。然而史達林下了命令。這些外交官必須全送到蘇聯境內再行審問，以避開同盟國目光。既然如此，不管付出多大的代價，柏林與莫斯科之間的鐵路線也必須再次通行。那些囚犯將帶著僅有的行囊踏上悠長緩慢且艱辛的旅程。柏林上流社交圈的豪奢日子已經遠去。他們擠進臨時改建的車廂，度過漫長的五天五夜，沒有暫時下車的權利，就連一秒也不行。他們必定會抱怨，有些人說不定會大膽地以外交報復行動來威脅士兵；這會給內務人民委員部

和反間諜總局人員帶來不少樂子。他們每個人都會受到各種折磨。然而他會一心盼望。盼望一到莫斯科，就能從這場夢魘中醒來。他們將多麼失望啊！

三、

他怒不可遏。

胸口怒火每一天都燃燒得更加熾熱。

首先，他在滿目瘡痍的大使館區遭到逮捕。那些醉醺醺的切爾克斯人（Cherkess）抓了他。這些士兵連德文都不會講。他們舉槍瞄準他，他趕緊揭露自己的身分，以為會獲得應有的尊重。他可是泰王國在德國的官方代表呢，不是嗎？他可是獲得全權授命的大使呢？但現在他卻被困在這兒，柏林市郊利希騰堡（Lichtenberg）窮人區的一棟集合建築裡。他們為什麼強迫他離開大使館，移居到如此殘破的公寓？而且還得和荷蘭外交官同住。甚至得忍受老是喧譁不休的鄰居，那些住在樓下的丹麥人……更別提一樓的西班牙人和義大利人了，他們一想到可能被槍決就驚慌失措。那些俄羅斯人的確老是威脅他們，但也不用這樣吧！難道他們都把自尊拋在腦後了嗎？

帕薩・朱辛（Prasat Chuthin）抬頭挺胸，目光堅定不移，渾身上下散發著軍人氣息。他可不是來自一般部隊。他是泰國軍方菁英，證明就是他參與了泰國最近一場政變。那是一九三二年的事，在希特勒掌權幾個月前。後來他就被任命為軍隊的參

謀長，接著升為國防部次長。他是一國高官，一名魅力十足的領導人，這就是別人眼中的朱辛將軍。

茶葉的品質低劣，難以入口。自傲的泰國人已事先向客人為此道歉。當前情勢一片混亂，他無力提供更好的茶。主人堅持老派作風，讓瑞典大使館祕書的太太不禁感到好笑。她早就聽說這人有點奇特，對禮節一絲不苟，對酒精的愛好更是人盡皆知。祕書太太身旁坐的是滿州國大使館的年輕助理，只顧著用微笑隱藏自己的侷促。另外兩位客人坐立難安。和其他人不同的是，這兩位不幸都是德國人。雖然他們為泰國大使館工作，但他們不相信俄羅斯的復仇計畫會因此放他們一馬。

朱辛以一貫戲劇化的姿態，滔滔不絕地批評蘇聯的占領行動。誰都別想動他的德國職員一根汗毛。他會保護他們的安全。他將手放在胸口，認真地向他們擔保。不只如此，他繼續說道，蘇聯不會軟禁他太久。六月九日將是他的五十一歲生日，他相信自己一個月內就會在曼谷或倫敦與家人團聚。朱辛的嘴唇上方有兩撇細心修剪的短鬍子，深褐色的頭髮緊貼在後腦勺，身材精瘦的他的確頗有魅力。他幻想自己是名身在十九世紀的普魯士人。說起來，他還真有幾分普魯士人的神氣呢，不是嗎？一九〇八年，當時他不過十四歲，是隸屬暹羅王國5皇家軍隊的年輕新兵，獲得國家獎學金的他得以前往德國求學。他在德國待了六年，接著轉往瑞士，於蘇黎士綜合理工學

5　譯注：暹羅在一九三九年改名為泰王國。此後曾於一九四五年九月八日改回「暹王國」，至一九四九年五月十一日復改為「泰王國」並沿用至今。

院完成學位。在這段漫長時光中，他不僅學會流利得近乎完美的德文，也發自內心地仰慕日耳曼的軍事觀念。對他來說，在一九三九年受命成為柏林大使，可說是場歸根之旅。一切都是那麼理所當然。當時泰王國的新制軍隊只欽慕墨索里尼。但對朱辛來說，希特勒才是真正的硬漢。自從見過元首本人後，他到處向人讚揚：「他是真正的德國『紳士』。」那是一九三九年二月二十八日。他終於趁著上呈泰國國書的機會，與希特勒見面。當時希特勒尚未入侵波蘭，二次世界大戰還未揭幕，但他已併吞奧地利和一部分的捷克斯洛伐克，也早就開始迫害德國境內的猶太人。而朱辛大使怎麼形容這名無情暴君？「一名紳士」！

　　他戰後出版的回憶錄為希特勒畫下動人的肖像：「他的聲音如此親切真誠，令我大吃一驚。我很清楚鄰國都對他滿懷恐懼，可說整個歐洲都小心提防他，但我眼中只見到一個溫和仁慈得令人無法相信的男子。完全看不出來他會毀滅全世界。 6」一九三九年的這場會面促使一段互敬關係萌芽，甚至可稱為一段友誼。至少朱辛這麼宣稱。就像一名忠誠知交，堅持不懈的泰國將軍頻繁出席德國政府的重要場合。特別是希特勒的壽宴。包括最後一場。即使一九四三年後，納粹政權在同盟國激烈空襲下漸漸崩毀，他也不曾退縮。到了一九四五年，柏林只剩下少數的狂熱分子，守在前線的戈培爾（Goebbels），繼續向眾人保證納粹終將贏得勝利，朱辛也從未殆忽職守。他是「五人俱樂部」的成員，是參與元首最後一場壽宴的五名外交官之一。他慶賀元首度過五十六歲生日。那是一九四五年四月二十

日，他前往第三帝國新總理府的廢墟，就在希特勒個人地堡的上方。

　　壽宴氣氛哀悽，為時短暫。德國「完美的紳士」阿道夫・希特勒失去了往日的傲氣。他的雙眼早已失焦，很長一段時間他都不再直視任何人。就連身旁的軍官也態度散慢。迎接賓客時，有些人的手臂軟弱無力，不像以前舉得筆直。現身的只有朱辛大使，日本使團的三名成員和阿富汗代表。在蘇聯的槍林彈雨下，其他國家的外交官都不敢貿然出席。一群無恥卑劣之徒！泰國將軍嚥不下這口氣。這是他在民族社會主義德國的最後一場宴會，他為此自豪。蘇聯會因他效忠德國而逼他付出代價嗎？他才不在乎呢。況且，蘇聯怎會知道呢？當然總理府有賓客簽名簿可作證。基於官方禮儀，泰國人常在上面簽下自己的大名。即使戰敗已無可避免，末日即將到臨，一名納粹官員依舊請他在希特勒的簽名簿上簽到。再怎麼樣都不能省略流程。朱辛很清楚。秩序與嚴謹，不正是所有文明社會的根基？再說，就算蘇聯人發現那本名冊，朱辛也不怕。他是泰王國的駐德代表，沒人能動他一根汗毛。

6　Phra Prasaṭ (Chuthin) Phitayayut,๒๒๕ วัน ในคุกรัสเซีย ของ พลตรี พระประศาสน์พิทยา ยุทธ(*225 jours dans un camp de prisonniers de guerre en Russie, du general de division Prasat Phitayayut*), non traduit en francais, edition privee, 1948, p. 14.
7　譯注：一八九七年～一九四五年，納粹德國時期的國民教育與宣傳部長。

四、

喀喇！喀喇！喀喇！

軍靴踏響了整座樓梯。

喀喇！喀喇！喀喇！

每一層樓的房門都微微開啟。

丹麥人的房門口探出一顆頭，想輕聲提醒瑞典鄰居。驚慌失措的挪威人看著這一幕。一樓的義大利人放聲尖叫。婦女們哭了起來。

砰！砰！砰！

現在響起了敲門聲。

周圍更加嘈雜。到處都是士兵！每組都有數十人。他們三步併作兩步地跑上樓，用槍桿撞開每一扇門，衝進一間間公寓。他們喊著同一句話：「出來，帶著行李，三十分鐘後上火車。」朱辛差點打翻手中那杯難以下嚥的茶。他的賓客全都渾身顫抖。特別是那兩名德國人。莫斯科！他們要被送到莫斯科了。一定是這樣。他們早就知道了，早就說過，一說再說……他們全都要被送去古拉格（Goulag）8勞改營了！自傲的泰國將軍拒不從命。他高傲地表示，他絕不離開。他雙臂交叉，一臉挑釁地瞇起眼。一名不過二十歲上下的士兵大吼大叫地走進來。這老將軍居然大膽抗命，俄羅斯人不禁自問，他是犯蠢還是瘋了？他走上前，向泰國人重複去搭火車的命令，說了時間，要他趕緊收拾行李，快點！他用俄文說著：「快點！快點！」朱辛依舊不為所動。他很熟悉這些軍人。他管理軍隊的

經驗豐富得很。他知道凡事都能交涉。此時一名下級軍官踏進房來。他年長了些。他明白發生了什麼事。他向年輕新兵大吼幾聲，接著舉起手中的衝鋒槍，對準泰國大使的腹部。這下子朱辛無法再堅持下去，他已輸掉賭注！不准再抗議。泰國大使失敗了。只能服從。動作快！快點、快點！

　　泰國人終於踏出門，此時中庭裡已聚集了第一批囚犯，周圍都有持槍士兵護衛。那位西伯利亞士兵不再把玩手錶。他一邊整理外衣，一邊看著那些經過眼前的囚犯。很快就要中午了，他餓了，而且渴得要命。踏著桀驁不恭的步伐，他走近那些他完全不認識的外國人，緊盯著他們的手腕。他對這些人一無所知，只知道他們身上穿的是華貴衣裳，舉手投足都流露資產階級與富裕的氣息。那些囚犯立刻小心地用外套遮掩腕上的手錶。只有一名受不了炎熱天氣的日本年輕人捲起袖子。西伯利亞人快如閃電地抓住了他的手臂，搶奪他腕上好看的金錶。沒人敢插手干預。何必冒險？戰爭已經結束。每個人心裡只有一個期望：再多撐幾天，再多撐幾週就好。

　　「你們不是囚犯！」

　　車站，快走向車站。那些脾氣暴躁的士兵，伸長手臂指示他們前進的方向。

　　「蘇聯軍隊是為了保護你們而來。」

8　譯注：「古拉格」是蘇聯的國家政治保衛總局內務人民委員部的分支部門，執行勞改、扣留等職務。被囚入這些營房的人士包括不同類型的罪犯，日後成為鎮壓反對蘇聯異見人士的工具，遭囚禁人士數以百萬計。

　　所有的外交人員都拉著沉重的行囊，步履艱難。行李裡面可能裝了換洗衣物，可能裝了錢或珠寶。想必也有些食糧和藥物。都是必要的生存用品。

　　「……為了保護你們……」

　　那些俄羅斯軍官又出現在漫長的人龍旁，用俄文和德文重複同樣的幾句話。

　　「為了你們的安全，我們會護送你們前往莫斯科。」

　　不要製造恐慌，穩定他們的心情，維持行進的節奏。

　　「柏林仍然很危險。我們會保護你們……」

　　內務人民委員部和反間諜總局的探員早已非常嫻熟這種任務。他們全是專家。他們在不到兩年前曾流放了大量蘇聯人。都是些卑劣分子。不管如何，至少政府這麼認為。那是群高加索人。政府判定他們是國家的敵人，把他們全送往西伯利亞和中亞。德國人占領他們的家園，是他們的錯。其中有些人可能還和納粹私通。史達林一向採行連座法。所有人都是共犯。不只是幾個男人，不只是幾個村莊，不，**所有人**都有罪！婦女，孩童，老人，嬰兒！那是一九四三年到四四年間的事。幾週之內，將近一百萬人流離失所。一場慘烈的歷史事件。

　　對他們來說，將幾百名外交官押送莫斯科，根本像孩子玩扮家家酒。

　　他們對外交官說話時，的確像對孩童說話般，東編一個、西編一個謊言。到時候他們會大失所望，但那是之後的事了。算他們可憐。

　　「到了莫斯科，你們就會被送回自己的國家，可能搭飛

機、搭船或搭火車。但你們不能穿越德國。」

亞歷山大・佩托維奇・沃爾可夫（Alexander Petrovitch Volkov）足可稱為囚犯移送專家。他有張飽滿圓臉與肥厚雙頰，看起來就像個娃娃玩偶。不過那緊抿的嘴唇和陰沉的眼神，都在提醒人們千萬別小看這名四十多歲的壯年人。一九四三年冬天，他負責押送車臣人和卡爾梅克人（Kalmyks），，強行送到俄羅斯的不毛之地。他當然清楚這回的新任務遠比過往更加敏感。面對這些外國人，他不能妄用武力，也不能「損失」大半囚犯，就像那些車臣人。這一回，上面不允許當下處決任何人，也不能發生任何可疑的死亡事件。這一回的犯人可不是高加索山裡的居民，而是世界各國的外交菁英。沃爾可夫向手下一再交代。再小的失誤，也足以賠上他們的性命。他自己也難逃其咎。相反地，要是他成功達成任務，說不定會獲頒衛國戰爭一級勳章。他一定會成功的。這可是非凡成就，想必能讓他在莫斯科謀得令人稱羨的職位。

那一大群日本人兩兩並排，走過他的面前，無人開口。一共二十二人。其實沃爾可夫對他們毫無興趣。這名軍官知道，他們馬上就會被送上西伯利亞列車，直接送到滿州國。日本和蘇聯在四年前簽下一紙協約，明訂莫斯科會盡力保護蘇聯接管的日本公民，護送他們到日本或日本的盟國。至於其他外交官

9　譯注：卡爾梅克人分布於西伯利亞南部，俄羅斯聯邦和蒙古國境內的一個民族。

的目的地，則是克拉斯諾哥斯克（Krasnogorsk）。那是一個廣大的集體監獄，隱藏在莫斯科西北方十八公里外的禁區，專門用來關住戰犯。

克拉斯諾哥斯克囚犯營分成三區：第一區是審問區與新囚犯的分類區，第二區是一間「反法西斯」學校，第三區是農工營的辦公室。

來自柏林的外交官，大部分都待在第一區。他們的生活環境不會改善多少。木造小屋裡，每間房擠了十六個人，無法與

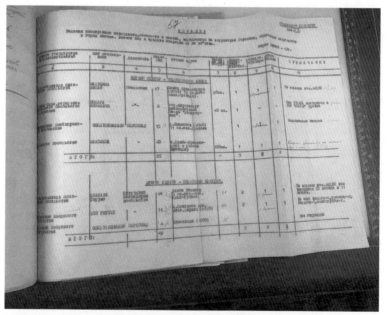

圖說：一九四五年五月戰爭結束後，蘇聯在柏林逮捕的各國外交官的相關紀錄，被內務人民委員部歸類為最高機密文件。（俄羅斯聯邦國家檔案局，莫斯科）

外界有任何聯繫。身邊環繞著各種寄生蟲、虱子、跳蚤……，
吃的是發臭的食物。除非他們有錢，才能買一點麵包，或一碗
用真正蔬菜煮的湯。克拉斯諾哥斯克就像所有的古拉格勞改
營，什麼都能買，一切都有價。接著還有一輪又一輪的審問。
無論日夜，每天都得被審問。特別是夜裡。持續不斷四、五個
小時。沒有人支撐得了多久。

　　有些人會在這兒待數週，其他人則會待上幾個月，甚至好
幾年。

　　不過他們必須先回答，佐證，說服。

　　並且解釋他們的名字為什麼那麼頻繁地出現在希特勒的簽
名簿中。

第一章
猶太人悲歌

柏林，第三帝國總理府

一九三九年四月二十日，元首五十歲壽宴

　　簽名簿：經辨認，共有來自四十四國的四十八名賓客簽名（另有三個難以辨認的簽名）

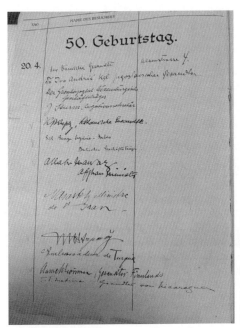

圖說：一九三九年四月二十日，元首五十歲壽宴。英國代辦喬治・奧吉爾維—佛比斯（George Ogilvie-Forbes）的簽名清晰可見。德國禮賓人員以黑色鉛筆，在有帶邀請函的外交官名字旁打勾（俄羅斯聯邦軍事檔案庫〔簡稱RGVA〕，莫斯科）。

圖説：一九三九年四月二十日，續上圖。最上方是中國代表陳介。接著是委內瑞拉代辦拉斐爾‧安格瑞塔‧艾爾維洛（Rafael Angarita Arvelo）。更下方則有法國代辦克里斯蒂安‧卡何‧德‧沃聖錫爾（Christian Carra de Vaux Saint-Cyr），瑞士使節漢斯‧弗利樹（Hans Frölicher），以及美國代辦雷蒙‧蓋斯特（Raymond H. Geist）。

他們說他們沒有選擇餘地。

他們說當時還沒開戰。

他們說當時他們並不知道……

　　那一天是希特勒五十歲壽宴。五十歲是重要的一年，是個逢十整數，恰好半百。希特勒會活到一百歲嗎？他是否真有不死之身？一九三九年的德國，想必有人如此殷切期盼。這是轉折性的一年，值得慶賀的一年，世界還沒因戰爭而天翻地覆。幾個月後，當德國人回想一九三九年四月二十日這一天，心頭必定會湧起一股懷念之情。這是個天真爛漫的年代，人們無所顧忌地伸直手臂，朝前方高舉過肩，不用擔心受到世人批判。人們也能毫不拘束地高喊「希特勒萬歲」。在一九三九年，何必因加入納粹或熱愛元首而羞愧呢？他為了德國人民付出了那麼多，不是嗎?!經歷一九一八年災難般的慘敗，德國終於再次揚眉吐氣。不管是在綠意盎然的鄉間，還是人人辛勤勞動的大城市，希望都再次降臨。失業率、惡性通貨膨脹、共產黨和他們紅色的黨旗，全都消失了，被趕走了，煙消雲散了。它們去了哪兒？那些共產黨人又被送去哪裡？難不成被送到蘇聯去了？不！沒那麼遠。被送到集中營嗎？可能吧……但誰會關心那些事？

　　當然，世事並非完美無憾。人民的飲食品質大不如前，都是因為最近推動的糧食限制。肉類稀少，奶油也很少見。然而為了刺激國家經濟再次蓬勃發展，重建令人驕傲的國軍部隊，人民盡一點心力也是應該的，不是嗎？就像戈林（Göring）₁元

帥說的：「槍炮與奶油之間，我們已做出選擇！₂」雖說提倡民族社會主義的納粹黨₃也難免出現幾個害群之馬，有時惡作劇地嚇唬那些路上的好人，不只是猶太人，他們也會找善良德國人的麻煩。真是太可惡了！要是希特勒知道這回事，他一定會力行改革，晚上的酒館裡，人們低聲地彼此安慰。猶太人？啊，是的，猶太人……他們吃了不少苦頭。但又能怎麼辦呢？種族迫害，暴力凌虐，反猶太法令……太可怕了。可怕到連國際社會都關注起這個問題。

　　一九三八年七月，多達三十二國的代表聚集在利曼湖畔（Leman）₄美麗迷人的法國村莊埃維揚（Évian）。這是美國總統羅斯福（Roosevelt）的主意。第三帝國再也不想見到那些數以千萬計、百萬計的男女老幼，必須想辦法安置他們才行。國際聯盟（Société des Nations，法文簡稱SDN）₅的總部設於瑞士，這場會議自然該辦在瑞士。雖然十分遺憾，但此舉萬萬不可。太複雜，太過耗時了，但最重要的是，向來愛好和平的赫爾維蒂聯邦（nation helvète）₆何必冒險激怒衝動暴躁的鄰居納粹德國？於是愛充好漢的法國接下這個任務。柏林未受邀請，而羅馬拒絕出席。幾個民主大國才不需要那兩個逐漸朝法西斯主義靠攏的國家加入，一起商討如何處置這些「政治難民」。這些人是「難民」，而不是「猶太人」。後者隱含某種意涵，還是別用的好。在埃維揚，沒有半個人吐出「猶太人」三個字過。他們估量，實在沒必要譴責德國當局。經過一整週的研商，國際聯盟終於達成共識，那就是什麼也不做。沒有人願意改變平時的難民配額。只有一國例外：多明尼加共和國。這個位在加

勒比海的國家願意提供十萬個簽證名額，令眾人大吃一驚。但附加條件是他們必須移居到深山叢林的無人地區，開墾拓荒，推動農業。

埃維揚會議後幾個月，德國在一九三八年十一月九日再次爆發一波反猶太迫害行動，激烈的程度可說前所未見。將近一百萬名民族社會主義分子組成的準軍事部隊，在一夜之間將兩百六十七間猶太教堂化為灰燼，洗劫、破壞多達七千五百間猶太商店。數十人不幸喪命。歷史稱這一夜為「水晶之夜」。詭異的是，到了一九三九年四月，德國再也沒有人提起這件事，好似這場殘暴無情的暴動未曾發生。只有德國猶太人沒有忘記。他們意識到自己已不再被當人看。不只如此，每個月都有新法令提醒他們這回事。一九三九年春初，新頒布的法令禁止猶太人駕駛任何車輛，除了不能從事醫療、法律業，也不能在任何公共部門任職之外，又再加上了更多職業限制。猶太人別無選擇，只能勉強在沉默中生存。這下德國警察終於放下心來，猶太人絕沒有任何機會破壞希特勒的誕辰慶典。不管是猶

1　譯注：一八九三年～一九四六年，二戰時期德國空軍總司令，於一九四○年被希特勒升任為「帝國大元帥」，擔任過許多跨黨政軍的職位。
2　Robert Coulondre, *De Staline à Hitler. Souvenirs de deux ambassades, 1936-1939*, Paris, Hachette, 1950, p. 211.
3　德國工人民族社會黨（Nationalsozialistische Deutsche Arbeiterpartei）。
4　譯注：亦被稱為日內瓦湖（Lake Geneva）。
5　譯注：聯合國前身。
6　譯注：瑞士正式國名。
7　譯注：指不屬於正規軍，但高度軍事化的專業武裝組織。

太人還是任何人都無權掃大家的興。但誰會想掃興呢？有誰不支持元首？整個德國——或者說幾乎整個德國——都恨不得向他致上最高敬意，展現對他的愛戴。德國在六年前透過民主途徑證明對他的敬愛，甚至為了維護國內和平，不惜擁抱他的專制與暴力。德國相信這個充滿活力的男子會開創一個帝國。五十歲的他看起來正值壯年，依舊活力充沛，精神煥然。這位傑出的政治家深諳如何在歐洲發揮無人可擋的影響力，就連在全球舞台也大放異采。就官方而言，一九三九年有多達五十三國在德國首都設立大使館。此數目超過世上四分之三的主權國家。

但接下來不出五年，將近一半的大使館都會關門大吉。各國大使和外交人員不是回到本國，就是被稱為蓋世太保（Gestapo）的德國祕密警察軟禁。有些人不只失去外交身分，也失去了國家，遭德國及其盟國併吞。不過我們別太心急。

柏林在一九三〇年代末，再次成為放眼世界的外交重地。全球各國都急著派外交官前往柏林。不只美國、蘇聯、歐洲各國，就連拉丁美洲國家和大部分的亞洲國家也是如此，別忘了還有非洲和中東少數幾個獨立國家。不管納粹的政治謀略多麼殘暴，多令人不齒，德國仍是個值得往來的國家。當德國外交部邀請各國外交官前來慶賀元首誕辰，他們都唯命是從。有些國家特別愛挑剔，藉由暫時召回自家大使表達不滿，只留一名代辦或次級官員在柏林。美國、英國和法國選擇這麼做。對美國而言，水晶之夜太過殘暴。英法兩國則是為了強調自己絕非膽小之徒。原本他們對德國的行徑不置一詞，直到一九三九年三月，德國出兵攻擊他們的盟友捷克斯洛伐克。根

據德、法、英、義四國在一九三八年九月三十日簽下的協約，只要蘇台德地區納入第三帝國的領土，希特勒就保證不會向那些中歐的鄰居小國下手。有誰真相信納粹的保證呢？捷克人絕不會相信。

他們是對的。

簽下慕尼黑協定後不到六個月，德軍在一九三九年三月十五日浩浩蕩蕩進入布拉格。德軍的藉口——當然得找個藉口才行——看似十分單純，甚至稱得上慷慨大方：斯洛伐克渴望獨立，好心的德國只想保護他們。隔天希特勒就立法明定在捷克成立波希米亞和摩拉維亞保護國，將之併入德意志第三帝國版圖。斯洛伐克則宣布獨立並自願接受德國保護。

羅伯・考朗德（Robert Coulondre）自一九三八年十一月開始擔任法國駐柏林大使。在此之前他已在莫斯科擔任過兩年的駐蘇大使。他對獨裁者並不陌生。然而這一回希特勒藉由攻擊捷克斯洛伐克，展現武力強權，格外讓他怒不可遏。他一聽說這件事，立刻提筆向位在巴黎奧賽堤岸的法國外交部報告。「德國這次的舉動，再次證明他們對所有書面承諾不屑一顧，寧願訴諸殘暴武力，先下手為強，使之成為既定事實再說，」他向上級呈報，「德國的行動撕毀了慕尼黑條約……再次證明德國政治毫無原則，只遵從獨裁者的命令：伺機以待，一旦找到有利時機，立刻掠奪雙手可及的所有戰利品。這簡直是強盜幫派和叢林野人之流的價值觀……[8]」

英國大使韓德森（Henderson）則更進一步，主張與德國斷交。考朗德反對這麼做。他傾向採取沒那麼決絕的作法。「最

重要的是，」他後來在回憶錄中描述，「一方面組織集結愛好和平的國家；另一方面，無需大張旗鼓，但必須以堅定的態度，讓希特勒明白自己的征服大計已被圍堵。，」具體而言，就是倫敦和巴黎不約而同召回駐德大使，只為了讓他們「回本國報告」。考朗德於三月十九日離開柏林，直到四月二十六日才抵達巴黎。英法兩國的行動是否真讓納粹印象深刻？希特勒的壽宴是否因此黯淡了幾分？考朗德暫別柏林、前往巴黎的前一晚，遇到戈培爾麾下的一名中尉，對方開誠布公地說道：「各種機會攤在我們面前，那麼多的門都為我們敞開，我們忙得真不知如何是好呢。₁₀」

　　就這樣，考朗德缺席了希特勒的五十歲壽宴。總理府簽名簿上，代表法國出席的是克里斯蒂安・卡何・德・沃聖錫爾，一位曾出使哈瓦那的外交官。在他的簽名下方不遠處，則是美國代辦雷蒙・蓋斯特的簽名。蓋斯特不喜歡納粹，但他對他們頗為熟悉。他時常與親衛隊兩名領導人希姆萊（Himmler）₁₁和海德里希（Heydrich）₁₂會面。這些往來足以讓他明白，德國猶太人的下場恐怕不妙。希特勒生日十五天前，一九三九年四月四日，蓋斯特向美國助理國務卿喬治・梅瑟史密斯（George Messersmith）上呈一封機密文件，內容令人驚慌失色。「猶太人的問題，只能在德國境內解決，而我認為他們（負責的納粹官員）準備用他們的方式處理這個難題。也就是說，他們肯定會將所有健全的猶太人送進勞改營，將所有猶太人的財物全部充公，隔離猶太人，對猶太人社群施以更高壓的措施，接著以武力解決大量猶太人。₁₃」這話說得再明白不過。

　　在此背景下，蓋斯特和駐柏林美國領事館的同仁，於
一九三三年至一九三九年間向德國猶太人核發了將近七萬份簽
證。這數字令人蕭然起敬。但事實上他們原本可以核發更多簽
證，加倍甚至再加倍。在此期間，美國當局原本願意迎接超過
十八萬四千名德國移民。可惜的是，美國駐柏林領事館的工作
量太過繁重且人手不足，以致最終核發的簽證數量有限。但這
只是部分原因，事實上另有隱情。實發簽證遠低於官方額度的
主因，其實是試圖前往美國的申請人財務狀況未達要求。他們
太窮了。美國剛揮別始於一九二九年的經濟大蕭條，無意迎來
成千上萬的貧苦人家。即使那些人可能會就此喪命。華盛頓的
美國國會展現決心，堅持全面拒絕「可能會成為全民負擔」的
簽證申請人。然而，納粹很快就禁止猶太人帶著身家財產離
境──如果他們還有財產的話。自此之後，渴望離開德國的申
請人要是在美國沒有親戚能照顧他們，就會被拒絕入境。但這
只是第一道障礙而已，他們還遭遇其他困難，一個更加陰險的
阻礙：美國幻想希特勒也有「第五縱隊」（Fifth column）[14]，也

8　Robert Coulondre, *De Staline à Hitler...*, *op. cit.*, p. 257.
9　出處同前注，p. 259.
10　出處同注8。
11　譯注：一九〇〇年～一九四五年，曾任納粹德國內政部長與親衛隊領袖。
12　譯注：一九〇四年～一九四二年，曾任國家安全部領袖、波希米亞和摩拉維
　　亞保護國副總督。
13　George S. Messermith Papers, Item 1187, University of Delaware Library, Newark,
　　États-Unis.
14　譯注：原指西班牙內戰時期，潛伏國家內部裡應外和的間諜。

就是難民之中可能藏了納粹間諜。

　　連孩童也無法擺脫這種疑慮。水晶之夜爆發後，美國第一夫人愛蓮娜・羅斯福（Eleanor Roosevelt）決心全力推動新法令，希望在未來兩年間，每年特許一萬名德國孩童前往美國。對象是不滿十四歲的小孩，也就是原則上無害的人選。但美國民眾可不這麼想，此計畫引起激烈反彈。一九三九年初，新聞媒體發表一項民意調查結果，當民眾被問及：「有人提議每年接納一萬名德國難民兒童——其中大部分都是猶太人——並把他們交由美國家庭照顧。你認為政府該不該讓這些孩童到美國來？」高達百分之六十一的受訪民眾對此說「不」，只有百分之三十的民眾同意，另有百分之九表示「沒有意見」。接下來的其他民調也出現類似結果。連美國菁英階級都反對接納這些年幼難民。羅斯福的表親，羅拉・德拉諾・胡戴林（Laura Delano Houghteling）是美國移民局局長夫人，她宣稱：「兩萬名可愛孩童不消多久必會變成惹人厭的貧窮大人。」面對如此激烈的反對聲浪，國會只好放棄此計畫。

　　納粹持續迫害德國猶太人，但人們拒絕向他們伸出援手。那些在柏林的外交官是否聊起過這回事？美國代辦是否曾向同行提起，排在領事館門口的猶太人一天比一天多？想必他不會跟瑞士大使弗利樹說這回事。他絕對不會沒發現弗利樹絞盡腦汁只想避免激怒納粹。他深恐自己的國家會踏上奧地利和捷克地區的後塵，被德國巨獸一口併吞。赫爾維蒂聯邦境內有一大塊區域都以德文為母語，不是嗎？希特勒很有可能會宣稱，瑞士必須加入大日耳曼帝國。弗利樹不斷提醒、警告自家政府，

瑞士身處千真萬確的危險之中，絕不能貿然與強大的日耳曼尼亞起衝突。自他於一九三八年五月三十一日上任起，就傾盡全力討德國當局歡心，迎合他們的各種欲望。即使再誇張的要求，他也一口答應。因此他做了一件當時還沒有任何大使敢做的事：建議向德國猶太人施以不平等待遇。唯有德國猶太人必須申請簽證才能進入瑞士領土，其他德國公民依舊可以自由進出。弗利穆認為自己是為了瑞士著想，才向第三帝國如此輸誠。不然的話呢？正如他在一九三八年九月十七日，呈交上級伯恩的文件中提到，若要求所有德國公民都需要簽證才能入境，可能會讓柏林認為「瑞士不友善，甚至違反中立原則[15]。」

德國政府接受了弗利穆的提議，不過有個條件：秉持互惠原則，他們也會對前往德國的瑞士猶太人施加同樣的不平等待遇。為了一眼就能辨別瑞士人，納粹進一步建議在猶太人護照的第一頁左上角做記號，以一個圈起來的 J 當作識別符號。柏林瑞士大使館的代辦法蘭茲・卡普勒（Franz Kappeler）附和納粹的提議，並告知瑞士外交部：「我認為德國的提議認真考量了我方需求，我們可以接受。」接著他頗為務實地補上一句：「在現今情勢下，相信需要前往德國的瑞士猶太人應該非常之少。[16]」不過瑞士政府最終拒絕了德方請求，沒有在護

---

15 Carl Ludwig, *Rapport du Conseil fédéral à l'Assemblée fédérale sur la politique pratiquée par la Suisse à l'égard des réfugiés de 1933 à nos jours*, mars 1957, http://www.thata.net/rapportcarlludwig1957complet.pdf, p. 109.

16 Documents diplomatiques suisses : www.dodis.ch/46634, 7 septembre 1938.

照加註持有人的猶太血統。不過瑞士還是在一九三八年九月二十九日與柏林簽下協定，要求所有德國猶太人必須申請簽證才能進入瑞士。

　　赫爾維蒂聯邦雖然是第一個同意區分德國非猶太人與猶太人，對後者施加不平等待遇的中立國，但瑞典很快就跟進。幾天之後，瑞典在一九三八年十月二十七日與德國簽定類似的協定。其他歐洲國家開始考慮歧視猶太人方案可不可行。比如荷蘭和愛爾蘭。愛爾蘭駐柏林大使名叫查爾斯‧布利（Charles Bewley）。當時的愛爾蘭還是個新興國家，經歷漫長過程終於在一九二一年脫離英國統治，宣布獨立。[17] 然而直到一九三三年，愛爾蘭總統才決定不再效忠英格蘭國王。布利一直是愛爾蘭獨立運動的支持者，他從不掩飾自己對英國人的深惡痛絕。他實在太痛恨英國人，甚至轉而欣賞德國人，特別是納粹統治的德國。自一九三三年來到柏林後，嚴厲的外交官很快就顯露他討厭猶太人的本性，甚至公開支持德國對猶太人的政治迫害。就像瑞士與瑞典外交官員一樣，他希望嚴格限制德國猶太人進入他的國家。當他得知都柏林准許九十名「非亞利安血統的基督徒」暫時居留，他怒火攻心。一封標著一九三九年一月二十五日，發給愛爾蘭外交部的電報中，他明指這些「非亞利安血統的基督徒」，想必會是一群「為了換取利益，不惜接受基督教受洗禮」的猶太人。[18] 他冷酷地明列各種理由，陳述為何必須禁止這些移民入境，卻不希望自己被當作反猶太人士：「總結而言，我想再補充一件事：如果人們認為我對那些渴望離開中歐的猶太人毫無同理心，我將會感到十分遺憾。但

我深切相信，當猶太人的利益不符合愛爾蘭人民的利益時，基於以上所提的種種因素，我必須像所有相關人士一樣，盡一己責任，拋卻個人同情心，以維護愛爾蘭利益為要務。[19]」戰爭讓愛爾蘭沒有時間決定如何處置這些移民。中歐猶太人很快就失去遷徙移動的權利。

　　但在一九三九年四月二十日，有誰提到戰爭？這一天，柏林的各國外交官員可是希特勒壽宴的賓客。先把猶太人放在一邊吧！那些達官貴人穿著波紋布和絲綢剪裁的正式禮服，儀態翩翩地穿梭人群之間，讓我們隨他們起舞吧！瞧瞧他們一個接著一個，在第三帝國新總理府如迷宮般的廊道裡前行。同年的一月二十一日，他們曾來參加這棟華麗宮殿的落成典禮；今天他們是否還像當時，對這兒的浮誇華麗感到震驚？當時，表面上希特勒是向各國外交使團發表新年賀詞。但他也想藉機提醒世人德國已重回國際舞台，打算扮演重要角色。元首渴望獲得世人的欽慕，但這不是他唯一目的。他還想恫嚇世人。他向數位副官宣布：「當這些先生（外交官）踏進馬賽克大廳，我要他們立刻被德意志第三帝國的強大所震懾。這些長長的走廊，會讓我的賓客馬上被敬畏之情所淹沒。[20]」馬賽克大廳宛如巨

---

17 譯注：愛爾蘭內戰發生於一九一九年～一九二一年，一九二一年英愛簽訂和平條約，愛爾蘭成為自由邦，內政與外交獨立，但愛爾蘭自由邦的議會仍必須效忠英王。

18 愛爾蘭檔案，n° 260 NAI DFA 243/9, 25 janvier 1939.

19 出處同前注。

20 Henrik Heberle, Matthias Uhl, *Le Dossier Hitler. Le dossier secret commandé par Staline*, trad. D. Darneau, Paris, Presses de la Cité, 2006, p. 75.

大的車站大廳，只是是由大理石堆砌而成。放眼所及盡是大理石。只有大理石，別無長物。占地近一千平方公尺，冰冷如墓穴的大廳裡，沒有半個家具，沒有地毯，沒有任何座位，連半張椅子都沒有。高達十六公尺的玻璃天花板，探入柏林灰暗的天空，讓氣氛更加陰沉肅穆。美國大使館的參事傑佛森・派特遜（Jefferson Patterson）感覺自己彷彿踏進一座壯觀的埃及陵墓：「小國代表恐怕感到大限已近，擔憂無法活著離開。21」四牆盡是光芒耀眼的鑲嵌壁磚，拼貼出一隻隻大鵰圖像，這是希特勒最喜愛的圖形之一，僅次於卐字。到處都是凶猛的鵰，有特寫，有側面；牠們的眼神銳利，充滿復仇之心，有些以利爪抓住燃燒的火炬，有的則展翅遨翔。

在一九三九年一月十二日那天，這些外國使節與其說是滿心欽慕，還不如說心驚膽顫——他們深怕跌倒。建造期間，全以大理石鋪成的地面就曾讓不只一名工人摔倒。就連新總理府的建築師亞伯特・施佩爾（Albert Speer）也在落成典禮前，跟希特勒直白地提起這件事。可惜於事無補。「我不太同意地面採用光滑大理石，我認為應該鋪上地毯才對，但他不這麼想。他對我說：『地面光滑才好，那些外交官就必須學會怎麼在滑溜溜的地面上移動。』22」這場考驗持續到連接迎賓大廳與馬賽克大廳的華麗長廊。希特勒再次證明，他做事絕不會只做一半。簡而言之，那是一座看似毫無盡頭的展示廊，全用大理石建造而成，長達一百四十六公尺，恰如其名：大理石展示廊。保羅－奧圖・施密特（Paul-Otto Schmidt）時任元首翻譯。常常隨各國大使走過這條寬大長廊的他形容：「說真的這兒沒有地

板，只有陰鬱的粉紅大理石，光可鑑人，只能一小步一小步地前
行，必須謹慎計算，才能安然通過一百五十公尺長的過道，抵
達兩扇沉重的大門前，門後才是希特勒辦公室的接待廳。[23]」

　　這座長廊與馬賽克大廳不同，意圖呈現比較溫暖的氣氛。
牆上掛滿從哈布斯堡王朝各城堡、羅斯柴爾宮殿，甚至維也納
藝術史博物館劫掠而來的掛氈，供賓客恣意欣賞。墨西哥大使
館的代辦弗朗西斯科・納巴若（Francisco Navarro），被眼前富
麗堂皇的景象深深震撼：「每隔五公尺就立著一座沙發、幾張
扶手椅，都選用最珍稀的木材製作，上面掛著銀製吊燈。整體
而言風格俐落氣派，非常高雅。[24]」美國的派特遜沒有他那麼
興奮，仍是一派揶揄：「牆上掛滿各種掛氈，全都描繪著騎士
伸出長槍，刺進敵人軀體的畫面，然而他們的對手早就被座騎
踢倒在地。簡而言之：戰鬥、謀殺和有過之而無不及的殘暴。
這些壁飾的主題昭然若揭，無人不知。[25]」

　　四月二十日的生日慶典已揭開序幕。外交人員步履緩慢，
踏著平底鞋在玫瑰色大理石地板上滑行。其中大部分人自從參
加新年賀宴後，是第一次回到這兒。儘管如此，他們都竭力假

---

21 Jefferson Patterson, *Diplomatic Duty and Diversion*, Cambridge, The Riverside Press, 1956, p. 281.

22 Albert Speer, *Au cœur du Troisième Reich*, Paris, Fayard/Pluriel, [1972] 2011.

23 Paul-Otto Schmidt, *Sur la scène internationale avec Hitler*, Paris, Perrin-Tempus, 2018, p. 426.

24 Francisco Navarro, *Alemania por dentro*, Madrid, Ediciones Minerva, 1944, p. 45.

25 Jefferson Patterson, *Diplomatic Duty...*, *op. cit.*, p. 281.

圖說：第三帝國新總理府落成大典，外交官前來慶賀的場景，刊登於一九三九年一月二十六日的《觀察家畫報》（*Illustrierter Beobachter*）。

裝對周圍的浮誇擺設視若無睹。「每個人都安分守己，就像瑞士漂亮牛棚裡的乳牛，[26]」心情愉悅的弗利樹觀察道。人們臉上的笑容還沒消散；他們殷勤有禮地向彼此打招呼，有些人以德文交談，有些人說英文，還有很多人說法文。那些軍事武力強大的大國代表團分批前來，鮮少與其他國家的外交人員接觸。人數較少的小國使團則偏好成群結隊前來。特別是拉丁美洲人。德國人很樂意接待他們，他們對納粹的熱情十分討德國人歡心。新興小國的代表謹慎地觀察前輩，一心模仿他們的舉止。阿富汗大使亞拉・納華茲（Allah Nawaz）屬於經驗老道的那一群。他對納粹勢力瞭若指掌。他在柏林親眼見證納粹日漸茁壯，受到歡迎，變得激進。納華茲在一九三五年十一月二十一日向希特勒上呈國書，那時帝國國會剛表決通過《紐倫堡法案》（Lois de Nuremberg）[27]不久。他第一次見到希特勒的那天，猶太人被禁止在交易所從事金融交易。但這只是剛開始，接下來德國公布了一連串猶太人不能繼續從事的職業清單。

　　經過四年的禮尚往來，阿富汗使節有充足的時間熟悉總理府的規範，也知道第三帝國政府多麼固執，毫不妥協。拿出邀請卡，在德國外交部官員專注的眼神下，在登記簿上簽下名字。不苟言笑的總統府祕書長奧托・麥斯納（Otto Meissner）有時會親自迎接最重要的大使貴客。他身上那北歐摔角選手般

---

26 Hans Frölicher, *Meine Aufgabe in Berlin*, Berne, Büchler, 1962, p. 22.
27 一九三九年九月投票通過的三個法案，其中一項與猶太人地位有關。德國從此開始流放境內猶太人社群。

的氣勢令人印象深刻。他的肩膀寬大，脖子像公牛一樣粗，左頰有道醜陋的疤痕，再加上那對永遠緊抿的薄唇，讓他看起來像個發脾氣的孩童；他那宛如野獸的身軀，與那些體態優雅，幾乎弱不禁風的專職外交官恰成鮮明對比。可幸的是，通常這些賓客面對的是他的副手，參事沃特·英瑞克斯（Walter Hinrichs）。這是個奇特的傢伙。英瑞克斯的鬍子已經花白，稀疏的頭髮被梳到後腦勺，舉手投足帶點貴族習氣卻難掩笨拙，簡直像個英國人。麥斯納身材魁梧，而英瑞克斯身材瘦高，但他對禮儀的堅持一絲一毫都不輸前者。他帶領每位賓客前往放著簽名簿的大桌。他發出的指令簡潔易懂，但那些外交人員卻不大樂意照做。雖然有些人花不少時間在簽名簿上簽下華麗繁複的花體字，但大部分人卻隨意留下潦草字跡，簡直難以辨認。這讓參事十分惱火。於是他像一位監督學生的老師，養成緊靠賓客身畔的習慣，離他們的肩膀不過幾公分的距離。他不發一語，伸直細長的脖子，以鄉下書記員的嚴肅神色，確保賓客遵循規定。接著他再用黑色鉛筆確認每個名字的職業和頭銜，同時標明對方是否交出邀請函。

說到這個邀請函，中華民國大使陳介卻不知道自己的放到哪去了。他慌慌張張地摸索每個口袋，轉頭以目光探詢身旁的妻子。面前的人龍緩緩前進。很快就要輪到他了。阿富汗大使簽完名，挺起身。英瑞克斯舉起一只沉重的吸墨章，用力吸乾紙上的墨印，請下一位外交官上前。陳介沒有多少時間虛耗。他眼前只剩下四人。他誰也不認識。前不久，他還風度翩翩地與排在他前面的人打招呼。那是個拉丁美洲人，

尼加拉瓜的代表，叫做湯瑪斯・弗朗西斯科・梅迪納（Tomas Francisco Medina）。對方用法文向他問好。這讓陳介臉上露出一抹微笑。講法文是件多美好的事呀。當然他的德文比法文更加流利些，但他特別欣賞法文，還有英文甚至拉丁文。他曾在一九○七年至一九一二年間於柏林大學留學，除了日文是在中國學的，其他語言都是在德國留學期間學的。他出身良好，但能在歐洲旅遊實是難得的福氣。當年中國仍是一個還算穩定的帝國。如今他的國家已推翻皇朝，但每天都更加混亂失序。中華民國在一九一二年創立後隨即爆發漫長的內戰，國家一分為二，一邊是國族主義人士，另一邊則是共產黨。日本趁機攻進滿州北部，於一九三二年自行宣布獨立。五年之後，日軍在一九三七年搶下沿岸的富庶地區，試圖建立新政權。當然是一個聽命東京的政權。駐柏林的陳大使代表的是維持獨立的中華民國。但說實話，他的政府握有的領土並不多。

　　話說回來，那張邀請函呢？英瑞克斯轉過頭來，一邊微笑一邊示意陳介上前。中華民國外交官深吸了一口氣，直到胸口鼓漲，才機械式地抬起下巴好掩飾肥厚的脖子，笨拙地伸手扶了扶那副單眼圓鏡片，起步上前。目標近在眼前，絕不能就此放棄。自從在一九三八年九月抵達柏林，他不斷奮鬥就是為了保住地位，謀求與各國外交官員一同踏入總理府的機會。中華民國行政院院長蔣介石，選擇了經驗豐富、精通多國語言、對德國瞭若指掌的陳介，正是為了與強大的德國納粹維持外交關係，同時阻礙日本對德國的影響。陳介剛在柏林安頓下來，立刻準備依循國際慣例，向德國上呈國書。但德國人回絕了。他

們轉告他，不管是元首本人還是他的助手都沒時間與他會面。
陳介明白中華民國駐德使館的存滅，都繫於他一人的作為。他
知道德國剛和日本控制的傀儡滿州國正式建交。東京搶先取得
一場勝利，說不定還會進一步說服柏林，完全拒絕中華民國的
外交代表，也就是陳介本人。為了避免自家使節被屈辱地驅逐
出境，蔣介石建議他以前往倫敦為由離境，再從那兒回國。但
陳介不願離開。他相信找得到辦法說服希特勒，承認他帶領的
使團是中國官方唯一代表。接下來漫長的兩個月間，他不斷煩
擾德國外交部。他的堅持不懈終於獲得報償。一九三八年十二
月十六日，希特勒收下了他的國書。他保住了中國的顏面！接
下來陳介必須實現上司交付他的任務：與德國簽訂祕密盟約，
共同對抗日本。

　　在此脈絡下，陳介前來參加希特勒的壽宴。他知道自己沒
有犯錯的餘裕。他絕不能讓一張邀請函，一張該死的紙卡讓這
些努力付諸東流。英瑞克斯不耐煩起來。已經有其他外交官等
在陳介後面，毫不掩飾地露出不耐。唉呀，找到了！邀請函滑
進口袋的縫隙裡，就在他的指間，只是他剛剛沒發覺。他得
在哪兒簽名？這兒嗎？在上方？他的筆跡笨拙，小而扁平。但
這一點也不重要。他的名字在那兒，下方還用德文寫著他的頭
銜：「中國大使」。

　　馬上就要九點半了。但慶典早從八點就已經開始。舊總理
府的花園裡，樂隊演奏著軍歌。這可不是沒沒無聞的樂隊，而
是親衛隊第一師希特勒警衛旗隊的樂隊。這支菁英部隊已有許
多豐功偉業：長刀之夜[28]，一統奧地利[29]，占領蘇台德地區，

上個月他們才入侵尚未被占領的捷克地區。他們個個都身強體壯，必須符合身材要求（身高一百七十八公分以上），具備與民族社會主義相符的價值觀，才能被選入這一師。接下來輪到另一支骷髏旗隊（Totenkophverbände）上場，踏著節奏一致的步伐遊行。這一支部隊的主要任務是管理集中營，他們是比德意志國防軍更全力效忠希特勒的政治軍隊。瞧瞧他們穿著由新成立的裁縫公司，雨果・博斯（Hugo Boss）所設計的新軍服，個個一臉豪氣萬千的神色。誰能忽略他們軍帽上繡的骷髏頭呢？怎能不擔憂？怎能不把那些骷髏頭視為第三帝國暗藏野心的線索？納粹的戰利品清單上的下一個會是誰？元首不是才剛要求收復但澤市[30]，打算在波蘭建立一個連接德國與東普魯士的通道嗎？

　　許多外交官冥頑不靈，對這些例證視而不見。在他們眼中，這一切不過是德國恫嚇世人的舉動罷了。他們試圖說服彼此。比利時大使賈克・戴菲儂（Jacques Davignon）子爵不斷向周圍的人重複說道：「納粹當局追求和平。希特勒比任何人都更渴望和平，但他們不會放棄目標，再說他們現在的野心也不大。[31]」野心不大？倒是把這話說給奧地利和捷克人聽聽。此

---

28 譯注：長刀之夜發生於一九三四年六月三十日至七月二日，納粹政權進行了一系列的政治清洗，大多數死者為納粹衝鋒隊成員。
29 譯注：一九三八年三月十一日納粹德國與奧地利第一共和國統一，組成大德意志。
30 自一九一九年凡爾賽條約起，但澤成為受國家聯盟保護的自由市。
31 Robert Coulondre, *De Staline à Hitler...*, *op. cit.*, p. 265.

話的確有理，但希特勒對西歐毫無興趣，戴菲儂肯定地表示。
總理府向他保證過。與此同時，比利時大使卻不斷強調：「我
們必須非常謹慎，千萬不可激怒元首。32」把這任務交給最年
長的外交官準沒錯，那就是教廷大使。傳統上梵蒂岡大使是各
國使節中最資深的，享有代表全部大使發言的特權。而在柏
林，擔任教廷大使的是切塞雷・奧薩尼戈（Cesare Orsenigo）。
六十五歲的他，自一九三〇年起派駐柏林。當時德國還試圖維
持民主體制。33那已成遙遠的回憶。無畏的奧薩尼戈多麼有禮
溫和，可悲的是他卻是個差勁的演說家。一九三九年四月二十
日這一天，希特勒有禮地聆聽他的祝賀，向眾人致意，接著就
消失了。他有其他更重要的事要辦。他的禮物等著他，那是德
國為他獻上的大禮：閱兵大典。長達四小時的軍事遊行。

　　這漫長的四個小時，讓人們有充裕時間思索德國產業的成
就。仔細瞧瞧希特勒，他身穿民族社會主義的棕褐色制服，頭
戴鑲金邊的軍帽，露出欣喜若狂的神色。閱兵策劃人員為了確
保元首不受四月的陽光干擾，立起幾近白色的淺灰色絨布遮陽
傘，邊緣飾以銅色流蘇和納粹標誌。但興奮難耐的希特勒時
不時跳起來衝上前去，把手臂伸得筆直，向他長久以來朝思慕
想的德意志大軍致意。在他身後，德國新一代的掌權者都穿著
大禮服，努力露出與浩大場面相符的興奮之情。胸前別滿各種
徽章的戈林特別醒目。這是他首次佩戴瑞典國王古斯塔夫五世
（Gustave V）前不久才贈與他的徽章：皇家寶劍勳章，德國
空軍總司令直接獲得最高級的大十字統領勳章。即使距離遙
遠，人們也能一眼看到那枚閃耀的勳章。再遠都能看到它的光

芒。勳章的金鍊從他的右肩垂下。納粹德國的盟友和重要人物
也坐在前面幾排。有義大利人、西班牙人、日本人,還有幾個
巴爾幹和中歐國家的代表。中立國代表,如比利時、丹麥、希
臘、荷蘭和瑞典使節,則坐在稍遠一點的位置。

　　「在座的外交使節,都深深被這場聲勢浩大的威權展示所
吸引。[34]」王替夫對在座賓客的態度記憶猶新。當天他也出席
了,只是坐得遠了些。他顯然被分配到比較差的位置,離那些
達官貴人有些距離。但他還是看到一切。強健精實的四萬名德
國士兵踏著正步,戈林的戰鬥機,摩托化部隊,重型坦克,輕
型坦克,負載大炮與機槍的各種輕型和重型車輛……他從沒見
過如此傲視群雄的武力展演。這真的是個渴望和平的國家嗎?
他有些懷疑。不過說起來,他對歐洲的風俗民情又瞭解多少?
少得可憐。他像往常一樣張大耳朵,觀察身旁的每一個人,那
些像他一樣的外交人員都沒注意他的存在。也許有些人暗暗疑
惑這人為何出現在這兒,好奇他的國籍——他究竟來自日本還
是中國?或者是剛改名為泰王國的暹羅王國?——但大部分人
都選擇忽略他。沒人料到他懂德文,因此在他面前非常自在地
交談。王替夫不禁偷笑。他不但精通德文,而且還懂俄文和日

---

32 出處同注31。
33 譯注:一九三〇年九月十四日德國國會舉行選舉。納粹黨的席次從十二席增
　　為一百零七席。
34 王替夫,《偽滿外交官的回憶》,黑龍江人民出版社,1988,頁76。

文，更別提他的母語中文。至於英文，他倒只懂一些皮毛，更是完全不會法文。不過語言無關緊要，光瞧那些外交官的臉就夠了，他們可遮掩不了臉上的表情。在他眼中，「他們全都面露驚嘆之色。[35]」

究竟是驚嘆還是驚恐呢？

王替夫出席了元首的生日大典。他握了希特勒的手，向他祝賀，還彎腰鞠了個誇張的躬好展現他的敬意。他在稍早也隨著其他大使與代辦的步伐，穿過了第三帝國新總理府的迎賓大廳。但這名二十八歲的年輕人不過是個次級外交官，在一九三九年四月二十日這一天，簽名簿上找不到他的名字。但幾個月後他會參與其他場合，親筆簽下他的大名。目前他只不過是大使館的一名祕書，麥斯納和英瑞克斯才不會讓他簽名呢。根據外交官階高低，這位王先生本來沒有資格與部長級官員會面，更別提一國元首。至少不能有官方接觸。儘管如此，王替夫在一九三九年至一九四四年間，卻見到了歐洲最具影響力與權力最大的重要人物。連希特勒也見到了，而且後者還想與他討論黃豆呢！這個王替夫究竟是誰？他代表的究竟是哪個強國，讓希特勒對他另眼相待？中國嗎？說不定是日本？不，他代表的是滿州國。他是滿州國駐柏林大使館的首席祕書。一九三九年，這個國家才剛成立不久，知道它的人並不多。事實上它才成立七年而已。日本入侵中國東北部的滿州後，於一九三二年片面宣布滿州獨立，一個國家就這麼突然地誕生了。國際社會立刻同聲譴責，只有少數十幾國例外。納粹德國

就是其一，還有法西斯義大利和佛朗哥主義的西班牙。

　　王替夫不喜歡日本人。他生為中國人，口中說的是中文，也自認是中國人。然而這位聰穎的年輕人卻全心全意為日本控制的傀儡國效命。他是滿州國在歐洲的實體與政治代表。他是不是勾結日本的通敵分子？還是肆無忌憚的機會主義者？或者只是太過天真？他藉此獲得豐厚的官俸，周遊列國的機會，開開心心地成為新興國家的外交代表，踏入國際舞台，但最重要的莫過於，王替夫只要接受這個職位就不用擔心被槍斃——幾年前，一名日本軍官以溫和平緩的口氣在王替夫耳邊如此提議。那是一九三二年的事。當時王替夫被關在滿州北部一間髒兮兮的囚房裡。他不過是名二十一歲的大學生。幾週前他帶領了幾次反占領運動，接著就被逮捕，關進監牢。有什麼提議比這更可怕？難道為了生存，他只能背叛自己的國家？背棄他的理想，為占領國工作？為滿州國效命？

　　他拒絕了。絕無可能！他寧願一死也不願賣國。他不願自己的語言才能被敵人所用。日本軍官沒有插話，只是專注聆聽，看似理解他的選擇。軍官恭敬地向他行了個禮，離開了牢房。晚上，數名獄卒來到他的門前。沒有任何交談，也沒人提出任何解釋。他的頭突然之間就被套上袋子，他被拖進走道，雙腿撞擊著階梯。他呼吸急促，突然之間四周的空氣變得冷冽而清新……他到了室外！下一秒，人們要他爬上一張桌子。到

---

35 出處同注34，p. 76.

底是桌子還是平台？說不定是張凳子？一陣晃動……啊，這是
一輛卡車。身邊發出好幾聲呻吟。車子不斷左右晃動，他失去
平衡，花了點功夫才坐定。恐懼在他的心頭擴散。當人們把他
拖下車，一陣寒風吹得他的臉發疼。帶著溼氣且非常冷冽的
風。他的腳都凍僵了。地面非常光滑，讓他難以保持平衡。這
是冰。人們拿走他頭上的袋子，他終於看清身邊景色，這下他
明白了。他要死了。他面前是這一帶的著名河流，松花江。小
時候他曾和家人到這兒來，在結冰的河面上玩耍。日本人靠近
這群囚犯。他們全都是中國人。日本人舉槍瞄準他們的後頸，
一個接著一個槍決。**砰！**他們的身軀驟然傾頹，沉重地倒在結
冰的河面上，發出低沉的碎裂聲。有隻手抓住了王替夫。輪到
他了。斗大的汗珠流了下來，他雙眼緊盯著那深不見底的松
花江，幽暗深沉有如水銀的松花江。士兵上前一步，舉起步
槍……

　　當王替夫回過神來，他已回到囚房，躺在熟悉的草蓆上。
那名日本軍官回來了，他道歉一番，解釋有人搞錯了，他們無
意槍斃他。接著日本軍官問他有沒有改變心意，是否還執意拒
絕外交官一職。松花江帶走了他所有的勇氣，他決定求生。六
個月後，王替夫到了蘇聯境內西伯利亞的赤塔（Tchita）[36]。這
是他首次為滿州國領事館工作。在俄羅斯的荒野之地，他見識
到嚴峻刻苦的生活。同時他也認識了莫斯科政治警察，內務人
民委員部的前身，全俄肅反委員會（簡稱契卡〔La Tcheka〕）[37]
的殘暴。身為日本間諜的他在那兒待了三年半。在赤塔待了整
整三年半！冬天看似無止無盡，氣溫降到攝氏零下二十度，實

在難以忍受。他絕不抱怨，想盡辦法專心工作。日本人對這名生力軍的表現非常滿意，溫順、好用又有效率。後來滿州國打算在柏林設置大使館，王替夫就被派了過來。這是他第一次踏上歐洲大陸。滿州國大使呂宜文對德文一竅不通，王替夫就擔任他的副手。一行人於一九三八年十二月底抵達柏林。他們受到何等歡迎！簡直像國家元首般風光！

　　車站月台上滿滿都是人，還有整排士兵列隊歡迎，日本代表團也前來迎接，連德國外交部長也到了，還有司儀主持場面。那名令人難忘的司儀既高大又魁梧，叫做馮·德恩伯格（von Dörnberg）。他是個巨人：「他足足有兩百公分高，一頭紅髮，態度無禮粗野，」義大利大使李奧納多·西蒙尼（Leonardo Simoni）描述道。「他可怕極了。我完全可以想像他像個古代戰士，頭戴鋼盔，髮辮垂在雙肩，手中握著斧頭，發出無情的嘶吼，勇猛抵抗瓦盧斯（Varus）[38]大軍。他擺出優雅姿態，佯裝愛好欣賞家具，嗜讀法文著作，假扮成盎格魯—薩克遜人。但他的雙眼與聲音背叛了他。實際上，他不過是個殘暴的日耳曼人。[39]」這些人就是納粹，傳說中的凶殘怪獸？

---

36 譯注：現為俄羅斯外貝加爾邊疆區首府，位於赤塔河、音果達河與西伯利亞鐵路交界。過去曾是「十二月黨人」的流放地，故被稱為「流放者的城市」。十二月黨人指的是一八二五年十二月二十六日，針對帝俄政府起義的俄國軍官與三千名士兵。資料摘自維基百科。

37 譯注：全名為全俄肅清反革命及怠工非常委員會，通稱契卡，是蘇俄的祕密警察組織。

38 譯注：西元前四十六年～九年，羅馬帝國將軍。

39 Leonardo Simoni, *Berlin, ambassade d'Italie*, Paris, Robert Laffont, 1947, p. 52.

但王替夫剛到的前幾週只感到無比興奮，不知該望向何處，每
個角落都那麼令人著迷。柏林是個魅力十足的城市，住著親
切友善的居民，每個人似乎都富足安樂，路上一具屍體也看
不到，與赤塔大不相同。但究竟為什麼有那麼多身穿暗色制服
的軍人呢？還有那些四處飄揚、宛如蘇聯旗幟的紅旗，只是上
面畫的是卐字。但那又何妨？與妻小同行的年輕外交官自問。
他從未感到那麼舒適愜意。就連監視他的日本人也殷勤有禮。
他很快就忙碌起來，與商人會談，見了納粹，很多很多的納
粹，都是些位高權重、至高無上的人物。那些史書中記載的名
字，包括里賓特洛甫、戈林、戈培爾之流的部長級官員都出現
在他面前，當然他也見了希特勒。那是一九三九年二月，他陪
同大使向希特勒上呈國書。希特勒一反平日對待這些新國家代
表的態度，堅持邀請滿州國外交官共進早餐。「這是我第一次
如此靠近希特勒，我就坐在他的對面。……他的雙眼流露著他
人沒有的一些特質，他好像光憑眼神就足以操控我們。 40 」整
個代表團中，只有王替夫一人會說流利的德文。獨裁者自然一
直與他對談。希特勒以真誠的熱情口吻，與王替夫討論……黃
豆。「用餐時他對我們說道：『滿州國的土壤非常肥沃。那兒
是世上黃豆產量最豐富的地方之一。……我們這兒正面臨原料
不足的問題，特別是油類製造業。……希望你們願意在這方面
協助我們。』希特勒微微停頓，以目光掃視我們每一個人，又
加上一句：「『不管你們需要什麼，我們當然也很願意盡一臂
之力。』」

　　黃豆啊……納粹對黃豆滿懷熱情，簡直成了種執著。這種

豆類在當時被稱為「神奇種子」，具備讓德國人嘆服的營養價值。它不只是人類的食物，也能用來餵養牲畜。但它的功能絕不只如此而已。黃豆油可用來製造爆炸物和化學衍生物。對柏林來說，維持原料供應是首要任務。德國很快就與滿州國簽下合約，每年進口一百萬噸的黃豆。它們會經由西伯利亞鐵路，進入蘇聯境內再轉運過來。一名獨裁者居然向自己獻殷勤！這可是王替夫從來沒想過的禮遇。那一名國王呢？統治丹麥的國王克里斯提安十世（Christian X）也渴望與滿州國使團會面。他迫不及待想認識這個年輕國家。此外也想討論黃豆供應事宜。「他是個非常親切的老人，」大使館的年輕祕書後來描述，「他身材高大，留著短鬍子。現場還有好幾位部長出席，討論我們的黃豆。41」

一九三九年四月二十日的閱兵大典終於結束。美國大使館參事派特遜實在無力待到最後一刻。他從下午兩點就無聲無息地消失了蹤影，不過他已見識到德國浮誇的演出。「整條椴樹下大道（Unter den Linden，柏林市中心進行閱兵大典的大道）鋪天蓋地全是英勇的德國金鵰，讓我們大使館外面那隻醒目的飛禽，簡直像被拔了羽毛的小麻雀般可憐。」在派特森眼中，德國黑鵰正挑戰美國的白頭海鵰，令他深思：「必須想辦法讓

---

40 王替夫，《偽滿外交官的回憶》，黑龍江人民出版社，1988，頁66。
41 王替夫與楊明生，《見過希特勒與救過猶太人的偽滿外交官》，黑龍江人民出版社，2001，頁177。

我們的白頭海鵰再次展翅高飛。也許得找個計策弄亂牠的羽毛，或想個有效率的妙計喚醒牠。[42]」其他外交官沒有離開的勇氣。他們觀賞了整場閱兵大典，此刻終於得以享用德國提供的雞尾酒。王替夫不敢拿酒。年輕的中國人身穿量身訂做的西裝，露出最好看的笑容，繼續觀察人們的一言一行。他照著自家大使的吩咐，努力與德國產業界與軍事界大老及納粹高官打交道。突然間，里賓特洛甫的一名親信靠過來攀談。對方的眼神凌厲。他以急切但斷續的口吻說道，外交部長想與滿州國代表會面。愈快愈好。就這幾天，得趕緊見面。事態緊急。猶太人，沒錯，他們要討論猶太人的問題。因為德國想驅逐全部的猶太人。全送到滿州國去！

---

42 Jefferson Patterson, *Diplomatic Duty...*, *op. cit.*, p. 246.

第二章
拯救猶太人

已經過了二十天了。

火車慢悠悠地前行。

一節車廂裡載了多少犯人？超過三十人。有些人已癱在地上，一動也不動。他們斷氣了嗎？沒人敢靠近細瞧。值得慶幸的是，寒冷的低溫延緩了屍體的腐敗。一只小煤爐不斷冒出令人難受的濃煙。熱氣飄向早被煤灰燻黑的天花板。那微弱跳動

圖說：蘇聯軍事法院於一九四六年判定囚犯王替夫必須於古拉格勞改營服刑的相關文件（俄羅斯聯邦軍事檔案庫，莫斯科）。

的火焰，根本融化不了結在兩扇小窗的金屬窗框上的霜。因為
那兩扇窗沒安裝窗玻璃，任由廣漠平原的風雪恣意灌了進來。
這些車廂本不是用來載客，而是為了運輸牲口，怎會裝上玻璃
呢？再說，這些囚犯如今還被當作人看待嗎？

　　西伯利亞東部。一九四五年十一月中旬。

　　王替夫已不見往日的意氣風發。他不再穿那些漂亮的埃及
棉襯衫，不再修剪瘦長雙手的指甲，再也沒人喊他「大使館的
參事先生」，再也沒有雞尾酒會，他已一無所有……三十五歲
的他只是名蘇聯古拉格勞改營的囚犯，除此之外什麼也不是。
兩週前，王替夫在滿州國被蘇聯反間諜總局的一名上校逮捕，
那天是一九四五年十一月五日。震驚的他當下無法相信發生了
什麼事。他以為自己逃過大難，從陷入瘋狂的納粹、同盟國對

圖說：首次公開。蘇聯軍事法院資料中，滿州國外交官的照片（俄羅斯聯邦軍事檔
案庫，莫斯科）。

柏林的轟炸中倖存，也躲過了日本人，甚至中國共產黨。他沒想到還有蘇聯……

　　一九四五年八月八日，蘇聯向滿州國與日本宣戰，緊接著入侵滿州。不消一週，蘇聯已占領整個滿州，消滅了日本的傀儡國。滿州政權的同謀立刻被逮捕，王替夫也不例外。他自一九四四年九月從德國回到家鄉後，就成為滿州皇帝溥儀的親信。這雖是無盡的榮耀，但為時短暫且後果不堪設想。「你為日本人服務，你是他們的間諜。我們會把你送到西伯利亞的再教育營，」一逮住王替夫，那些俄羅斯人就這麼對他說。「在那兒，你會成為一個好共產黨人。等到毛澤東掌控中國，我們就把你送回去。」西伯利亞？王替夫對西伯利亞一點也不陌生。他在那兒待了三年多。他知道自己在那地獄絕對活不下去，他不可能熬過那嚴酷的冬天。十二年前的他深怕死亡，不願被丟進冰冷的松花江，這一回他決心不再犯錯。鼓起全部的勇氣，他大吼大叫，表現得憤憤不平，咒罵那些俄羅斯士兵，希望自己當場喪命。他視死如歸，連他都對自己的無畏感到意外。他盼望著：拜託他們一槍斃了我，速戰速決。「沒那麼快，等你嘗過飢餓和嚴寒再求死吧，」一名軍官輕蔑道，「到時候你才會真的明白想死的滋味。」

　　求死不成，王替夫轉而研擬逃亡計畫。他打算在被送往車

1　王替夫與楊明生，《見過希特勒與救過猶太人的偽滿外交官》，黑龍江人民出版社，2001，頁282。

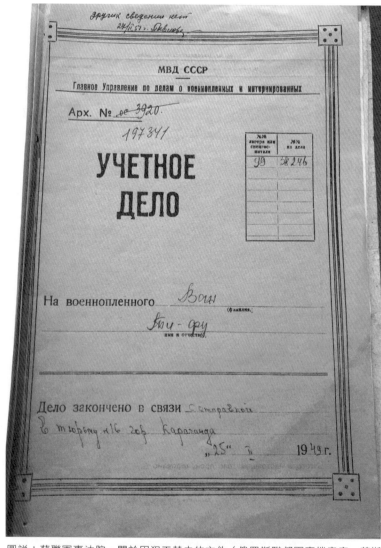

圖說：蘇聯軍事法院，關於囚犯王替夫的文件（俄羅斯聯邦軍事檔案庫，莫斯科）。

站的途中進行。他把計畫告訴其他囚犯。他們都是前滿州國的政府官員，年事已大，不願輕率冒險。最重要的是，他們跑得不快也無力抵抗。再說，何必冒喪命的風險孤注一擲？頂多六個月，他們就會被釋放。俄羅斯人向他們保證過了，他們深信不移。這場政治再教育拖不了多久。王替夫不相信那些保證，說他們全是瘋子，但最後還是接受他們的意見。他放棄逃命。

　　烏拉爾山脈！他們花了二十天才抵達烏拉爾地區。這兒離滿州數千里遠，中國已遙不可見，他們置身於蘇聯帝國艱苦的大草原中央。火車在白天就靠站了，但那些士兵等到夜色降臨才打開車廂的門。不能讓那些村民看到這幾百名囚犯，大部分都是日本軍官和幾名前滿州國的中國達官要人。就官方紀錄而言，這些人根本不存在，運送他們的列車也不存在，他們即將前往的古拉格勞改營也不存在。看守高聲命令，猛打那些最孱弱的人，特別愛找日本人麻煩。路上的積雪深達膝蓋，而他們腳上只有破了洞的鞋子，身上披著紅軍的舊毛毯充當外套。勞改營隱身在高山中，遠離塵世。那兒叫什麼？王替夫從來不知道，也可能他已記不清。勞改營關了超過兩千名囚犯，他們來自德國、義大利、波蘭、匈牙利、俄羅斯、日本、中國和韓國。全是犯了罪的戰犯。

　　王替夫從來沒有靠雙手勞動過，在樹林裡辛苦賣命的生活讓他嘗到了身體的各種痠痛。日漸消瘦的他同時也發現人體令人嘆為觀止的耐力。他的身體就是一項明證。不過幾個月，他已經習慣集中營的生活。雖然他覺得那些黑漆漆的麵包硬得難

圖說：首次公開。囚犯王替夫的檔案，由蘇聯軍事法院填寫（俄羅斯聯邦軍事檔案庫，莫斯科）。我們可以看到在第十一項，依據蘇聯刑法第五十八條和第六十二條（第十二項），他因從事間諜活動而被判刑。第五十八條是蘇聯人人皆知的法規，所有反政府的異議人士都因這條法規被捕入獄。第十三項則指出王替夫必須在草原勞改營（Steplag）服刑，那是位在哈薩克，專門用來關政治犯和戰犯的營區。這座占地廣大（關了近三萬名囚犯）的古拉格勞改營於一九五三年爆發了一次非常激烈的反抗運動。後來的諾貝爾文學獎得主亞歷山大·索忍尼辛（Alexandre Soljenitsyne）曾在《古拉格群島》（L'Archpel du Goulag）一書中提及此事。

圖說：續，囚犯王替夫的檔案。他在一九四八年十一月十二日被判二十五年徒刑（第二十項）。第二十二項寫了：「經一九五五年十月二十五日的決議後，他在一九五六年三月二十八日被轉交給中國政府代表陸丁占（Dzhan Tin Lu，音譯）。」

圖說：首次公開。軍事法院中，囚犯王替夫檔案中的文件，以及他為勞改營畫的圖
（俄羅斯聯邦軍事檔案庫，莫斯科）。

以下嚥，但還是吞了下去。而且還有機會買碗好湯，有時甚至吃得到幾口馬鈴薯或蘿蔔。怎麼會說「買」呢，因為勞改營什麼都可以買賣。只要你好好工作，乖乖聽話，你就有錢可領。薪資很低廉，只能用來買點肥皂、香菸或糧食。外面定期送來新囚犯。王替夫注意到其中一人。他的鼻子下有道傷疤。儘管那道傷痕醒目得很，王替夫依舊覺得他很面熟。他靠上前去，打了招呼。那人張口用德文問他是中國人還是日本人。

王替夫認得這個聲音，他一口斷言：「你是比克曼（Pickman），對吧？₂」那名囚犯驚恐地四下張望。這是個陷阱嗎？「一九三九年，我們在希特勒的壽宴上見過面，」王替夫堅定地低聲說道：「你是其中一名副官……」這是前滿州國外交官六個月來，第一次感到近乎欣喜的情緒。他記起了柏林，大使館的那些宴會，當時他深信自己的前途似錦。他也想起了希特勒。

他們避開人們的目光，坐在雪地裡交談。王替夫向他的朋友探問戰爭怎麼結束的。他渴望知道一切。特別是希特勒的行蹤，人們說他死了，真的嗎？比克曼低下了頭。他說話的語氣簡直像在告解一般。元首自盡，親信焚屍，他見證了一切。他待在那兒，直到最後一刻，他都在元首地堡裡。後來他試圖逃離首都，但半途就被蘇聯逮捕，關進監獄，受到一次又一次的嚴刑逼供。他指指鼻下的傷疤，解釋道：「電擊弄的。」前親衛隊員一想起這就忍不住顫抖。那些調查人員不願相信他，認為他那番希特勒臨終之時的描述毫不可信。他們照舊不間斷地刑求。當他早已失去求生欲，他們卻宣布他的苦難已經結束。

史達林的情報組織在總理府花園找到了焚燒過的元首殘骸。比克曼沒有說謊。過了一個月，他在一九四六年冬天被送到這座戰犯營。

王替夫哀戚地望著同伴。他沒有勇氣向比克曼確認，納粹是否真如蘇聯所言，下令處死那些猶太人，他們是否真打算將全歐洲的猶太人趕盡殺絕。納粹為什麼痛恨猶太人？王替夫實在想不透。特別是聽到里賓特洛甫的要求之後。那是希特勒五十歲壽宴剛結束時的事。

一九三九年五月初，王替夫剛從西班牙回到德國。他代表滿州國，正式與佛朗哥政權建交。馬德里的確值得一去。畢竟西班牙在一九三七年，是搶先承認滿州國的其中一個歐洲強國，不是嗎？身心俱疲的外交官決定直接回家，與家人團聚。他是否掛念家人的安危？走出車站的那一刻，他知道自己暫別柏林期間，這兒一點也沒變。那些反猶太口號依舊占據了牆面，在他的腦中迴盪不止。雖然他的德文十分流利，但柏林人的腔調還是有點難懂。那些與他在大道上擦身而過的好人，是不是真的在喊：「打倒吸血鬼猶太人」和「趕走那些猶太豬」？他才剛向妻子打過招呼，家裡的電話就響了起來。滿州國大使打來的。呂宜文很意外他怎麼沒直接前往大使館。王替夫列舉一長串的理由，長途旅行，過度勞累，想念孩子等等。惱怒的呂宜文命令他隔天一早務必到大使館來。掛電話前，呂

2　王替夫與楊明生，《見過希特勒與救過猶太人的偽滿外交官》，黑龍江人民出版社，2001，頁287。

宜文以神祕莫測的口吻說道：「我見了里賓特洛甫……」

　　呂宜文是個沒什麼魄力，個性軟弱之人。王替夫會說出這番不甚討喜的話，並不是因為他討厭大使，或是跟對方有什麼怨仇。在他眼中，呂宜文只是個為謀己利不計一切代價，完全接納日本人的陰謀家。目前為止，他靠這點心機撈得不少好處。一九三九年，不過四十二歲的他已是滿州駐柏林代表。光憑這點，就足以讓他效忠日本人而不是中國人。隔天王替夫進了大使館，發現呂宜文格外激動。「德國需要我們幫忙，」他粗聲說道。「我們得救那些猶太人。」就像原先的計畫，里賓特洛甫在外交部召見滿州國大使。連外交部國務祕書恩斯特‧馮‧魏茨澤克（Ernst von Weizsäcker）男爵也現身了，足見這場會議多麼重要。第三帝國可是當時世上最強盛的國家之一，至少絕對是最令人擔憂的強權，而兩位第三帝國的外交首長居然願意接見毫不起眼的滿州國代表！難道他們不用處理其他的外交危機嗎？但澤市，波蘭，還有連聲威脅的英國，正在鬧脾氣的法國，戰爭一觸即發。德國對待「小國」的態度一向讓人難以苟同。許多大使連魏茨澤克都見不到，更別說與里賓特洛甫面對面了。總理府的雞尾酒宴上，有多少人苦澀地抱怨？只要和瑞士代表弗利榭或愛爾蘭代表布利聊聊，就知道他們多麼絕望，就算熱忱地支持德國民族社會主義政權，還是無法贏得對方的重視。

　　呂宜文真明白里賓特洛甫說了什麼嗎？陪同大使出席的那名口譯員是否忠實轉達了兩位德國外交高官說的話？想到自己未能參加這場會談，王替夫就非常氣憤。為什麼呂宜文如此倉

促地派他前往西班牙？他明明轉達了在元首壽宴上得知的消息。呂宜文很清楚里賓特洛甫急著召見他。呂宜文是不是嫉妒王替夫？他自行與德國外交部長會面，不希望王替夫作陪；這傢伙明明是他的屬下，卻光憑德文流利就贏得那麼多德國達官顯要的歡心。王替夫聽著大使概略描述當時的情景，說德國需要他們幫忙，是的，希特勒統治的德國請求他們相助，希望他們伸出援手。事實上，應該說德國要求他們幫忙。呂宜文雖然膽子不大，但可沒那麼愚蠢。他當然明白納粹把他們當作可供使喚的奴才，他們根本沒有選擇餘地，只能順從德國的欲望。現在，德國要他們幫忙解決德國的猶太人。怎麼解決？發簽證，發成千上百份簽證。這個任務就由王替夫負責。猶太人拿到過境簽證後，一到亞洲就能搭船穿越太平洋，前往美國。當然那些猶太人必須自願去美國才行。如果他們不願意呢？到時候再由滿州政府解決這些麻煩吧。總之不能讓他們回到德國。蘇聯已經同意合作，讓猶太移民取道蘇聯前往滿州國。「我們只等你們同意，」里賓特洛甫最後佯裝客氣地說道。呂宜文判斷情勢後，給予肯定的答覆：「我想各國都必須為此事協力合作，不過我還是得徵詢我國政府的同意。在得到回覆之前，我認為我們可著手準備事宜。₃」

　　為了順利達成任務，王替夫必須仰賴滿州國大使館祕書朗格小姐（Langer）幫忙，這是一名三十四歲的德國女性。

3　王替夫與楊明生，《見過希特勒與救過猶太人的偽滿外交官》，黑龍江人民出版社，2001，頁161。

一九三九年六月十日，大使館發出第一波過境簽證。德國政
府協助簡化流程。德意志帝國猶太人協會（Reichsvereinigung
der Juden in Deutchland）負責收集猶太人護照，此協會實質上
受國家安全總部（Office central pour la sécurité du Reich，簡稱
RSHA），也就是蓋世太保監管。接著這些文件會移交滿州國領
事部。獲得蘇聯過境簽證的猶太人，滿州國也會自動核發過境
簽證。一開始，猶太人協會一天只送來不過十份護照，件數稀
少。接著逐步增為一天三十、四十、五十份……到了六月底，
滿州國已核發上千份簽證。七月的節奏更快。每天都核發一百
份簽證。王替夫常到深夜才下班，他的祕書也自願加班。「必
須再多發一些，」擔憂的他不斷重複這句話。德國逮捕猶太人
的情況加劇。納粹把他們送到哪去了？年輕的大使館參事不斷
自問。納粹會不會改變心意？光是強迫猶太人離開德國，似乎
已無法滿足他們。王替夫相信德國會殺掉猶太人，把他們全清
除掉。

　　某個週末晚上，王替夫仍在準備新簽證時，他的祕書走了
進來。她告訴王替夫，施洛特太太（Frau Schlott）有事想跟他
商談。施洛特太太是使館的清潔人員。她是個永遠精力充沛的
老太太。她從不抱怨，也不會要求多一點假期。她內斂沉穩，
使館裡的工作人員鮮少注意到她的存在。外交官比了個手勢，
示意祕書讓施洛特太太進來。「王祕書，那麼晚了您還在工作
呀？」施洛特太太踩著碎步上前，就好像一名擔心孩子太過勤
奮的母親。她的聲音細碎宛如呢喃，眨眼間就消散在大使館辦
公室華麗的木製牆飾間。她看起來如此笨拙，手足無措。但她

的臉龐洩露了內心的激動，露出幾近悲慟欲絕的神情。王替夫放下手中的蘸水鋼筆，望著這名老得太快的婦人。此時他才發現自己從未好好觀察過她。「施洛特太太，您應該不是來跟我討論我的工作時數吧？來吧，告訴我，我可以幫您什麼忙？」心懷好意的王替夫親切問道。但他的聲調隱約透出的一絲不耐，反讓這位好婦人更加驚慌。她扭著雙手，吐出斷斷續續的幾句話：「有件事，我想拜託您一件事，如果您有空的話。」那些字句消失在她的喉間，被激動的情緒淹沒。他想著，她恐怕要暈倒了。他站起身來，請她在辦公桌旁的沙發坐下來。他想辦法安慰她，希望自己的德文詞彙夠豐富，能讓她冷靜些。她低著頭，窘迫得紅了臉頰。她需要他幫一個忙，她有一個請託，她想要，不，她必須告訴他才行……她再一次急忙開口，卻只能吐出不成句的幾個字。終於，她下定決心，抬眼望向王替夫，說道：「王祕書，我認識一位猶太夫人。她非常危險。您必須救救她才行。」

　　那是一個再尋常不過的故事。希特勒掌控下的德國，一再發生同樣的情節，或者不如說他們一再製造相同的故事。施洛特太太有沒有加入納粹，她是否渴望見識第三帝國的閱兵大典？她是否在一九三二年把票投給了希特勒？一九三三年呢？[4] 或者她就像眾多的德國民眾，不願參與政治，連想都不願想？這位上了年紀的矮小婦人，為一名猶太女性的安危而驚

4　德國婦女於一九一八年十一月十二日獲得投票權。

慌失措。甚至為了她，甘冒這輩子最大的風險。她開始敘述。被大使館雇用之前，她在一個非常善良的人家工作了二十年。他們都是好人，非常正派，從來沒把她當作傭人或下人，這點她很肯定。她甚至將手放在心上，發誓他們真的沒把她當身分卑下的傭人。這一家人請得起女傭，當然很有錢。不，不是女傭，清潔婦？女管家，是的，就是這樣，他們把我當管家。但他們失去了一切，他們的積蓄和家產全被納粹充公，您也知道，都是《紐倫堡法案》和接下來一連串的法令。施洛特太太承認自己不懂發生了什麼事，但她從收音機裡聽到，猶太人的財產都被搶走了，正義再次降臨，德國回到正軌。這是好事還是壞事？她根本不敢自問。她只知道那麼親切的老雇主失去了一切。這實在太悲慘了。不只如此，男主人被抓走了。他兒子逃過一劫。逃到哪？她相信他逃到很遙遠的地方，應該去了美國。只剩下女主人，老太太被軟禁在家，哪也不能去。但她年紀那麼大，體力那麼差。她不能出門，連買東西吃都不行。於是好心的施洛特太太會在夜晚偷偷送些食物給她，當然她非常謹慎。

　　王替夫側耳傾聽。他遞給她一塊繡了漂亮花樣的手帕。施洛特太太皺紋遍布的臉上滿是淚水。他不太確定自己該不該伸手擁抱老婦人。他的文化比較拘謹，並不提倡肢體接觸。然而施洛特太太那哀戚的樣子依舊令他心痛不已。他站起身，努力想辦法，而她已痛哭失聲。她說道，那位老夫人，那位猶太老太太恐怕難逃一死，蓋世太保不斷騷擾她，我都知道，她活不了了。王替夫對她滿心同情，渴望告訴她他明白她的惶恐與苦

痛，但他又能做什麼？他不過是一個傀儡國的外交代表而已，不是嗎？柏林有誰在乎區區一個滿州國？或者不如說，這個世上到底有誰在乎？這個由昏君統治的國家根本是個笑話！「您能不能幫幫她？求求您？」這不是問句，而是懇求。她看到他面露猶豫，退了一步，倚在扶手椅旁。她知道自己已得了一分，現在她占了上風。趁勝追擊的她挺起了身，朝他更靠近些。她堅持不懈，奉承他，拜託他，乞求他。他根本還沒答應，她已連聲感謝，說老天一定會保祐他，他，一個滿州人，一個中國人，一個迷失在歐洲夢魘中的亞洲人。她在做什麼？他出聲阻止她：「不，您快起來！」為時已晚，她根本沒聽到他的話，已經雙膝下跪，向他伸出雙臂。

　　他小心翼翼地關上門。他想過栓上門栓，但還是算了。他感到呼吸困難，腦中嗡嗡作響。望著頭上的劣質水晶燈，他不斷自問：我究竟答應了什麼？他恨不得打自己一巴掌。想到自己一時被情緒沖昏頭而妥協，就不禁自嘲。施洛特太太步下門外的樓梯，整個大使館都迴盪著那雙平底鞋踏在石階上的聲響。她退出王替夫的辦公室前，再次連聲道謝，嘴角因激動而顫抖不已。她還把手舉到胸前，那是在畫十字嗎？這全是因為王替夫認為自己也許幫得了這個忙。除此之外，他什麼話也沒多說。他解釋，畢竟不管他怎麼做，還是得獲得大使同意才行。但她什麼也聽不到，他是她的英雄，好像他已經救了那對猶太夫妻，那位老太太和她的丈夫。老先生已被關進大牢。送進了集中營！

　　想當然爾，呂宜文氣憤難平！王替夫怎會那麼愚蠢！他真

的答應要幫忙嗎？滿州國大使不敢相信他的參事居然貿然犯下大錯。呂宜文拒絕再聽下去。他命令王替夫退出門去。但王替夫堅持不從。他花了整個週末想方設法，還加上一句，我們至少可以試一試。呂宜文沉默下來，他在考慮。如果他真要求納粹通融，到底會有什麼風險？畢竟納粹想盡辦法不就為了趕走這些猶太人，這麼說來他根本是在幫他們的忙。這個被關進集中營的猶太老人，老弱得什麼工也做不了，毫無利用價值，反而成了德國社會的龐大負擔。大使明白，他必須說服德國外交部的聯絡人，而他們會向負責管理集中營的親衛隊部門報告。行得通嗎？王替夫的問題令呂大使煩躁起來。當然行不通！除非……除非日本人出面要求。呂宜文腦中迸出解決辦法。日本人！柏林的民族社會主義政權非常渴望與東京結盟，他們不可能拒絕日本人的要求。軸心三國直到一九四〇年九月二十七日才簽下正式盟約，此刻德日情勢仍舊曖昧不明。兩個強國仍在彼此試探，互拍馬屁，藉由各種珍貴機會示好。比如發滿州國簽證給德國間諜，讓他們得以進入蘇聯。在日本命令下，呂宜文簽發了那些簽證。二戰期間，這樣的你欺我瞞再尋常不過了。莫斯科一同意讓德國猶太人取道蘇聯前往滿州國，這計畫就開始了。納粹情報機構立刻善加利用這大好機會。最簡單的辦法就是在大批移民中安插幾個臥底。一旦持滿州國過境簽證進入蘇聯境內，那些間諜只要想辦法滯留一會兒，盡可能搜集情報即可。這任務必須仰賴呂宜文相助，至少他必須點頭同意才行。但就實務而言，沒人需要他的認可。滿州國大使從來沒有說不的權利。他的上級，也就是日本大使館已經同意了。幾

名在滿州國大使館工作的日本官員悄無聲息地為德國間諜核發
這些珍貴的簽證。

　　奇蹟真的發生了嗎？親衛隊是否釋放了那個猶太老先生？
王替夫保證老先生的確獲釋了。當前外交官於一九八八年在滿
州出版回憶錄，他已經七十七歲。受盡磨難的他老態龍鍾，共
產黨執政的中國將他視為叛徒，一個與日本人勾結的傢伙，早
被歷史所遺忘。命運女神並沒有眷顧他。蘇聯判定他得在古
拉格勞改營服刑二十五年，他待了十二年後，於一九五六年被
送回中國。毛澤東政權張開雙臂迎接他歸來，只為了親自懲罰
他，判他二十二年徒刑，將他送往偏僻地區的再教育營。至於
他在二戰期間拯救眾多猶太人的善行，由於證據不足而從未獲
得承認。證據之所以不足，一方面是因為德國遭受頻繁轟炸，
接著滿州國也難逃此劫。倖存的文件流散於中國、日本或蘇聯
的檔案庫裡。而王替夫當年也燒毀了身邊所有文件。在中國文
化大革命時期，還是不要留著這種文件比較好。二〇〇一年七
月十三日，大限已近的他承認自己幾乎忘光了柏林那段日子。
那些名字，日期，地點。但他沒忘記這對猶太老夫妻。

　　讓我們回到一九三九年夏天。正如預料，德國同意了。他
們保證會釋放那個猶太老先生。現在王替夫必須想辦法確保老
夫妻得以抵達目的地：滿州國。他得先替他們付清全程旅費，
完成各種繁瑣的行政手續。王參事再次把一切安排得妥妥當
當。不出幾天，老夫妻的過境簽證已經核發，他們終於能離開
德國。年輕外交官親口告訴施洛特太太這個好消息。王替夫以
為她會流下眼淚，說不定還會興奮大叫，再次流露真情。但她

什麼也沒做。清潔婦又變得拘謹不安，沒有露出任何喜悅或驚喜之情。「她只是緊閉雙眼，雙手合十，臉上露出敬神般的虔誠表情，」王替夫回憶。「就這樣，她一動也不動地站在我面前好一會兒。身為一個不到三十歲的年輕外交官，我還能要求什麼？₅」至於那對老夫妻的命運，至今仍是個難解之謎。他們是否真如計畫般，經由大連港或上海港前往美國？王替夫再也沒有他們的消息。

到了一九三九年九月一日，滿州國大使館已核發了七千份簽證。同一天，德軍攻入波蘭境內。這一天，沒有人到大使館送護照。再也沒有人會送護照過來了。呂宜文告訴王替夫，情勢已然改變。里賓特洛甫不再需要滿州國的簽證。德國外交部長告訴呂宜文，他們會透過別的手段解決猶太人問題。德國部長保證，不會發生什麼可怕的事，他們只會把猶太人召集起來，安置在特定區域，也就是猶太人隔離區。他們會很安全的。王替夫深感受辱。他試圖向大使抗議。他提醒呂宜文，他們的上級，也就是滿州國政府還沒發來正式指令。也就是說，他們還是可以繼續工作。呂宜文聽著他的建議，猶豫不決。王替夫又說：「我國真能承擔這個責任嗎？拒絕援救猶太人的責任？₆」呂大使從辦公桌前起身，昂頭挺胸卻仍不發一語。「我們繼續發簽證吧，」他終於開口，雙眼直視前方某處。「只要我國政府沒有下令禁止。但我必須要求你，行事謹慎小心些。必須在德國外交部長不知情的情況下進行。也絕不能讓納粹祕密警察和日本人發覺。至於我，我會宣稱自己什麼也不知情。₇」

這已讓王替夫萬分滿足。一九三九年十月至一九四〇年五月底
之間，他又發了將近五千份簽證。

5　王替夫，《偽滿外交官的回憶》，黑龍江人民出版社，1988，頁162。
6　出處同前注，p. 163.
7　出處同前注，p. 164.

第三章
暗殺希特勒

柏林，帝國總理府

一九三九年十一月九日，慶祝一九三九年十一月八日暗殺行動失敗

簽名簿：經辨認，共有來自三十九國的七十四名賓客簽名（另有一個難以辨識的簽名）

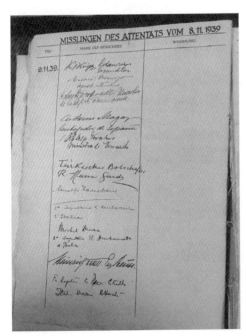

圖說：慶祝一九三九年十一月八日行刺希特勒行動失敗所辦的慶賀宴會。上方第二個簽名是教廷大使奧薩尼戈。下方則是多明尼加共和國公使羅貝托‧戴斯帕瑞多（Roberto Despradel，俄羅斯聯邦軍事檔案庫，莫斯科）。

TAG	NAME DES BESUCHERS	WOHNUNG
9.11.39.		

圖說：續，一九三九年十一月八日宴會。此處可見烏拉圭使節維爾吉羅・桑波納羅（Virgilio Sampognaro）兩位女兒的簽名。更下方則有瑞士代表弗利樹的簽名（俄羅斯聯邦軍事檔案庫，莫斯科）。

　　柏林的生活起了劇烈變化。先是德國入侵波蘭，接著英法兩國向德國宣戰，這一切都把原本安逸恬適的外交圈搞得天翻地覆。德國人民的糧食配額愈來愈嚴格，不過大使館尚未受到影響。第三帝國對他們禮遇有加。各國使團都能獲得所需的一切物資，連車輛必需的汽油也不缺。但他們也必須遵守宵禁，每晚都得徹底熄燈。恐懼在外交圈蔓延開來。有人宣稱英國皇家空軍很快就會轟炸柏林。惴惴不安的外交官紛紛把家人送回本國，遠離一觸即發的戰火。王替夫也不例外，他請妻子帶著兩個孩子回滿州國。這一別，他得等到五年後才能與家人重逢。那些自家政府已向德國宣戰或與德國斷交的外交官也紛紛收拾行囊。不過在一九三九年末，與德國斷交的國家並不多。除了南非以外，其他國家都無意追隨英、法兩國與波蘭的腳步，抵抗希特勒。國際社群選擇謹言慎行，不願被捲入這場新戰爭。

　　有些國家急於提醒德國他們的中立態度，手腳之快可說創下世界紀錄。德國於九月一日進攻波蘭，不到數小時挪威和瑞士就重申中立立場。其他國家也在幾天後相繼仿效。九月二日，考朗德向德國官員呈交法國宣戰書後，準備率領法國使團全員離開柏林。幾名勇氣可嘉的外交官特地前來告別，包括葡萄牙、希臘、烏拉圭、哥斯大黎加的大使，以及美國和阿根廷的代辦。「他們的拜訪真令人感動！」考朗德後來回憶道。「每一個人，雖然口才優劣不一，但都真誠地向我表達他們的激動之情，一再告訴我同一件事：『這場可怕的戰事令我們悲慟不已，但看到法國勇於堅守立場，再次證明我們對法國

的信心果然其來有自，這讓我們極為感動。法國再一次為弱者挺身而出。』₁」

　　十月六日，波蘭戰爭結束。開戰不過三十五天，德國就在蘇聯的幫助下贏得勝利，而斯洛伐克也稍微出了點力。波蘭領土立刻遭到瓜分。西半部併入第三帝國，東半部又回到蘇聯手中，中部則由德國託管₂。自此之後，希特勒得以安心地放眼西歐，覬覦法國。各國政府忙著討論的不再是元首何時會與英法聯軍開戰，而是歐洲有誰能阻止他的嗜血野心。一名三十六歲的德國木工打算試試運氣。他叫做格奧格・艾爾塞（Georg Elser）。要不是十一分鐘之差，他本能終結納粹的瘋狂行徑。那是一九三九年十一月八日，地點在慕尼黑。照理來說，他的炸彈不只會摧毀希特勒，也會一併解決那票忠心耿耿的納粹高官，戈培爾、希姆萊、赫斯（Hess）₃……艾爾塞本能扭轉世界歷史，可惜就差了那十一分鐘。

　　一九二三年，希特勒從慕尼黑的一間小酒館發動政變，試圖推翻威瑪共和國，但最終失利；自此之後每年的十一月八日，希特勒都會回到這兒。貝格勃勞凱勒啤酒館（La Bürgerbräukeller）。納粹主義者幾乎把這兒描繪成聖地。人們滿懷感動與崇敬地紀念那場失敗的政變。他們改寫歷史，把小酒館染上傳奇與預言色彩，就像那些英雄讚歌與敘事詩。元首愛死了。艾爾塞就像七千萬名德國人一樣，對這家酒館耳熟能詳，也都清楚元首特別重視那個紀念日。他打算藉此機會推翻第三帝國。沒向任何人透露隻字片語，他暗自下定決心斬除希特勒。當時三十五歲的木工耗費一整年精心策劃，鑽研炸彈製

作，再藏到餐廳其中一個柱子裡。炸彈的威力強大，照理說紀念活動的參與人士沒有活命的機會。艾爾塞保守地把引爆時間安排在晚上九點十五分到九點三十分之間。過去幾年來，紀念活動從不曾在十點前結束。他確認了歷年的報章雜誌，也向酒館女侍打聽過。毫無疑問。但他沒料到一件事……一九三九年的這個秋天，德國引爆了一場戰爭。雖然波蘭已舉手投降，但還得面對英法兩個死對頭。

　　雖然德國尚未與英法開戰，但按理說來，戰火隨時可能爆發。希特勒不再像昇平時期那麼悠閒。他必須擬訂入侵法國的計畫。身邊的親信早就聽說，元首不會在慕尼黑待太久。這一年不行。發表演說，行完納粹禮，就得打道回柏林。當晚就得回去。必須快一點。搭火車回去，不搭飛機。氣象預測指出當晚天候會很惡劣。反正元首向來討厭搭飛機。除非由專屬飛行員駕駛，不然他絕不搭飛機。他會搭火車回去。既然如此，他更得提早離開酒館不可。晚上九點零七分就要出發，比以往都早得多。

　　十一分鐘後，一場可怕的劇烈大爆炸席捲慕尼黑市中心。炸彈摧毀了酒館的大半面積，八人喪命，其中沒有半個納粹領導人。

　　德國當局無意掩蓋爆炸事件，反而抓緊機會大肆宣傳，增

1　Robert Coulondre, *De Staline à Hitler...*, *op. cit.*, p. 320.
2　譯注：德國成立波蘭總督府加以管理。
3　譯注：一八九四年～一九八七年，納粹黨副元首。

加聲勢。看呀，希特勒居然逃過布局如此縝密的暗殺行動！全靠神力保佑！這證明了他肩負全德國的命運。熱情澎湃的全國媒體忙著歌功頌德。《德意志匯報》（*Deutsche Allgemeine Zeitung*）宣稱：「星相早就顯示元首絕不會遭遇任何不幸。」《德國通訊社》（*Deutcher Dienst*）甚至更進一步，幾乎以基督教寓言的口吻描述：「貝格勃勞凱勒啤酒館的攻擊事件一傳來，我們不禁暫停呼吸好幾秒；但我們心中立刻滿溢難以描述的欣喜與感謝：元首安然無事，感謝上天。」類似說法在全國各地不斷傳頌，戈培爾率領的宣傳部也精心策劃了紀念儀式。理所當然，他們邀請各國使節出席。

　　隔天一大早，德國外交部立刻聯絡各國大使館。元首逃過一場卑劣可恥的攻擊……背後的主使者想必是英國……各國都得站出來，齊聲宣示全力支持德國。地點是新總理府。這當然不是命令，只是友善的建議罷了。但若是選擇緘默以對，那就是公開表示對元首的命運毫不關心，根本就是對元首居心不良。拒絕出席不但需要勇氣，還得具備崇高氣魄，而且多麼危險哪！誰敢踏出這一步？老是批評德國野心太大、一心想擴張領土的美國人敢嗎？還是國界從未如此脆弱的比利時人與荷蘭人？事實上，沒人敢保持沉默。納粹官員從未擔心過各國使節的反應。他們還打算公開哪些外交官出席了這場小儀式，表達對德國的支持。

　　一整排華貴的長型禮車停在新總理府前，活像送喪隊伍。戈培爾可高興了，所有外交官都聽話地回應了納粹的號召。簽名簿上的名字甚至比希特勒五十歲壽宴那天還多，足足多了

二十人。一個也不少，就連美國代辦也乖乖出席。亞歷山大‧
柯克（Alexandre Kirk）幾週前才送他的朋友考朗德告別柏林，
當時他多麼難過。然而十一月九日這一天，他在德國官員面
前也露出同樣的莊嚴與哀傷神色。他趁機與義大利大使伯納
多‧阿特利科（Bernardo Attolico）閣下打招呼。柯克喜歡稱他
為「我們這個時代，最偉大的外交官之一」[4]。但希特勒可不這
麼認為。阿特利科不希望義大利捲入戰爭，希特勒為此火冒三
丈。義大利統帥（Duce）墨索里尼也厭倦了安分有禮的自家代
表。太過戒慎恐懼，太過親近蘇聯，又不太喜歡法西斯主義。
當里賓特洛甫嫌他太礙眼，墨索里尼樂得從命。老外交官會在
一九四〇年四月二十九日去職，改由毫無氣魄、更加溫順的迪
諾‧艾爾菲里（Dino Alfieri）接任。

　　荷蘭代表也現身了。不像鄰國比利時只派一人出席，他們
結伴同行。除了大使本人，還帶了數名參事和駐德陸軍武官，
個個都打扮得非常體面，一行總共六人。他們是否想藉此展現
荷蘭的善意，希望與強盛鄰國和平共處？同時提醒柏林尊重荷
蘭的中立地位與國界？全是白費功夫。事實上我們幾乎可以打
賭，這一年的十一月九日，當納粹高官看到荷蘭人時，心頭湧
起的是某種輕蔑。瞧瞧他們還在期待第三帝國手下留情……多
諷刺啊！再過幾個小時，他們就會明白。他們會紅著臉，可能

4　Leonardo Simoni, *Berlin, ambassade d'Italie, op. cit.*, p. 92.

圖説：在德國迎賓長官英瑞克斯的注視下，義大利大使艾爾菲里在簽名簿留下親筆
簽名。一九四一年新年慶宴的那一頁上，艾爾菲里的筆跡清晰可見。

是怒火攻心，也可能是羞愧難耐。不管如何，他們此刻的猶疑不安都將獲得解答，其實柏林既不尊重他們，也不在乎所謂的中立。芬洛（Venlo）事件 5 會讓他們明瞭於心。這個荷蘭小鎮位在柏林東方六百公里處，靠近兩國邊界。當荷蘭代表正在那本簽名簿上留下大名時，親衛隊旗下一支特遣隊在芬洛抓走兩名英國探員，殺了一名荷蘭探員。這項行動將在幾天後公諸於世，德國官方宣稱此舉是為了逮捕涉入小酒館攻擊事件的英國間諜。基於此，他們不得不出手行動。但這全是一派胡言。艾爾塞和英國根本毫無瓜葛。這兩位探員的確為英王陛下的祕密情報局服務，但他們的任務其實是搜集反希特勒人士暗中活動的情報。眾所皆知，柏林會在一九四〇年五月以芬洛事件為由入侵荷蘭。這些英國間諜當時不就與荷蘭探員合作嗎？而荷蘭會為了展現對英國的支持，自行放棄中立國地位。

　　避免任何激怒德國當局的可能性，盡量保持低調，非常低調。一九三九年十一月九日，帝國總理府的廳堂裡，荷蘭不是唯一力挽狂瀾，對德國鞠躬哈腰的例子。瑞士的弗利樹早在數個月前就使勁拍馬屁了。他還不斷提醒自家政府也要照做。但沒人聽他的話。他提醒主管部門好幾次，必須出手干預瑞士媒體，叫他們別再發表那些反希特勒的宣傳文章。「我一次又

5　譯注：一九三九年，蓋世太保探員假扮願意提供情報、想推翻希特勒的難民與軍士，獲得與英國探員見面的機會。雙方在九到十一月間碰面數次後，德國於十一月九日逮捕了兩名英國探員，一名荷蘭軍官受到重傷，不幸身亡。

一次經由書信及口頭反覆提醒您注意，本國媒體發表此種立場
的文章可能會為我國帶來各種危險。……此種作風不符合瑞士
的中立立場……這不只為了我國的經濟利益（德國是瑞士最重
要的出口國，也是最大的物資供應國），也是為了瑞士的國土
安全著想，因為我國三分之二的國土都與德國為鄰。」梵蒂
岡駐柏林教廷大使奧薩尼戈完全支持他的作法。「他顯然和我
有同樣的擔憂，」弗利樹在回憶錄中提及：「他要求瑞士的天
主教媒體謹言慎行。」這位宗教界人士與他分享一個務實教
訓。「你必須想辦法活下去，」他悄悄對弗利樹說，「不管有
多少艱難，善必勝惡；納粹渴望建立一個『千年』帝國，但已
有兩千年歷史的教會終將存活。」教廷大使雖對納粹受害者毫
無憐憫，倒展現極為冷靜的洞察力。就任狂風暴雨肆虐吧，此
刻不宜抵抗，想辦法生存才是上策。

　　弗利樹等著簽名時，心中仍想著瑞士的各家媒體。希望不
會再看到那些惹人厭的文章。畢竟才剛發生炸彈攻擊。他試圖
說服自己，有誰會准許刊登那些文章？不，絕不可能，絕不該
在人命關天時刊登那種文章，即使是關於希特勒也不行。在
他前方，那群荷蘭外交官好整以暇，慢吞吞地在簽名簿簽上
大名。其他賓客耐心等待。瑞士人認識其中幾人，特別是羅馬
尼亞代表和日本領事。倒是兩名頭戴華麗貂皮帽的年輕女子令
他非常意外。她們外貌神似，弗利樹根本分不清誰是誰。這必
定是一對姊妹。她們戴著珍珠項鍊，看起來多麼迷人高雅啊！
那是柏林外交圈最多愛慕者的兩名單身女子，戴麗雅（Delia
Sampognaro）和艾瑪·桑波納羅（Ema Sampognaro），不管走到

哪都受到眾人注目。聽說戈培爾已拜倒在她們裙下。不過他愛上的是哪一個？他分得清誰是誰嗎？與此同時，總理府有人暗暗咬牙切齒。這兩名女子根本沒有任何外交頭銜，只是烏拉圭駐柏林大使館一名使節，維爾吉羅·桑波納羅的女兒罷了。然而她們卻獲准在名冊上簽名！而且她們註明「烏拉圭大使館」（Gesandtschaft von Uruguay）時，還拼錯了字，少寫了一個t，顯然德文程度差勁。

　　瑞士大使一如往常，沒有露出任何不悅。這些外交慣例如此繁複耗時，倒正中他下懷。說實在話，他在柏林過得如魚得水。首都占地不廣，他輕輕鬆鬆就能去市郊野外狩獵。啊！打獵！這是他熱愛的休閒活動，就連戰爭爆發後，同盟國不斷轟炸柏林，他也未曾放棄打獵。難道他不怕炸彈嗎？弗利榭可沒那麼膽小。即使身處就快沉沒的鐵達尼號上，他的父母和姊妹也都面不改色，安然生還，由此可見弗利榭一家絕對不缺膽識。當然，他的家人入住的是鐵達尼號的頭等艙房，也比其他乘客先登上救生艇。但不管如何，鐵達尼號仍是一場可怕的劫難！總而言之，不管是炸彈還是法西斯獨裁者，都不足以讓弗利榭驚慌失措。事實恰好相反。這位養尊處優的蘇黎士人，面對歐洲的獨裁政權可說怡然自得。所有的獨裁者，無一例外。拿法西斯義大利來說吧。墨索里尼在一九三六年實現夢想。他

6　請見瑞士外交文件：www.dodis.ch/46691，一九三八年十月二十一日。
7　Hans Frölicher, *Meine Aufgabe..., op. cit.*, p. 37.
8　出處同前注。

的軍隊戰勝了衣索比亞帝國，非洲最後一個未被殖民的國家。
這是一場武力懸殊的戰爭，義大利挾著現代化裝備和武器的十
個師（相當於四十萬名士兵），以戰鬥機、戰車和化學武器，
攻擊還騎著馬的非洲戰士。西方民主政權紛紛抨擊此等嗜血暴
力，指責義大利的侵略。國際聯盟曾試圖阻止這場浴血殺戮，
但徒勞無功。當時弗利樹擔任瑞士政治部外交事務分部（相當
於其他國家的外交部）次長。他沒有加入倫敦、巴黎和其他國
家的批判行列，反而決定全力說服瑞士承認義大利在伊索比亞
的主權。他成功了。幾個月後，當西班牙的內戰如火如荼地展
開，他會再次出手，支持伯恩與佛朗哥政權建交。

　　他理解獨裁者，也接納他們時而狂暴的行為，這為他打開
了駐柏林瑞士大使館的大門。一九三八年五月三十一日，他受
命成為瑞士駐德大使。弗利樹一抵達第三帝國首都，立刻與納
粹高官建立密切聯繫。至少他是這麼告訴伯恩的上級。事實
上，納粹高官並沒特別關心這位尊貴的資產階級分子。不管是
里賓特洛甫，還是戈培爾、希姆萊、赫斯或者戈林，都沒有接
受他千方百計的邀請，更別提希特勒本人了。不過這些都不重
要……只要他們不找赫爾維蒂聯邦的麻煩，一切都好。弗利樹
理直氣壯地認為，直到現在，他的表現可說無懈可擊。在他的
帶領下，瑞士大使館從不對德國的政治路線提出異議，不管是
內政抑或外交。水晶之夜？不過是警方事務。蘇台德危機，以
及緊接而來的捷克斯洛伐克分裂呢？還不是捷克人自找的。瑞
士大使每一回都在德國媒體前公開讚揚元首的處理手段，想盡
辦法讓世人知道他對元首心悅誠服。這會不會令他的同胞大驚

失色？他才不在乎呢，未來會證明他的作法是正確的，這一點他從未懷疑過。再者，他只是乖乖聽從自家政府的命令，不是嗎？「德國併吞奧地利後，瑞士聯邦委員會宣布，希望與各國獨裁者保持友好關係，。」他在自費出版的回憶錄中表示。他還引述席勒（Schiller）[10] 詩句，為自己的態度辯解：「為了不吵醒沉睡的母獅，在駭人道路上無聲前行。」

　　在離開一九三九年十一月九日的宴會之前，弗利榭沒有忘記與德國官員攀談，一同緬懷那些在爆炸事件中喪命的犧牲者。他身邊的對話漸漸熱絡起來。幾位外交官以不可置信的語調探詢：希特勒呢？是的，他還活著……運氣真的太好……看來他連半點傷都沒有?!不可思議，太不可思議了！有些人拉高聲調，說他們看了當天的報紙，宣稱英國人策劃了這起行刺案。這些德國報紙異口同聲地保證，德國會替犧牲者討回公道，絕不留情。居然打算謀取德國總理的命，真是膽大包天。弗利榭默默同意。這絕對是外國政府指使的，絕對是倫敦的主意。瘋子才會幹這種事，必定是些狂熱分子。只要不干瑞士的事，一切都好。

　　事實上一點都不好。與此同時，新總理府的另一側，也就是柏林占地廣大的公園蒂爾花園（Tiergarten）後方，蓋世太保

9　Hans Frölicher, *Meine Aufgabe...*, *op. cit.*, p. 36.
10　譯注：一七五九年～一八〇五年，著名詩人、哲學家、歷史學家和劇作家，德國啟蒙文學代表人物之一。為德國文學史上著名的「狂飆突進運動」代表人物，也被公認為地位僅次於歌德的偉大作家。

正在訊問一名男子。這不是艾爾塞，而是另一名理想主義者。他也想暗殺希特勒，這名年輕男子將成為弗利榭最可怕的夢魘。他叫做莫希斯‧巴沃德（Maurice Bavaud），出生於瑞士的納沙泰爾（Neuchâtel）。他在瑞士出生！是的，莫希斯‧巴沃德是瑞士人。

　　讓我們回到一年前。

　　慕尼黑，一九三八年十一月九日。

　　統帥堂（Feldherrnhalle）₁₁ 前正舉行納粹遊行。他拿出武器，一把小手槍，試圖朝前方瞄準。他身邊的群眾忙著呼喊，一下子伸直手臂行納粹禮，一會兒又放下來，接著再高高舉起，直到痠痛不已。沒有人注意到他。希特勒！希特勒！希特勒萬歲！成千上萬的德國人整齊一致地高聲吶喊，陷入狂喜恍惚中。但他在哪？巴沃德沒看到他。啊，看到了，他在那兒！希特勒從他那華貴的賓士敞篷車裡站起身。車子以緩慢的速度前進。太好了。這目標太容易瞄準了。他靠上前去。再等一會兒，一會兒……突然之間，上百隻手同時高舉卐字旗，朝空中揮舞。這樣他怎麼瞄準?!他試圖再靠近些，努力從人牆中擠出一條路來，但時機已晚。希特勒一行人已經漸漸遠去，他無法開槍。巴沃德只想做件好事。他想保護人們免於納粹迫害，為了受到威脅的瑞士，為了受獨裁者壓迫的教會，為了種種原因。這名不過二十二歲的羞怯年輕人還非常青澀，想必很脆弱，一定很天真。在蓋世太保的刑求下，他立刻就崩潰了。他在遊行五天後，於一九三八年十一月十四日被警方逮捕。這場

不幸災難都始於他沒買車票。一般說來，他會收到一張罰單，得繳罰鍰。沒什麼大不了的。但他身上帶了武器。當調查員發現那把手槍、十九枚子彈、一張柏特斯加登（Berchtesgaden）[12] 周圍環境的地圖，和一封求見希特勒的偽造引薦信，這名瑞士年輕人的處境就複雜了。變得惡劣不堪。

　　整整一年後，當弗利樹在一九三九年十一月九日，前往總理府慶賀艾爾塞行刺失敗時，早已聽說了巴沃德這個人。幾個月前他就得知有名同胞被德國警方逮捕。但他不清楚詳細原因。至少他向伯恩上級回報時是這麼說的。幾週前，伯恩上級曾在一九三九年十月六日請託弗利樹「密切關注此案，並且隨時向我們通報進度。[13]」弗利樹有沒有趁十一月九日的慶賀宴，在總理府向納粹高官探問此事？看來他並沒這麼做。或者他沒收到任何回應。直到兩個月後，他才獲得一點消息。十二月二十日，他得知德國人民法院（Volksgerichtshof）[14] 已在十二月十八日，因巴沃德意圖行刺元首而判他死刑。弗利樹熟悉法條規定。他曾在瑞士與德國最優秀的大學修習法律，在萊比錫獲得博士學位，還擔任律師一段時間才踏入外交界。他心知納粹處理巴沃德案件時，違反了所有處理原則。他們本該先通知

---

11 這座統帥堂是十九世紀的歷史建築。希特勒於一九二三年政變期間藏身於此。一九三三年後，這兒成為近乎神聖的納粹地標。

12 巴伐利亞阿爾卑斯山區小鎮，希特勒的私人住所就位於此地。

13 瑞士外交文件：www.dodis.ch/32436，一九三九年十月六日。

14 譯注：一九三三年發生國會大廈失火案後，對法院判決不滿的希特勒另外成立了以「人民法院」為名的特別法院，專門審理反政府的異議人士，大部分都是草草判決。

瑞士大使館巴沃德遭到起訴的消息，讓被告獲得辯護律師與協助，再進行審判。

　　一九四○年一月四日，弗利樹把報告書寄往伯恩。這是一份極為冗長且詳盡的報告，但其中毫無批評德方的文字。他反而指出，德國希望保密巴沃德的攻擊行動，因為「若是公開此事件，可能會讓他人群起效尤。15」弗利樹的反應是什麼？身為大使，他本應抨擊這是一件醜聞，是權力濫用，是國家級的謊言。恰好相反，瑞士大使再三強調德國的要求情有可原：「德國的看法非常能夠理解，因此為了保密之故，我請各位切勿公開我提供的資訊，對他的家人也必須守口如瓶。」至於那名年輕人，弗利樹無意插手他的命運。法院已斷定他犯了德國最不可饒恕的罪行：意圖謀殺希特勒。因此「此事太過敏感，代表團不宜試圖為罪犯關說」。不過外交官倒承認萬一德國真的執行死刑，兩國關係恐怕會出現變數。德國若沒有公開原因就自行處決巴沃德，恐怕會引爆瑞士民眾的反德情緒。因此弗利樹提議想辦法與德國交涉，減輕刑罰，把死刑改判為終生監禁。

　　伯恩很快就回覆了。弗利樹一月八日就收到上級的回答。對大使而言，這是封嚴峻的回信。「不管是當事者的家人還是我國，都沒有機會選擇代表律師，也沒有機會了解案情，這讓我們根本無法幫助同胞。此種處理方式顯然根本沒有保護外國公民。不消說，德國的行徑無視保護外國人的原則。16」到底要他說幾遍？千萬不能批評德國，不能激怒納粹。弗利樹無法理解上級的態度，他繼續讀上級的電報。不！⋯⋯他們不能如

此要求他！他們居然要他正式向德國申訴，不只如此，他們還要他威脅德國，連歐洲強權都忌憚的德國，偉大的大德意志！而且他們還要他代表赫爾維蒂聯邦，親自面對德國。「請您毫無保留地向德國政府表示……如果他們真的執行死刑，這起案件可能會為德瑞關係帶來相當不愉快的後果，我們會非常感謝您。」情勢更複雜了，弗利樹必須做出抉擇，而且事不容緩。可幸的是，他的副手卡普勒代辦值得他信賴。後者也許不像他那麼仰慕第三帝國，但至少同意他的看法，認同瑞士必須盡力與德國保持友好關係。於是他們決定袖手旁觀，或者盡量不提起此事，免得惹惱德國人。即使伯恩要求他們「盡全力拯救同胞免於死刑」，也只能說瑞士失算。弗利樹不只無意拯救巴沃德，甚至沒有向同胞伸出援手，沒有提供任何心理安慰，也沒有通知他的家人。巴沃德夫妻是從兒子的來信才知道兒子已被判處死刑。

　　莫希斯的父親，阿弗雷德・巴沃德（Alfred Bavaud）立刻寫信給瑞士政府。這封信的字裡行間透漏著激動情緒，好幾處被畫掉修改的墨印弄髒，還有些地方被用力加上強調的底線，在在流露內心的不滿，這是一個義憤填膺的男人寫下的信。

　　納沙泰爾，一九四〇年六月十日。
　　致伯恩聯邦政府

---

15 瑞士外交文件：www.dodis.ch/32451，一九四〇年一月四日。
16 瑞士外交文件：www.dodis.ch/32457，一九四〇年一月八日。

致政治部外交事務分部部長：

先生，

我今早收到小兒莫希斯・巴沃德寫於一九四〇年四月五日的信，打破了我們所有的期望。

他告訴我，他已被判處死刑，因此已被送往設有斷頭台的巴勒岑希（Plötzensee）₁₇監獄。

這是他寫的第七封信，但之前的信都沒被寄出。他告訴我他依舊是死刑犯，隨時可能被處決。

事已致此！部長，您如何看待柏林代表團的緘默與無能？

您們一再向我保證，代表團會保持連繫，絕不會對這起案件放任不管。

三週前，還有人在納沙泰爾調查我兒子的同學。

我內心滿懷深沉無盡的苦澀怨懟，以及在此情況下痛失愛子的悲慟，相信您能明白。要是他戰死沙場，我們絕不會如此心痛。

我也請求您立刻向柏林代表團施壓（如果還來得及的話），盡一切影響力，幫助我的兒子獲得減刑。

我再次重申我原先的提議，也許可以進行犯人交換？

最後，替他辯護的律師是法蘭茲・瓦勒（Franz Wallau）先生，其聯絡地址為：柏林市朗德葛拉芬街十號。

我衷心期盼時機未晚，並在此向外交事務部部長致上我真誠的敬意。

阿弗雷德・巴沃德　筆

附註：請原諒我筆跡潦草。[18]

　　弗利榭不會因阿弗雷德・巴沃德的悲慟而改變態度。他認為這名囚犯的動機可惡卑劣，始終不願探訪。他違抗瑞士聯邦總統與上級的命令。瑞士總統甚至告知他，希望代表團至少派一名成員去探視囚犯。

　　儘管如此，弗利榭是否受到責備？是否遭到追究？有沒有被開除？

　　沒有。

　　直到柏林戰爭結束，他都是瑞士駐德大使。

　　莫希斯・巴沃德於一九四一年五月十四日被送上斷頭台。

　　他孤身一人，身邊沒有任何一名家人，也沒有任何一位瑞士代表。

　　他死時不過二十五歲。

　　七天後，他父親再次寫信給聯邦政府。他再次哀求，不是為了釋放兒子，而是希望他在監獄獲得好一點的待遇。為了封鎖消息，他兒子已在與外界完全隔絕的單人囚房待了三十個月，沒人知道他的存在。「他的精神蒙受可怕的折磨，連帶耗損他的身體健康，再強健的心智也撐不了多久，[19]」阿弗雷德・

---

17 柏林附近的監獄，被納粹用來處決死刑犯。
18 瑞士外交文件：www.dodis.ch/32439，一九四〇年六月十日。
19 瑞士外交文件：www.dodis.ch/32442，一九四一年三月二十七日。

巴沃德非常擔憂。「不只如此，外交分部部長大人，我注意到他已接近極限。我兒子在上一封信就指出他的視力衰退得非常嚴重，並希望若有可能的話，我可以為他找副眼鏡。」這名父親沒有掩飾他的絕望。他不再要求，而是苦苦哀求。「最後，我懇求您發發慈悲，運用您對德國政府所有的影響力，改善他的處境，或者讓他獲得減刑。」但為時已晚。當他提筆寫下這封信時，他的兒子已在一週前喪命。德國人甚至沒花點時間通知瑞士大使館。更別提囚犯的父母。巴沃德夫妻直到六月初，才從兒子的信中得知這消息。莫希斯被處決前四十八小時，獲准向父母寫最後一封信。而這封遺書花了一個月才送達。

我收到了我兒子莫希斯‧巴沃德於五月十二日寫的信，我十分震驚，哀慟欲絕。這是他的遺書，他向我們獻上最後的告別。因為那是他在人世的最後一夜。[20]

一九四一年六月七日，阿弗雷德‧巴沃德再次鼓起勇氣，與瑞士政府聯繫。他不明白為何政府如此不近人情，他無法接受。這是悲慟萬分的父親最後一次寫信：

我滿心悲苦，但我無意描述自己的心情。外交分部部長大人，瑞士駐柏林代表團的無作為令我深感憤怒，他們沒有幫助這個可憐的孩子，他既不是罪犯，也沒做任何壞事。死刑已經過了三週，而（我們）卻沒（收到）官方的隻字片語。瑞士的確是個小國，緊鄰著強大的德國。然而您向我們保證過，如果

他們真會執行死刑，您會事先通知我們。

伯恩的官員大驚失色。阿弗雷德・巴沃德的來信在外交分部引起重大危機。柏林大使館立刻收到一封電報。這是真的嗎？那位年輕人已被處決？請確認。緊急。非常緊急。

弗利榭代表團立刻回覆。

確認。

他已經死了。

瑞士不只未能拯救它的子民，甚至無能獲得德國政府的尊重。對伯恩來說，情勢已變得難以收拾。如何才能避免這樁全國醜聞？甚至可說是國際醜聞？他們沒空譴責弗利榭的態度，必須團結一致，改寫歷史。要是媒體得知這件事，必須宣稱我們絞盡腦汁、盡了全力拯救莫希斯。外交分部傳給瑞士大使的訊息再清楚不過：「我們目前還無法評估萬一瑞士民眾得知這起悲劇事件將會造成多麼嚴重的後果，但我們若能在必要時宣稱瑞士大使館已傾盡一切努力，避免同胞遭到處決，這會是一大幫助。[21]」

編織謊言，美化事實，有何不可……但巴沃德事件不能如此解決。瑞士駐柏林代表團非常反對。大使館絕不能拋棄誠實與廉正精神。再說，他們何必為自己在此起事件中的態度而臉

20 瑞士外交文件：www.dodis.ch/32443，一九四一年六月七日。
21 瑞士外交文件：www.dodis.ch/32452, 一九四一年六月十日。

紅羞愧？弗利樹的副手卡普勒親自回覆。他承認：「代表團此次失利的確非常令人遺憾。」然而，「就另一方面而言，巴沃德心懷犯罪意圖，此事萬一真的實現或實現了一部分，都會為我國帶來災難性的嚴重後果，是故代表團對插手此事躊躇不前。₂₂」拋棄外交官腔的外衣，意思就是莫希斯・巴沃德不值得我們為他辯護。他想殺掉希特勒，罪有應得。

　　既然柏林的瑞士大使未能幫助同胞，那麼親自面對這個悲痛欲絕的家庭，低頭道歉，聆聽一名父親、一名母親和一名兄弟的苦痛，豈不是再自然不過的事？然而弗利樹不會前去慰問，他的副手也不會，整個大使館沒有派任何職員前去探訪這家人。連一封信也沒有。一九四一年六月十一日，聯邦政府只派了一名公務員拜訪巴沃德家。這名公務員行禮如儀地表達哀悼之情，花了點時間傾聽他們的心聲。巴沃德夫人緊握拳頭直到滲血，她無法掩飾內心的怨恨。就這樣失去一個孩子，叫人怎能接受？他還沒犯罪就已被判處死刑。她的兒子的確想除掉希特勒，但他並沒有動手！沒人保護她的兒子，瑞士沒人為他求情。還有那個弗利樹，他事不關己的態度令人無法接受。政府代表再次保證，不用懷疑，他們後續必會處置這些人，他們會有應得後果。他費盡唇舌再三發誓，想辦法說服他們。他非這麼做不可。莫希斯・巴沃德的慘劇必須保密才行。他告訴這家人必須保持沉默。公務員以簡單明瞭的字句向他們解釋。既然柏林的瑞士大使拒絕說謊，不願佯稱自己盡全力挽救那名年輕人的性命，那麼這樁醜聞絕不能在瑞士洩露風聲。溫順的巴

沃德一家同意了，他們明白，他們會把這齣悲劇埋葬在內心深處。政府代表在報告中提到大功告成的感受：「我相信自己判斷正確，死者家屬會避免提及這起不幸事件，不會以任何形式攻擊政府；他們會接受兒子的罪行，默默承受悲哀的命運。[23]」

二戰結束後又等了十年，瑞士直到一九五五年才試圖糾正自己的錯誤。瑞士要求西德撤銷對莫希斯‧巴沃德的判決。西德在一九五六年收回。法律證明，雖有謀殺意圖但在沒有行動的前提下，不能就此判決他有罪。這一家人會獲得四萬瑞士法郎的賠償。

但必須再等超過半世紀之久，瑞士才會公開洗刷這名年輕人的冤屈。二〇〇八年十月三日，聯邦議員保羅‧萊希施坦因納（Paul Rechsteiner）向聯邦委員會提議，承認弗利樹大使的冷血錯誤與不公不義。「駐柏林瑞士使節將此事視為『可惡罪行』，拒絕探望巴沃德，也不願為他求情，」萊希施坦因納在提案中細述。「聯邦委員會若能發表聲明，不但能表達對莫希斯‧巴沃德義行的尊重與感謝，也能對當時聯邦政府未能出手拯救這名年輕人的性命表達遺憾。[24]」

他的提案後來被聯邦委員會否決。

22 瑞士外交文件：www.dodis.ch/32460，一九四一年六月十三日。
23 瑞士外交文件：www.dodis.ch/32453，一九四一年六月十二日。
24 出自聯邦議員萊希施坦因納講稿，瑞士國會檔案。URL:https://www.parlament.ch/fr/ratsbe- trieb/suche-curia-vista/geschaeft?AffairId=20083663

這個提案太過嚴厲，太直接地抨擊弗利樹以及瑞士外交人員。

與此同時，伯恩認為巴沃德事件該落幕了。

與此同時，伯恩認為巴，瑞士聯邦總統發表一篇紀念莫希斯・巴沃德的感謝宣言。這是瑞士政府首次為這名年輕人平反，但仍謹慎地避免譴責弗利樹的作為，或不如說不作為。「如今回首，我們可以說當時的瑞士政府放棄與德國政府交涉，的確沒有盡力幫助囚犯。莫希斯・巴沃德……已預見希特勒會為世界帶來災難。以此看來，他值得我們的感謝，我們的記憶應為他留下一席之地。[25]」

---

25 出處同注24。

第四章

反抗或低頭？

柏林，帝國總理府

一九四○年四月二十日，元首五十一歲壽宴

簽名簿：經辨認，共有來自四十二國的六十八名賓客簽名
（另有兩個難以辨識的簽名）

　　看來他很快就會從二樓那個小陽台走出來了。就在那兒，
面對威廉廣場的那個陽台。隨著低語在人群間蔓延，人們都抬
頭望向新總理府。有些人已經面露微笑，其他人，特別是最年
長的那群人，則配合氣氛露出莊嚴的神色，力求完美展現內心
的敬意。結果是假警報。只是親衛隊一名軍官打開了其中一扇
落地窗罷了。有別於往年向來盛大的祝賀儀式，這一年納粹希
望以簡單而隆重的方式慶祝元首誕辰。至少有一部分的德國年
輕人正在前線作戰，為祖國而奮鬥，冒著生命危險迎戰敵人，
第三帝國的敵人。因此過於歡樂的活動一律禁止。

　　因此希特勒的五十一歲生日，不會有任何慶典。

　　過去幾天媒體不斷重複這樣的消息，但效果不大。自
一九三三年起，每年的四月二十日，首都各大主要道路都會看
到醒目的朱紅旗幟飄揚，今年的確看不到那些隨風舞動的紅

旗。既無樂團也沒有閱兵大典，沒有封路限制交通，然而這些柏林人依舊聚在這兒。不光是柏林人而已。住在外省的德國人也特地前來，還有那些受到納粹「拯救」、獲邀加入大德意志的新公民，他們被稱為德意志人（Volks-deutsche）₁。這些人原屬於捷克斯洛伐克的蘇台德地區，或者波羅的海三國：愛沙尼亞、拉脫維亞和立陶宛的少數德裔後代。除此之外，還有些人來自尚未被納入帝國版圖的國家。比如說羅馬尼亞的德國人（Rumäniendeutsche），一個將近七十五萬人的社群。納粹特別疼惜這些人。不只是基於民族主義精神，同時也是出於利益考量。希特勒打算未來與卡羅爾二世（Charles II）交涉羅馬尼亞石油議題時，仰賴他們出力幫忙。新總理府還邀請了德國人的遠親，外西凡尼亞（Transylvanie）₂的薩克遜人前來慶祝元首生日。這群人雖然人數不多，但格外醒目。沒人能忽略他們的存在。他們身穿塔夫塔綢製的傳統衣裳，上面繡著完美的刺繡圖樣。這群人依舊保留民俗傳統，但沒人敢出聲嘲笑。威廉廣場上到處都是警察，他們謹慎地混入人群，絕不會容許任何人嘲笑這些薩克遜人。必須拍出完美無瑕的照片。這群慶賀民眾就像一支重組而團結的大家庭，必須表現得和樂融融，散居各國、文化多元的德國人全都忠誠地支持他們的領袖。

　　一九四〇年四月二十日這一天，廣場上到底有多少人？少說也有數千人。他們占據了整個街區。絕大多數都是壯年男子，也有婦女。不過他們多半都是受人敬重的資產階級，身穿西裝，頭戴好看帽子，擋住四月依舊清冷的陽光。他們都已過了生兒育女的階段，有的應該已有了孫子女，孫子女可能年

紀還小，也可能已步入青春期，甚或已成年。聚集在總理府前的這些男女，有多少人打算參戰，踏上前線？而且還是好幾個前線呢。戰場實在太多，連德國人自己都搞不清楚有幾個。去年十月，德軍只花幾週就摧毀鄰國波蘭，大獲全勝。然而戰爭卻沒有停止。接下來還得與那些狂妄自大的法國佬和英國人對決。別忘了還有斯堪地那維亞人。那些丹麥人和挪威人。這一天的威廉廣場上，有人在這波來自北方的冷氣團中，談論那些後果難料的任務嗎？要是有人膽敢提起，那就太魯莽了。

挪威大使阿恩・施爾（Arne Scheel）親身學到這個苦澀的教訓。帝國外交部在前一晚命令他立刻離開德國。整個挪威代表團不到幾個小時就消失得無影無蹤。但施爾並非瘋狂的反納粹人士。德國人在四月八日入侵了他的國家，以防英法聯軍從挪威登陸，阻礙德國取得瑞典鐵礦，此礦物是軍事與工業都不可或缺的原料。這波突如其來的攻擊聲勢浩大。就連里賓特洛甫也是出擊前四十八小時才被希特勒告知此事。一聽說這件事，施爾立刻建議本國政府千萬不要抵抗，不然恐怕難逃致命後果。他的作為深受柏林高官讚賞。可惜的是，挪威沒有全面投降。在一支英法派遣隊的幫助下，北挪威持續抵抗德軍。特別

1 意指「德國後裔」。指的是定居國外（主要在中歐地區），祖先是德國人的少數民眾。

2 譯注：外西凡尼亞原為匈牙利王國之領土，在鄂圖曼帝國攻占布達佩斯後，成為匈牙利貴族的避難所，抗拒土耳其文化入侵。隨鄂圖曼帝國衰落，又成為哈布斯堡君主國（奧地利）與奧地利帝國、奧匈帝國的一部分。在一戰後，因一九二〇年簽訂的《特里亞農條約》（Treaty of Trianon），成為羅馬尼亞一部分。

是那維克（Narvik）。那維克！這地名宛如侮辱般刺耳。德軍在這兒迎來首次慘敗，四月十日與十三日，一支英國海軍艦隊擊沉了德國一支小型艦隊。自此之後，這個挪威小港就讓希特勒夜夜難眠。全力作戰！至死方休！希特勒左思右想，但遲遲無法下達這些命令。他躊躇不決。多達兩千名在前線作戰的士兵，可能會淪為同盟國的戰犯。最後，希特勒終於在四月十七日採納了參謀部的意見，命令他的士兵不計代價誓死戰鬥。這個決定獲得回報，不到兩個月，德國就在六月七日奪回那維克。即使看來勝利無望，也必須堅持下去……等到史達林格勒一役爆發，希特勒會再次想起那維克，不過那是後來的事了。

稍安勿躁，還是讓我們先回到一九四〇年四月二十日這一天吧。

總理府寬廣華麗的廳堂裡，各國使節紛紛抵達。他們交換憂慮的眼神，搜集挪威行動的相關情報。所有人都來了，一個也不少。就連丹麥代表赫魯夫・札勒（Herluf Zahle）也出席了。這位六十七歲的老外交官難掩一臉難堪。他可是國際聯盟大會的前任主席 3 哪，如今卻得面對奇恥大辱，眼睜睜看著自己的國家被當成小孩或老人一樣，遭德國接手管束。德軍在四月初進軍攻擊小小的丹麥王國。精準來說，是四月九日早上五點。也就是德軍出兵攻打挪威的隔天。然而，當廣大的北挪威仍在四月二十日這天奮勇作戰，納粹旗幟已在丹麥的哥本哈根飄揚多日。因為開戰數小時後，丹麥軍隊就輸了。那些最自負或最瞧不起人的外交官宣稱丹麥只撐了兩小時；其他人則緩頰說沒那麼快。不管如何，此刻丹麥軍隊已經瓦解。德國人在

四月十八日解散了整個丹麥軍隊。但說到底，這些都不再重要了，不是嗎？札勒並不在乎那些外交官尖刻毒辣的批評。當然他錯在太過信任合約的效力，太遵守國際法。自從他在一九三九年五月三十一日與柏林簽下互不侵犯條約，就以為自己的國家高枕無憂。這是個致命的錯誤，但他敢說，其他大使絕對也躲不掉相同的命運。

札勒在離開總理府之前，遇到了其他歐洲中立國的代表。盧森堡人，比利時人，荷蘭人，瑞士人。他們自知大禍即將臨頭。但他們還是不敢冒犯第三帝國政府，一個接著一個，小心翼翼地在簽名簿上留下自己的名字。他們全都渴望藉由這番溫順乖巧的舉動，說服納粹高官放他們一馬，尊重他們不想參戰的意願。但他們很快就得選邊站。他們都知道，這場歷時八個月，不管是巴黎、倫敦還是柏林都沒有正面對決的「假戰」，很快就會隨著天氣變暖而告終。戰爭立刻就會爆發。但會在哪裡爆發？德國士兵會從哪下手？從阿爾薩斯？從瑞士？從比利時？比利時大使戴菲儂子爵從一九三九年十一月開始，就深信德軍一定會從他的國家下手，接著攻向法國，和一九一四年宛如一轍。隨著德軍入侵丹麥與挪威，他對此更加深信不疑。希特勒會搶在正式宣戰前出兵攻擊。比利時情報機構已在幾個月前取得德國一部分的計畫。那是一九四〇年一月十日的事。整起事件都非常瘋狂。一架德國運輸機迫降於比利時境內，離比

---

3 任期為一九二八年～一九二九年。

荷邊境不遠的馬士河畔馬林斯（Malines）。兩名飛行員毫髮無傷，但他們試圖摧毀機密文件時，就遭到比利時警方逮捕。那些文件記錄的正是德國朝西進攻的計畫。

　　五天之後，戴菲儂在一月十五日與里賓特洛甫的副手魏茨澤克會面。比利時大使毫無保留地提起自己的憂慮。他一一列舉各種事例，指出第三帝國的好戰野心。德國空軍的偵察機無視國際法，在比利時上空來回梭巡；德軍沿著比利時邊界移動，最後還有運輸機迫降事件。魏茨澤克只報以微笑。全都是些無關緊要的小事罷了。再說，法國人和英國人還不是幹了一樣的事嗎？戴菲儂否認。他們從來沒那麼做。比利時人說倫敦和巴黎都謹慎得很。不過，關於那些「所謂的」軍隊移動，那些離兩國邊境最近的比利時村莊不過幾公里遠的武裝部隊，魏茨澤克自有一套解釋。這些全是假消息。或者過度誇大。不然的話，就請戴菲儂拿出證據來吧。他親眼見過這些軍隊嗎？他手上有照片嗎？有文件嗎？戴菲儂搖頭否認。魏茨澤克不給他機會開口，就對這些指控發起脾氣。厚顏無恥的他接著建議比利時大使「好好調查法比邊界發生了什麼事。看看那兒是不是有一大群的英法聯軍。毫無疑問，那兒顯然危機重重，但布魯塞爾倒一副無意處理的樣子。₄」戴菲儂認為這種說法太過火了。法國絕不會主動攻擊。他們太過仰賴美國的支持，不可能這麼做。法國自知一旦違反比利時的中立意願，華盛頓絕不會原諒他們。大使反擊道，那麼運輸機又是怎麼一回事？你對此有什麼話要說？魏茨澤克冷靜地聆聽。比利時逮捕了兩名飛行員，沒收了機密文件，裡面提到德國的攻擊計畫，這回他們可

有了實體證據。啊，這回事啊！……國務祕書佯裝驚訝。是的，他的確聽人說過這回事。媒體報導了這個令人遺憾的事件。運輸機緊急迫降，是這回事，不是嗎?!……不過我們先別提這檔事。魏茨澤克下了結論：不管如何，比利時必須隨時提防我國，「就我看來，比利時政府為了毫無根據的報告驚慌失措，並受到誤導採取錯誤手段。我認為這該受到嚴厲的批評。[5]」

　三個月過去了，德國沒有入侵比利時。戴菲儂找不到缺席希特勒壽宴的好理由，不得不前往總理府。儘管如此，他知道大難將臨。他已預見自己隨時會被蓋世太保逮捕。你的國家已經滅亡，受第三帝國控制，請你跟我們來……劇本已經寫好，他對內容瞭然於心。其他大使也毫不懷疑，比利時必會淪落悽慘的命運。他們的憐憫眼神惹惱了這名比利時貴族。最近還有幾個人來拜訪他，獻上他們的「哀悼之意」，並重申對比利時的支持。他把那些人都趕出門去。連街區鄰里的店家都向他表示同情，入侵荷蘭和比利時？可憐的大使……還有那些寄到辦公室的匿名信，警告他再不久就會發生戰爭！年紀一大把的戴菲儂，實在無法長期承受那麼大的壓力。其實他不過五十三歲，但這些爾虞我詐已令他身心俱疲。柏林的生活變得毒害身

4　*Documents on German Foreign Policy, 1918-1945.* Series D (1937-1945), volume VIII, *The War Years (September 4, 1939-March 18, 1940)*, United States, Government Printing Office, 1954, n° 541, 141/126473-76, 15 janvier 1940.

5　出處同前注。

心，太過傷神了。他來柏林上任不過五年，但此刻只有一個渴望，那就是遠離此地。四月二十日這一天，他有點晚才抵達總理府。簽名簿裡的人名已累積整整三頁。站在他前面的是盧森堡代表團祕書，讓・斯徒姆（Jean Sturm）。他那陰沉的表情，與南美外交官容光煥發的神色大相逕庭。烏拉圭、智利、玻利維亞、巴西、阿根廷……一行人吵吵嚷嚷，全都高談闊論著北歐的新戰事。歐洲的這些紛爭都與他們無關。他們的國家不受任何威脅。戴菲儂並不生他們的氣。好啦，希特勒在哪？大使向總理府的官員探詢。他會來嗎？非等不可嗎？沒有人知道。就連宴會司儀英瑞克斯也承認自己一無所知。與此同時，元首其實就在不遠處，離外交官等候的接待大廳不過幾公尺的距離。他正在辦公室接見數名將軍和親信幕僚。至於那七十幾名特地前來祝賀他生日的大使和代辦呢？他才不在乎呢。

　　第一個看到他的是誰？搶先做出手勢的是誰？一切都發生得那麼快……再一次，總理府陽台沉重的玻璃大門打開了，一名官員走了出來。他帶著一台相機，朝天空望了望，測了測光，接著就定位。他的頭微微往前伸，兩隻手牢牢抓住相機，那顯然是一台徠卡相機。他把一隻眼睛湊近觀景窗。緊接著，元首踏出了陽台。他慢步前進，簡直像慢動作影片；他把右臂舉到與肩同高，有點無精打采地行納粹禮。希特勒現身在德國人面前！在他的人民面前！數千隻手立刻朝他伸去，好似要射標槍一般；所有人都無法克制地舉起手，渴望觸摸他，抓住他。站在元首身後的不是女性，不是艾娃・布勞恩（Eva

Braun），名義上她並不存在，至少不具備元首的情人身分。他身後站著兩名身材略高、穿著深色西裝的男子。面對群眾的激情，他們看起來似乎有點不知所措。守在下方廣場的群眾繼續行納粹禮，同聲一氣地以完美俐落的節奏高喊「萬歲」！站在希特勒身後的其中一個男人是納粹視為王儲的魯道夫‧赫斯。他不敢再往前進。攝影師按下快門，試圖捕捉這一刻希特勒向群眾致意的情景，他的眼神，他臉上的表情。結果令人失望。他看起來似乎一臉倦容，心不在焉，只是茫然地移動身體，舉起手臂，懶洋洋地伸向群眾。平庸。他看起來十分平庸。就像他身上那件自從開戰後就再也不曾換掉的卡其色軍服。

　　總理府內，不耐的情緒漸漸升高。威廉廣場上的呼喊聲傳進了政府宮殿的嚴肅廳堂，引發一陣慌亂。前來慶賀的平民訪客全被外面民眾的熱情感染，急急忙忙衝到登記簿前，提筆寫下對元首的敬愛。他們以工整的字跡配上簡單直白的字句表達心情。留言本在急躁的眾人手中傳遞，許多人焦急地等著輪到自己，緊張與興奮的情緒交揉在空氣中。官員向眾人分發鉛筆，試圖維護秩序。他們成排列隊，不時爆出笑聲，尖銳的話音一再拔高，場面一片混亂。這兒擠了數十人、數百人，甚至更多。有些人還不到二十歲，除了民族社會主義外對世界一無所知。多麼高明的點子啊！開放百姓進入總理府大廳，讓民眾也有機會表達他們對元首的敬愛。這場完美演出的照片將會登上全國性報紙頭版。但距此數十公尺處，等在迎賓大廳裡的外交官全都假裝沒注意到戈培爾手下粗俗的演出。德國人民全心

支持他們的元首，聽聽這群男男女女說的話，看看他們，他們多令人害怕啊！但誰真的相信眼前的這一幕？這些德國人不是被迫合作，就是經過精心挑選的狂熱納粹分子。德國不可能如此積極地為這名暴君辯護。戴菲儂、札勒和其他外交官都想辦法說服自己。只能期望法國與英國抵擋得了德國。希望他們阻止這場狂亂。波蘭、丹麥，現在輪到挪威……但這些都是容易下手的獵物。倫敦和巴黎可是另一回事。他們是世界大戰的贏家。擁有世上最精良的軍隊。

　　您的邀請卡……謝謝。您呢？好極了！這一回，總理府迎賓人員遠比平時更加嚴謹，細心過濾訪客。讓那麼多支持者靠近元首，各級官員都必須更加戒備小心。總理府每一個人都對去年八月二十日的事件記憶猶新。英瑞克斯至今仍難以釋懷那個無法抹滅的恥辱。一九三九年八月二十日，德國正忙著處理與波蘭的外交危機時，一位陌生人居然取得了第三帝國外交賓客專用的簽名簿。他不只翻閱了裡面的內容，甚至還在上面寫了一首詩，向希特勒致敬。

　　這個放肆的傢伙甚至簽上自己的大名。住在柏林布瑞特路七號的赫特斯（P.A. Hôtes）。這地址位在市中心，非常接近政府部門區，就在著名的魯道夫·赫佐格百貨公司（Kaufhaus Rudolph Hertzog）旁。赫特斯是誰？也許是購物中心的一名職員，不過這事沒那麼要緊。至少對英瑞克斯和他的同事而言。最要緊的是這人居然在簽名簿上寫詩還簽了名！偏偏他們沒辦法撕掉這兩頁，不然就會損及其他已有外交高官簽名的頁面。

不，他們迫於無奈只能保留這犯罪證據，這恥辱的烙印。自此之後，他們確保只有受到邀請的賓客才能在簽名簿上留下簽名。只有外交官能簽下大名。

不過有幾個例外。

有幾名第三帝國的「朋友」，受到嚴格篩選的人士也獲准參與這些正式宴會。他們大部分都是男士，偶爾也有幾名女士，這些人長期以來都熱烈地擁護民族社會主義。比如富裕的產業人士馬克斯·伊爾格納（Max Ilgner）和赫曼·施密茲（Hermann Schmitz）。這兩位都是納粹的重量級支持者，堪稱德國產業最重要的人物：傲視全球化學界的巨擘法本集團（IG Farben）的老闆。幾個月後，這家公司將大量製造用在死亡營的毒氣齊克隆B（zyklon B）。

除此之外，還有親納粹的作家渥特·布倫姆（Walter Bloem），以及弗瑞德呂希·波登（Friedrich Boden），他是普魯士中心內陸地區布藍茲維克自由邦（Brunswick）的代表。這對老波登是公正的回報。希特勒沒忘記自己欠他多少人情。事實上，他對老波登的虧欠恐怕不止於此。若沒有波登相助，希特勒根本無法在一九三二年取得德國國籍，也不可能參加競選。話說從頭，一八八九年出生於奧地利的阿道夫·希特勒，沒有任何國籍。他在一九二五年放棄了奧地利國籍。他想成為德國人，但試了七次都無功而返。當時威瑪共和國的各邦有權自行授與公民身分。人們可以成為普魯士人，巴伐利亞人，薩克遜人。取得任何一邦的國籍都等同於成為德國人。希特勒一開始自然想當巴伐利亞人，後來才轉向圖林根（Thuringe）。可惜徒

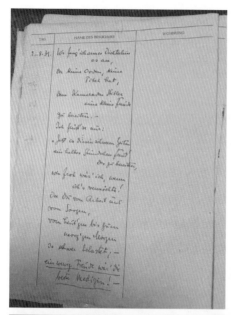

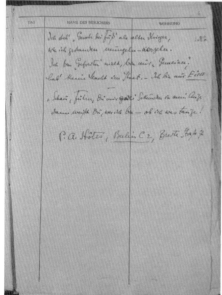

圖說：一九三九年八月二十日，
一名希特勒仰慕者留下的詩句：
我要如何開始，
我，可憐的小詩人，身無
勳章，沒有任何頭銜，
如何才能為希特勒同志獻上些許
喜悅？
我只能輕聲低語：
「在這艱困的時刻，
帶給你一點喜悅，
只要能帶給你半小時的歡欣，
要是我辦得到，
我將會多麼快樂！」
你身上肩負如此沉重的
任務與憂慮，
從早晨直到明日的早晨；
──一絲喜悅將會是
最好的靈藥！
我已準備好踏上戰場，
就像過去的先烈，
就像一九一四年的我。
我不是「下士」，只是名
「二等兵」，
在這個國家，我沒有任何
權力──我只是個**平凡人**。
「元首，瞧瞧我兩秒鐘，
直視我的雙眼，
你將會明白我是誰──明白我已
準備好！」

勞無功。只有布藍茲維克自由邦願意接納希特勒，這全歸功於
波登的積極支持。歷史是諷刺的，希特勒一掌握政權就收回各
邦的主權，終止相關的德國國籍法。德國只有一種國籍：德國
人。只有一個基本準則：血統。唯有德國父母的子女才能成為
德國人。根據第三帝國的法律，希特勒根本不可能成為德國人。

　　伊爾格納、施密茲、布倫姆、波登⋯⋯他們的簽名只出現
了幾回，大部分都在戰爭初期，隨後就一一消失。只有一名男
子的名字固定出現在希特勒壽宴的賓客紀錄中。別人的簽名與
他豪邁的字跡相比都顯得無比渺小，讓人過目難忘。他下筆的
力道讓墨水四溢，幾乎穿透昂貴的高磅厚紙，透至背面。
　　他叫做海因里希・格奧爾格（Heinrich George）。他是名
演員。當年他也許是德國最家喻戶曉的演員。他是劇場與電影
界的泰斗。他身材魁梧，臉孔寬大，肩膀厚實，奔放的笑聲充
滿「感染力」。一九四○年，四十六歲的他已擁有出色的演藝
事業。他與最知名的人物合作，包括柏陶特・布雷希特（Bertolt
Brecht）[6]、厄文・皮斯卡托（Erwin Piscator）[7]，也演出了弗利
茲・朗（Fritz Lang）[8]知名的《大都會》（*Metropolis*）一片，

6　譯注：一八九八年～一九五六年，德國極具影響力的現代劇場改革者、劇作
　　家及導演，亦被視為當代「教育劇場」（Educational Theatre）的啟蒙人物。
　　年輕時曾投身左翼工人運動，一九三三年後因納粹黨上台而被迫流亡海外
　　十六年。資料摘自維基百科。
7　譯注：一八九三年～一九六六年，德國劇場導演，最先提出「敘述體劇場」
　　（epic theatre，亦譯「史詩劇場」）概念。資料摘自維基百科。

向來公開表達他的左派政治立場，與共產黨十分親近。十分親
近。但一九三三年納粹掌權後，一切就此告終。當文化淪為政
治宣傳工具，偏偏掌權者的信念又與他的理想相左，他要怎麼
登台演出？是否只能放棄一切，告別德國，前往美國尋求事業
第二春？許多德國演員都這麼做。格奧爾格的朋友與知交，還
有他的妻子女演員蓓爾塔・德魯斯（Berta Drews）都紛紛勸他
仿效。但他不會說英文。因此他寧願留下來。為了繼續工作，
他只能向新政權獻上自己的才華。為第三帝國服務。納粹的宣
傳電影水準比較差？他接受。審查委員會不容任何批評？沒問
題。必須醜化猶太人，吹捧德國歷史與日耳曼年輕人的勇猛美

圖說：簽名簿中，希特勒五十一歲壽宴的第一頁。海因里希・格奧爾格的簽名夾在
波希米亞和摩拉維亞的代表、教廷大使和泰國使節之間（俄羅斯聯邦軍事檔案庫，
莫斯科）。

德？當然可以。

　　格奧爾格掙扎了多久，才同意與納粹勾結？僅僅數週。一九三三年，他出演《希特勒青年團的魁克斯》（*Hitlerjunge Quex*）一片，這是戈培爾時代最早期的電影作品之一。納粹宣傳部部長倒頗有幽默感。既然格奧爾格長年都與極左派親近，戈培爾就要他演一名共產黨員，不是一般的共產黨員，而是誇張諷刺版，一個毫無文化涵養、暴力成性的酒鬼。德魯斯也會參與演出，扮演他的妻子。一名軟弱溫順的女子。電影中，他們的兒子，年輕的魁克斯參加了希特勒青年團。可嘆的是他命運多舛。最終他被暴力十足的共產黨人殺害。那些「紅派」黨人會殺人，對孩童也不會手下留情！雖說手法拙劣，但成效顯著。民眾熱愛這部片子，要求製作更多影片。戈培爾享受成功的滋味。這部片啟發了其他運用同一套原則的作品：優秀導演，知名演員，倡導民族社會主義思想的情節。宣傳部部長在一封信中恭賀製作團隊大獲成功，其中首要功臣就是格奧爾格和德魯斯。

　　過了幾年，戈培爾在一九三七年封他為「國寶演員」（Staatsschauspieler），雖然這個榮譽頭銜不會為他帶來任何實

8　譯注：一八九〇年～一九七六年，出生於維也納，知名編劇、導演。一九二〇年代早期，他一連串的犯罪默片電影開啟了世界電影的新風貌。一九三〇年代，電影進入有聲黑白電影後，他也編導了如《M》的精采劇作。之後，他屢屢嘗試新的電影劇種，如有機器人劇情首部出現於電影銀幕，就是他在一九二七年的《大都會》電影作品。戰後，他仍持續編導許多作品，並從事電影宣導工作。常與希區柯克、卓別林等人並列電影百人之列，被認為是電影史上影響最大的導演之一。資料摘自維基百科。

質財富，但這個稱號多尊貴啊。格奧爾格可說登上無人能及的寶座。隔年，他被任命為柏林席勒劇院總監。升了職的他得以過著養尊處優的生活，但也必須付出代價：他的形象必須與政府更緊密相連。永遠都不夠。「為了保持劇場營運順暢，他不得不與政府妥協，這是理所當然的事，」德魯斯在回憶錄中坦承。她的丈夫虧欠納粹那麼多，他有什麼理由與政府保持距離呢？何不大方應允他們每次的請求？「當那些先生們拜託他幫忙這些或那些事，他必定會挪出時間。[10]」而這些掌權的「先生們」總是有那麼多事需要他出面。比如黨代表大會的邀請函，為士兵與親衛隊辦的簽名會，與希特勒的會面，當然都當著各家記者的面；他也與戈培爾一同出席各種典禮，接受國家媒體的訪談，特別是民族社會主義黨的官方週刊《觀察家畫報》（*Illustrierter Beobachter*）。一九三九年一月二十六日的刊物中，有篇以〈拜訪海因里希・格奧爾格之家〉為題的跨頁報導，也附上了照片。我們可從中一窺大演員的私生活以及他的妻小。

　　一九四○年四月二十日，大演員很早就到了總理府的宴客大廳。與納粹政權最親近的人士已在那兒，包括波希米亞和摩拉維亞保護國的代辦，捷克斯洛伐克在一九三九年瓦解後，柏林一手創造了這個政權。還有泰國代表、日本大使，以及教廷大使。格奧爾格對外交使節的禮節習慣一竅不通，直接跨步向前，走到賓客登記簿前。他無顧禮儀規範，也不管大使的位階高低，大剌剌插到眾人前方，搶先簽名。就在元首五十一歲壽宴第一頁的最上方。他像是為仰慕者簽名一般，留下豪邁的

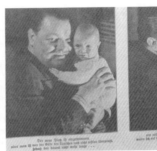

圖說：格奧爾格家庭生活的報導摘錄。左方是格奧爾格與妻子德魯斯，右方則是與二兒子格羅茲（Grötz）的合照。《觀察家畫報》，一九三九年一月二十六日。

圖說：希特勒與演員格奧爾格的合照，刊登於一九三九年三月二十四日的《觀察家畫報》。

9　Berta Drews, Mein Mann Heinrich George, Munich, Langen Müller, 2013, p. 123.
10 出處同前注。

字跡，非常豪邁。不然呢？畢竟他時間不多，還有電影等著他
完成。那是一部精心鉅作。一個德國電影史上空前的大計畫，
不只預算驚人（斥資近兩百萬德國馬克，相當於二○二○年的
三千萬歐元），而且還有重大的政治籌碼，傳達特定的意識形
態。片名是什麼？《猶太人蘇斯》（*Jud Süss*）。戈培爾親自主導
情節走向並且准許製作。背景定在十八世紀，約瑟夫‧蘇斯‧歐
本海默（Joseph Süss Oppenheimer）是個想盡辦法只為往上爬的
猶太人。為了達成目的，他無惡不作，喪盡天良，說謊，玩弄
心機，賄賂收買。他象徵了究極之惡。格奧爾格演出主角之一
符騰堡公爵，一名老實而天真的德國官員，受盡蘇斯的玩弄。
這部電影已在一個月前的三月十五日，於柏林西南方的巴貝斯
堡片廠（Studios de Babelsberg）開拍。上映日期已經決定了，就
訂在暑假結束後，一九四○年的九月。就算戰事如火如荼，也
絕不能拖累電影製作的腳步。因為這部電影不只是為了娛樂百
姓，它還必須說服大眾希特勒的反猶太人政策多麼有理。

　　結果超越了戈培爾的期待。他在一九四○年八月十八日的
日記中寫道：「導演哈蘭的《猶太人蘇斯》。真是天才之作，
一部實現我們所有期待的反猶太電影。我太高興了。」一上
映，柏林長達數週的票全面售罄。戰爭結束時，此片擁有高達
兩千萬人次的票房。就連在國外，這部長片也吸引了廣大的
觀眾。納粹占領下的法國，超過一百萬名觀眾付費觀賞這部電
影。到了一九四○年九月三十日，親衛隊領袖希姆萊簽署命
令，要求所有成員和集中營警衛都必須觀賞這部片子。自此之
後格奧爾格的名聲更加響亮，但只維持了幾年……

第五章

藝術與政治

柏林，內務人民委員部勤務中心第二部門
一九四五年七月二十七日

　　這就是完整檔案。所有的訊問紀錄，主要證人對囚犯不利
與有利的證詞，以及納粹政府機構中，嫌犯所扮演角色的實質
證據。這份報告長達好幾十頁。所有內容都細心地譯成俄文，
全是翻譯人員巴辛斯基（Bashinsky）同志的心血。

　　年輕中尉弗拉迪米爾・索羅門諾維奇・拜伯勒（Vladimir
Solomonovitch Bibler）仍舊站得挺直。他等著施米瑞夫
（Shmyrev）上尉表露對這次調查結果的評價。拜伯勒感覺得到
長官並不喜歡自己。他的直覺無誤。在施米瑞夫眼中，拜伯勒
無關緊要，只是個來自莫斯科的讀書人，蘇維埃政權的特權分
子，跟資產階級差不多。不管如何，他絕對無法成為蘇維埃祕
密警察體系的好探員。雖說他從一九四一年夏天就中斷莫斯科
大學歷史系的研究，加入紅軍。當時他不過二十三歲。但他對
戰爭懂多少？戰鬥，屠殺，轟炸？不過是些皮毛。施米瑞夫確
認過他的經歷。他只不過是一介文官，專門搖筆桿，絕不是上
前線的料。就算拜伯勒找得到希特勒的遺骨，就算克里姆林宮

宣稱希特勒在柏林陷落後潛逃的官方說法是真的，而不是故意
讓同盟國情報人員在徒勞的搜索中疲於奔命，施米瑞夫也不會
改變對拜伯勒的看法。不過這是另一個故事了。不，施米瑞夫
絕不會減輕下屬的工作。就讓他繼續立正吧。

　　軍官慢悠悠地細讀每一頁，在某些段落以鉛筆畫上底線，
喃喃吐出幾句聽不清的評語。他仍舊不明白為何內務人民委員
部柏林勤務中心第二部門決定把這個任務交給一名菜鳥。難道
不該派個更有經驗的人來處理這名囚犯的案子？畢竟這個德國
人，這名演員——他叫什麼名字來著？——這個海因里希·格
奧爾格看來可是大名鼎鼎的明星，是納粹政權的重要人物。施
米瑞夫突然闔上卷宗。拜伯勒準備開口，看來上尉有意聽他親
口報告調查結論，也就是這名德國人是法西斯藝文界的典型代
表人物。他是個危險人物。

　　格奧爾格的命運將就此定下。

　　格奧爾格仍舊深信這場夢魘很快就會結束。一九四五年七
月二十七日，他的監獄生活已邁入第五週。過去的日子如今已
遙不可及。他的妻子，兩個兒子，他那棟位在柏林愜意的萬湖
區的房子……他還會再見到過去擁有的一切嗎？他拒絕懷疑。
他緊緊捉住這份盼望。他從未想過自己有天會落入如此艱困的
境地。當他在六月二十二被捕，他以為只會有場訊問，只要在
警察局待個一、兩天就能離開。沒想到他被當成街頭流氓還是
罪犯似的丟進監獄，簡直像隻過街老鼠。只有老鼠住在地下，
身處潮溼汙泥之間。只有老鼠和內務人民委員部在柏林的囚犯

會是如此。蘇聯祕密警察徵收了一棟四層樓的老舊猶太醫院。他們把地下室挖的兩個防空洞充當牢房。每間牢房面積約五十平方公尺，各關了三十名囚犯，既沒有自來水也沒有窗戶。數張上下鋪沿著兩面漏水的牆面排放，供囚犯就寢。床上沒有棉被，只有草蓆充當床墊。天花板的風扇艱難地運轉，頂多只能稍稍吹散夏天溼熱的惡臭。每個人，不管年齡老少，有沒有生病，都得嚴格遵守一樣的規矩。每天早上七點起床，在守衛護送下，三人一組前往唯一的小水盆前梳洗如廁，只有一個水桶供他們解放生理需求。過不了多久，囚犯就接二連三地生了病，大部分都得了痢疾。格奧爾格也未能倖免。一向熱愛美食好酒的他，學會安然接受粗劣的飲食。早上一杯根本不含咖啡豆的假咖啡，幾口馬鈴薯，發臭的湯汁，配上溼潤黏口的黑麵包。他一入獄就掉了好幾公斤，但他仍樂觀以對。他一定會重獲自由。

　　那天很快就會到來。

　　追捕所有納粹情報組織的成員，同時牽制同盟國在柏林的情報機構活動。這就是內務人民委員部第二部門的任務，他們直接向克里姆林宮的權力核心回報，同時享有國家機密級的保護。一旦落入這些探員手中，迅速被釋放的機率可說微乎其微，甚至有喪命可能。當格奧爾格被送到蘇聯祕密警察部門，他並不知道自己被控了什麼罪行。戰爭結束後，他已被抓了好幾次，拘捕他的有時是紅軍軍官，後來是蘇聯反間諜總局。他友善敦厚又帶點粗獷的天性讓他廣受歡迎。他的搞怪表情和開

朗笑聲逗得俄羅斯人很開心。在這名藝術家眼中，這些布爾什維克人，都是些好人。有次他又被帶去審問，回來後面對擔心得要命的妻子，他答道：「我被審問了。我們大吃大喝。他們為我們大夥準備了酒肉。₂」當兩位男子，一名德國公民和一名荷槍的蘇聯士兵，在六月二十二日拜訪他家，格奧爾格並不特別意外。他們命他立刻隨他們去一趟。不能問問題。他們的口氣粗魯無禮，但話說回來，就算他照做又有什麼大不了的？他清清白白。他的妻子德魯斯一如往常地驚慌失措。她建議丈夫在身上帶點麵包，但格奧爾格拒絕了。「有必要嗎？把麵包留給兒子吧！」他歡快地回答，接著保證：「他們很快就會送我回來了。₃」他不知道內務人民委員部積極尋找所有與納粹高層有來往的人，包括藝文人士。他也不知道第二部門剛收到一封告發信。這封用機器打的信箋由五名德國公民簽署，信中形容格奧爾格是「納粹政權時期最重要的演員之一」。

「他出席（第三帝國）最重大的活動和集會，在電台、劇院發表演說，也在報章媒體上發表文章。……在紅軍解放我們於納粹政權的十四天前，格奧爾格還為納粹黨服務，並在柏林報紙刊了一篇文章，呼籲人們繼續戰鬥。所有德國公民都能為格奧爾格的罪行作證。我們認為，要是把格奧爾格送上德國舞台，人們必會對他動用私刑。₄」

告密者的姓名難以辨認，但這不重要。這封密報信已足以啟動蘇聯政權可怕的鎮壓機制。更何況這名演員的過去本就對他不利，讓事情更加容易。拜伯勒中尉立刻得知他被逮捕的消

息。他堅持親自監控例行的搜身行動。翻譯人員巴辛斯基跟在他身旁，幫忙將指令譯成德文。演員身上沒帶任何私人物品，依舊保持著過去時常幫助他順利解決困境的幽默感。不過這回幽默感派不上用場。接下來的四週間，拜伯勒全力調查，搜集文件和證詞。雖然有幾個人證實格奧爾格在戰爭期間管理席勒劇院時支持過數名猶太演員，但大部分的人都指控他與民族社會主義政權勾結。每過一陣子，中尉就會審問演員，通常是在深夜，用盡心機操弄他，好讓他掉入陷阱。

一九四五年七月十日審訊紀錄：

我，紅軍中尉拜伯勒，在翻譯人員巴辛斯基的協助下審問格奧爾格，此人於一八九三年出生於斯泰丁，受過高等教育，以舞台表演為職……

他因偽證罪而受到審問。[5]

由於沒有打字機，整份報告都是手寫而成，再由格奧爾格簽名，確認內容屬實。這真是可笑極了，畢竟這名德國演員根本不懂俄文，也無法經由任何途徑確認自己的回答沒有被竄改

---

1 譯注：俄國社會民主工黨中的一個派別。一九一七年，布爾什維克派透過十月革命以暴力奪取俄國政權，最終在日後成為蘇聯共產黨。
2 Berta Drews, *Mein Mann…, op. cit.*, p. 158.
3 出處同前注，p. 163.
4 強・格奧爾格（Jan George）私人檔案，於二〇一九年八月查閱。
5 出處同前注。

或修正。拜伯勒清楚這一點，善加利用這個機會改寫現實。他在內務人民委員部的軍官生涯才剛起步，他毫不猶豫地簡化囚犯的說詞，好加快速度，趕緊完成調查。

審問由一段簡短的政治生涯自述開始，描述格奧爾格從親共產黨變成親法西斯分子。接著提到格奧爾格在納粹文化宣傳扮演的角色。

格奧爾格：「一九四二年，我參與演出一部反猶太人的電影，《猶太人蘇斯》。一九三七年，我想辦法獲得法西斯高官的信任。於是希特勒命我擔任席勒劇院的總監。」

格奧爾格絕不可能說出上面這段話。這絕對是拜伯勒改寫的。探員搞錯了《猶太人蘇斯》一片的拍攝與上映日期，它在一九四○年上映，而不是一九四二年。

不過內務人民委員部的調查探員在接下來的審問中精準、正確多了。

拜伯勒：「你在戰爭期間與納粹有哪些牽扯？」

格奧爾格：「我沒參與任何政治活動。戈培爾發表新年演說之後，我呼籲德國民眾抵抗到底，不計代價以求勝利。一九四四年七月二十日的密謀事變6後，我向希特勒發了一封電報。一九四五年四月，我在德國雜誌發表了一篇文章，說我們必須戰鬥到最後一刻。7」

這一段全是事實。一九四四年十二月三十一日，戈培爾要求格奧爾格朗讀一段由元首非常欣賞的作者，卡爾·馮·克勞塞維茲（Carl von Clausewitz）[8] 所寫的短文。這段錄音在希特勒於全國電台發言之前先行播放。導演布雷希特往昔的愛將以抑揚有致的莊嚴語調，誦讀十九世紀普魯士將軍的散文。

> 我相信並承認
>
> 一個民族最應重視的就是存在的尊嚴
>
> 不惜流盡最後一滴血也要誓死捍衛（……）
>
> 在世界和未來的世代面前，我宣布並重申
>
> 心思狹隘之人佯稱謹慎能為我們避開危險，我深信這才是恐懼和驚慌所激發的至危之事（……），

在德國電台吟誦克勞塞維茲的作品，就得面臨牢獄之災嗎？格奧爾格實在想不透。至於他在一九四四年七月史陶芬堡暗殺事件後，發封電報給希特勒，這只是身為國家劇院總監應盡的職責罷了。但是提到德國報紙那件事，也就是他在

---

6 譯注：指是德意志國防軍軍官克勞斯·馮·史陶芬堡（Claus von Stauffenberg）於德國在東普魯士拉斯滕堡（Rastenburg）的戰地指揮部「狼穴」基地引爆公事包炸彈，企圖炸死元首希特勒之行動，但該引爆裝置爆炸後只讓希特勒受輕傷。

7 出處同注4。

8 譯注：一七八一年～一八三一年，軍事理論家，被尊為西方兵聖。

9 1944-12-31 – Deutscher Rundfunk – Schauspieler Heinrich George zitiert Clausewitz zum Jahreswechsel 1m, www.RKMRecords.com

一九四五年五月柏林戰事爆發之際發表文章，呼籲民眾力抗蘇聯軍隊，大演員心知這會為他帶來危險。

拜伯勒手上有那篇報導嗎？格奧爾格不知道。既然如此，他寧願假裝失去記憶。

　　拜伯勒：「你能否跟我們多聊一點那篇文章的內容？」

　　格奧爾格：「不，我辦不到。」10

中尉站起身。他難以掩飾唇邊的笑意。德國人的回答讓他心滿意足。可以說他早期待格奧爾格會這麼回答。那篇一九四五年四月的文章被拜伯勒找到了，還翻成俄文。戰爭最後幾個月，《國家觀察者報》（Völkischer Beobachter）是少數仍如常發行的納粹日報之一。四月八日的報紙上刊登了他寫的幾行短文。拜伯勒繼續審問。

　　拜伯勒：「你提到了『那些野蠻人摧毀了我們的大城小鎮』。你說必須『不計任何代價，全力奮戰，即使奉獻生命也在所不惜』……」11

警官的口吻冷淡，不容任何質疑。顯然他知道一切。格奧爾格決定阻止他唸下去。沒有必要再多說了。他打斷了中尉。

　　格奧爾格：「我記起來了，我的確提到了摧毀和野蠻人。是的，現在我記起來了。」

大演員是否在此時亂了陣腳？他是否意識到自己已掉入圈套？他絕不能再說任何一個謊，不能抹滅任何事實。如果俄羅斯人連這篇文章都瞭若指掌，他絕對也清楚其他的事。比如戈培爾下令拍攝的那部片。不是《猶太人蘇斯》，另一部。這部比較晚製作，當時是一九四三年，史達林格勒一役正如火如荼地展開。審問筆錄中，格奧爾格繼續自白：

> 我也想起曾演出電影《科爾堡》（Kolberg）。我扮演其中一名主角。

斥資製作的《科爾堡》是納粹年代最重要的電影，這部壯闊的戰爭長片是民族社會主義電影史的「經典鉅作」。至少宣傳部部長這麼認為。這部片必須說服人民拿起武器抵抗同盟國。讓全國人民都心甘情願地投入他於一九四三年二月在體育宮演講時詳加解釋的「總體戰」。這場演講的台下聽眾全是納粹黨的菁英及第三帝國家喻戶曉的大人物，包括格奧爾格。攝影師細心拍下這名大明星的身影。人人都看到他和妻子熱情鼓掌，接著情緒激昂地站起身，做出完美的納粹禮。這對演藝夫妻究竟只是不願對掌權的這些「先生們」失禮，還是真心誠意地擁戴納粹？「格奧爾格從未積極支持民族社會主義的政治信

---

10 格奧爾格於一九四五年七月十日遭到審訊的內容複本，強‧格奧爾格私人檔案。
11 出處同前注。

念，」德魯斯發誓，「頂多只是被動參與。由於他廣受人民喜愛，第三帝國宣傳人員便善加利用他的形象。[12]」關於《科爾堡》這部片，格奧爾格再次被勸服，用自己的才華為戈培爾的理想服務。戈培爾把打造《猶太人蘇斯》的成功團隊全召回來。他不只要求格奧爾格擔任主角科爾堡市長，同時也要求《猶太人蘇斯》的導演維特‧哈蘭（Veit Harlan）執導。場景設在一八○七年，一場對抗拿破崙軍隊的歷史戰事。即使當地軍隊士氣低落，但在德國小城科爾堡市長的說服下，市民奮勇對抗入侵者。直到戰爭結束，敵軍始終未能取得這座要塞。這段歷史與一九四三年德國情勢的相似之處顯而易見。

整個製作過程拖到一九四四年才結束。戈培爾想盡辦法讓這部片以最快速度上映。試映會辦在一九四五年一月三十日，慶祝希特勒掌權十二週年。不過幾週之後，現實中的科爾堡就落入蘇聯手中。這一回，德國小城沒能堅持多久。戈培爾要求全面封鎖這個消息，絕對不能讓軍隊或民眾知道，竭力維持這部鉅片對德國人心理的影響力。這部片的宣傳口號是：「人民起身，風馳電掣！」

《科爾堡》上映不過是六個月前的事。身在內務人民委員部辦公室的格奧爾格已失去往日的神采奕奕。他不再號召世人抵抗入侵者，一心只想保住自己的性命。有罪。是的。演員認了罪。拜伯勒享受這一刻的勝利滋味。格奧爾格承認出演這部片，寫過文章抨擊威脅德國的軍隊，鼓勵他的同胞奮勇抵抗。為了繼續演員生涯，他選擇留在納粹掌權的德國。他承認這件

事。但他不承認自己涉足政治。他不是納粹。他不痛恨猶太人。不管如何，他沒有比其他人更討厭猶太人。他對他們的敵意可說遠少於他人。

「對我而言，德國和希特勒是一體的，是同一件事。當時我以為為希特勒奮戰，就是為德國奮戰，」他堅持道。

中尉同意在檔案中註明被告的這一段話。接著，他在結束審問前問道：

「你想再解釋什麼嗎？」

格奧爾格回答：「沒有了。我已說了所有我能說的話。要是我真的犯了罪，當時我也不知道這麼做有罪。我並不是認為那是對的事才去做。」13

拜伯勒結束了審問。他保留所有細節，為這兩週調查做出總結。施米瑞夫上尉鬱鬱不快地聽著他的結論，就好像聽一名表現平庸的學生報告一樣。他對這一切都不感興趣。對他來說，這些演員事蹟全都可笑極了。上尉再次翻閱檔案，尋找某個東西，某個簽名或印鑑，某個上級認可的標誌。拜伯勒幫了他一把。他用手指出上級的簽名。就是這個。第二部門的主管認可拜伯勒的調查。他甚至加了個評語：「同意！」施米瑞夫

---

12 Berta Drews, *Mein Mann*···, *op. cit.*, p. 123.
13 強·格奧爾格私人檔案，於二〇一九年八月查閱。

很熟悉怎麼定下反對者、間諜、敵軍的罪，把他們送到西伯利
亞的勞改營，確保他們慢慢被折磨至死，這可說是他的日常。
不過，面對一名與敵人太過親近，透過表演藝術與第三帝國勾
結的知名人士，上尉卻不知所措。他該引用哪條法令？該判這
人哪種刑罰？他已經在這件案子上浪費太多寶貴時間。就像面
前的拜伯勒，他毫不猶豫地扭曲事實以求符合蘇聯律法。要讓
格奧爾格被判刑，就得把他塑造成蘇聯的敵人。直接的敵人。

　　他當天就寫了報告：

　　我，蘇聯近衛軍上尉施米瑞夫，已於今日處理海因里希・
格奧爾格的調查檔案，我的結論是：

　　格奧爾格是德國最受歡迎的法西斯演藝人員之一，他發表
過數次反蘇維埃演說，經常在各種侮蔑蘇維埃政府的宣傳作品
中扮演要角，參與宣傳活動，確保戰爭繼續。

　　基於前述原因，根據一九四五年一月十一日發布的內務人
民委員部第十八號政令，我做出如下判決：

　　格奧爾格應被送進內務人民委員部的特別營。[14]

　　格奧爾格警覺起來。他能向誰求助？他想到了瑞典大使奧
維德・瑞雪特（Arvid Richert）。不過他人在哪？他躲到哪去
了？為什麼他還沒出手干預？瑞雪特不但認識這名演員，還非
常欣賞他，甚至在一九四三年格奧爾格生日當天，代表瑞典國
王古斯塔夫五世頒給他一枚勳章。當時瑞雪特開心地贈與他獎
勵公民貢獻的皇家瓦薩（Vasa）指揮官勳章。還有丹麥駐柏林

大使，奧托·莫爾（Otto Mohr）？莫爾也許能救他一命，至少值得試一試。堂堂一名外交官的發言必會吸引眾人注意，俄羅斯人也不例外。這個丹麥人莫爾，他也在同一天頒給格奧爾格一枚丹尼布洛（Dannebrog）十字勳章，恭賀他才華過人。還有其他大使呢？他們全都消失了嗎？他們都把他忘了嗎？席勒劇院的舞台下曾有多少大使為他鼓掌？少說也有數十名，甚至更多！格奧爾格曾參加他們的晚宴，與他們的妻子共舞，品嘗他們的香檳。他們來自同一個世界。他們都是享盡特權的菁英人物，儘管他們在報紙上讀到戰爭悲劇，但從來不曾受到波及。

　　他不否認自己的確出席了納粹的宴會，去了希特勒的壽宴。此時再懊悔自己在簽名簿中留下大名也已太遲，格奧爾格知道上面有他的名字。不管是一九四〇年、一九四一年、一九四二年，還是一九四三年。就連一九四四年也不例外。戰爭期間的每一年，他都沒有缺席總理府的宴會。他服從他的上級，特別是戈培爾。粗俗的納粹政府的和新總理府沉悶的宴會，都因他的才華備增光采。如今他卻必須獨自付出代價，被關進史達林手下的地牢，像罪大惡極的罪人一樣孤獨死去？他是當代最偉大的演員之一，卻落得如此下場？他怒極攻心，但拒絕喪志。他在給妻子的信中寫道：「我知道你必定深受折磨，你得想盡辦法，撐過這段政權移轉的時期。我也會這麼努力，一切都會好轉的。我沒有做任何壞事，我只是盲目地

---

14 內務人民委員部審訊報告，強·格奧爾格私人檔案。

愛我的國家。我得為此付出代價，但懲罰終有結束的一天。₁₅」

　　一九四五年七月底，在施米瑞夫的命令下，他被送到柏林郊區，霍恩捨恩豪森（Hohenschönhausen）監獄的三號特別營。為了避免自己發瘋，這位演員成功在營區廢棄工廠的地下室開辦小劇場。他演出了幾齣劇碼，試圖傳授囚犯戲劇知識。他的演出獲得數百名囚犯的鼓掌喝采。宛如回到他事業如日中天的那一刻，當席勒戲院敞開大門歡迎第三帝國的菁英入座，當希特勒讚揚他的演技耀眼奪目。

　　一九四六年二月。

　　他撐不下去了。沒人會來救他逃出這個地獄。美國人，英國人，瑞典人，他們都拒絕為他交涉，幫他獲釋。這名演員已成了一個象徵，代表與民族社會主義勾結的德國藝文菁英。俄羅斯人還要他為過去的罪行坐多久的牢？他甚至不知道法院是否真的判他有罪。他的妻子囑咐他耐心等待，哀求他別放棄希望。但他累了。一九四六年二月二十四日，他向妻子寫道：「我已掉了四十一公斤，但只要別發生什麼大難或是流行病，只要我知道你們都平安無事，我終將撐到出獄的那一刻。₁₆」時間緊迫。格奧爾格向俄羅斯指揮部請求赦免。而他所獲得的回應，就是被送到另一個監獄，位在柏林北方三十五公里的內務人民委員部第七號特別營，那兒本是納粹的薩克森豪森（Sachsenhausen）集中營。自此之後，他的妻子再也沒有他的音訊。一九四六年九月二十五日，格奧爾格正式被宣告死亡，享年五十二歲。根據蘇聯軍方報告，他因急性闌尾炎動

手術，但在手術中去世。薩拉默（Salamow）中校，柏克哈克（Bockhacker）教授和卡斯特（Kast）醫生共同簽署的第〇一〇五八號死亡證明書記載：「診斷：開腹手術，支氣管肺炎，心臟萎縮。病人於一九四六年九月二十五日下午三點，因支氣管肺炎及心臟衰竭而死亡。[17]」

---

15 Berta Drews, *Mein Mann*…, *op. cit.*, p. 216.
16 出處同前注，p. 236.
17 « Spielen oder Sterben », *Der Spiegel*, nº 49, 1995, p. 244.

第六章
蘇聯失算

柏林，帝國總理府

一九四一年一月一日新年宴會

簽名簿：經辨認，共有來自三十二國的五十五名賓客簽名（另有一個無法辨認的簽名）

　　他可不笨。雖然他一句德文也不會說，但不需要別人多費唇舌說明，他知道自己得在哪簽名。蘇聯大使迅速地簽下他的名字迪卡諾佐夫，就在巴拉圭代表和羅馬尼亞使節之間。他好意以拉丁字母簽名，不像前任大使只認得西里爾字母。這是弗拉迪米爾・喬治耶維奇・迪卡諾佐夫（Vladimir Georgievitch Dekanozov）第一回參加總理府的官方宴會。他在三週前才出任蘇聯駐柏林大使。一如去年，一九四一的新年宴會保持莊重肅穆的氣氛。沒有演說，沒有開胃小點，沒有酒，甚至沒有希特勒。元首沒心情參加這些社交場合。與英國的戰事占據了他的思緒。看來英國人比法國人難纏得多。不過納粹文宣保證，德國遲早會取得勝利。不管如何，各國使團沒有改變任何習慣，就像昇平時代一樣，依舊與第三帝國保持友好關係。

圖説：一九四一年新年宴。在德國禮賓組長英瑞克斯的目光下，義大利大使艾爾菲里簽下大名（俄羅斯聯邦軍事檔案庫，莫斯科）。

圖説：續，一九四一年新年宴。最上方是滿州國使節呂宜文的簽名。最下方是蘇聯大使迪卡諾佐夫的簽名（俄羅斯聯邦軍事檔案庫，莫斯科）。

　　除了蘇聯代表，總理府還迎接了來自三十餘國，將近六十名身分尊貴的外交官。沒人敢在此刻質疑德國在歐洲的霸權。第三帝國仍是令人望而生畏的巨大戰爭機器，隨時會摧毀那些弱小國家。曾試圖擋路的那些國家都已滅亡，消失在地圖上。僅僅一年間，歐洲的政治版圖就重新洗牌。外交使節團在柏林的生活也隨之改變。英國、法國與波蘭的代表消失後，比利時、荷蘭、盧森堡、挪威、愛沙尼亞、拉脫維亞和立陶宛的使節團接連踏上後塵。他們都是希特勒或他暫時的盟友史達林的受害者。這些國家不是被兼併、占領，就是成了附庸國，那些大使館全都失去存在的理由。大使館一一被清空，被政府查封，或被德國政府占據。至於裡面的工作人員，也不再受任何法令保護，全都聽憑戰勝者處置。雖然大部分得以回到自己的國家，但有些人陷入了可怕夢魘。他們的國家已完全消失，不知該到哪去才好。

　　魯道夫・莫勒森（Rudolf Möllerson）原是愛沙尼亞的駐柏林大使。一年前的一九四〇年一月二日，他仍是帝國總理府的貴賓，穿梭於各國外交官之間，在簽名簿上留下大名。那一天，他是最後一個簽名的外交官。六個月後，紅軍在六月入侵了他的國家。原本獨立的愛沙尼亞滅亡了，就像鄰國立陶宛和拉脫維亞。兩名納粹和共產黨的專制領袖將《德蘇互不侵犯條約》安排好的瓜分東德計畫，透過最殘暴的手段化為現實。人在柏林的莫勒森立刻喪失大使官銜，連帶失去愛沙尼亞國籍。事實上他已成了個蘇聯人，而且性命不保。可說跟死了差不多。一九一八年至一九二〇年間，他曾為了愛沙尼亞獨立而拿起武

器對抗蘇聯，莫斯科恐怕不會原諒他。前大使此刻只有一線希望，就是獲得德國保護。低調地留在柏林，真有必要，他也願意隱姓埋名。只要幾個月就好。等到他的國家重獲獨立即可。莫勒森確信柏林與莫斯科的同盟關係不消多久就會瓦解。勢不可免，接下來會有場大戰。里賓特洛甫掌管的外交部很快就接受他的要求。這可惹惱了莫斯科，蘇聯法院在他沒有出席的情況下判他死刑。幾天後，莫斯科要求德國將他驅逐出境。莫勒森一案是否會引起兩國的外交危機？納粹和布爾什維克政權是否會因這名前大使而決裂？可惜的是，他的心臟沒給他們時間考慮。一九四〇年十月，人們在前大使的住所發現他的屍體。依照官方紀錄，他死於心臟病發。當時他不過四十八歲。

　　迪卡諾佐夫當然知道這名愛沙尼亞人的慘劇。他可是親身參與波羅的海三個獨立國家的滅亡，才來到柏林上任。紅軍於一九四〇年六月占領了這三國，史達林派數名親信前去坐鎮。他們的任務是讓這三國「自願」加入蘇維埃共和國聯盟。迪卡諾佐夫就是其中一名親信。他在那兒盡情施展專才，逮捕，威脅，暴力，成效顯著。莫勒森過世的消息一點也沒有讓迪卡諾佐夫難過，他反倒鬆了口氣。至少，他不用再為此操煩。

　　德國人第一次見到迪卡諾佐夫時，忍不住哈哈大笑。蘇聯的新大使居然只有一百五十公分高！他那小巧的鷹勾鼻，稀疏的深色髮絲不均地散布在半禿的頭顱上，讓他看起來像個毫不重要的路人，簡直可笑極了。他們趁此機會盡情嘲笑那位「盟友」。他抵達柏林車站的官方迎接會上，里賓特洛甫精挑細選了旗下身材最高大的官員前往迎接。他們全都比俄羅斯人高至

少一個頭。每次他出席公開場合，德國人就如法炮製，一次又一次地羞辱他。照片裡的迪卡諾佐夫就像一個垮著臉的早衰孩童。不管與誰交談，他都不及對方的肩膀。遇到外交部司儀德恩伯格，場面更是難堪。所有外交官面對這名高達兩百公分的巨人，都難免心驚膽顫。

但這一切都嚇唬不了迪卡諾佐夫。四十二歲的他，土生土長於俄羅斯高加索地區的巴庫（Bakou），渾身上下看來毫無傳統外交官習氣。他是一名小職員之子，不曾在知名大學修習過國際法。事實上他連學位也沒有，不會任何外國語言，從來不曾離開過俄羅斯領土（除了六月，當時巴爾的海國家就理論而言，還沒正式成為蘇聯的一部分）。但說到實際作戰，他倒是瞭若指掌。加入紅軍鎮壓那些反革命的白俄[1]時，他不過二十歲。殘暴的本性很快就讓他贏得賞識。甫成立的蘇維埃祕密警察組織契卡雇用了他。從此之後他就再也沒離開過。儘管契卡一再改名，但此組織謹守一樣的原則與手段。這個鎮壓機構在一九四一年被稱為內務人民委員部。迪卡諾佐夫一步步往上爬，直到成為其中一名領導人。他之所以成為柏林大使，全都歸功於他的刺探長才與心狠手辣的行事風格。想當然爾，一抵達柏林，他身邊已被一票內務人民委員部探員包圍，個個都肩負滲透納粹政府部門的任務。要給他下馬威可不是件易事。身材魁梧的德恩伯格或其他的親衛隊員都嚇不了他。不只如此，

1　譯注：指二〇年代反蘇維埃政權，支持白軍的俄羅斯人。

他連眼皮都懶得抬，根本沒有正眼瞧過那些粗人。他深信自己掌握了他人的生殺大權，也毫不猶豫地使用這分權力。

俄羅斯大使館是一棟富麗堂皇的巴洛克舊宮殿，迪卡諾佐夫在一九四〇年十二月十二日在這兒辦了場盛大的上任宴會。「整個柏林」都收到邀請。魚子醬，伏特加酒，交響樂團，人們歡聲笑鬧，把手裡的玻璃杯拋向牆壁……這樣的放縱享樂讓各國外交官欣喜若狂。美國人也出席了。他們以為自己進入了俄國經典名著《安娜·卡列妮娜》（Anna Karénine）中的場景：「那些沙皇時代的裝飾，讓我們彷若回到古老的封建時代。₂」在這熱鬧的一晚，第三帝國首都宛若回到刻苦的民族社會主義掌權前的年代。就連希特勒也保證他會想辦法出席。沒錯，他最後沒有現身。不過他那幾個副手倒是來了。不管發生什麼事，戈林都不會錯過這種宴會，享受一下世俗的歡愉。他身披銀色披肩，配戴一整排徽章，胸前斜掛多彩綬帶，手上戴了好幾枚戒指，各個都鑲了碩大的珍貴寶石，一枚枚都比他那肥胖的手指還大。第三帝國的第二號人物活脫脫就像個羅馬帝國的末代皇帝。當晚他是最受眾人矚目的賓客。他高談闊論，妙語如珠，沉醉在他魅力之下的眾人立刻傳頌他說過的話。赫斯跟他恰恰相反。他僵硬的前額，還有他那凹陷的雙眼，都顯示他的智力見識平庸。法國大使考朗德在一九三八年十二月見到赫斯後評論道：「從他的神態和沉默寡言看來，他方便耐用但不大聰明。₃」整場宴會他一動也不動，一句話也不說，滿臉不悅。他默默觀察這一場狂歡盛宴，好像一名嚴厲憤怒的小學

教師。他有沒有注意到那個他最討厭的里賓特洛甫早已醉得不醒人事？德國外交部長前不久還大鬧一翻，證明過去原是香檳與葡萄酒商的他，至今仍改不了貪杯的習性。

　　人們接連敬酒致詞，也喝乾了一瓶又一瓶的酒，直到突然傳來一陣刺耳尖叫。眾人還不知道發生了什麼事，但有些人已在走廊間嘶吼奔跑，接著音樂戛然而止，舞者全都僵住了。這陣喧鬧是從哪傳來的？那是警報鈴聲嗎？人們紛紛打開面朝椴樹下大道的窗戶。行人全都奔逃四竄，直衝向防空洞。是空襲！英國人正在襲擊柏林！

　　俄羅斯大使館沒有任何地堡，也沒有地下室，不可能抵擋得了空襲。得趕緊逃難。這座華麗宮殿對英國轟炸機來說是個非常顯眼的目標，非離開不可。人們神色張皇、驚慌失措，當危險近在眼前，尊嚴已被拋在腦後。地板在眾人奔走的急促腳步下不斷震顫，讓人以為炸彈在附近爆炸了。「納粹高官搶先離開大使館，[4]」俄羅斯大使館首席祕書，瓦倫丁・別列什科夫（Valentin Berezhkov）記敘。「雖然戈林強自鎮定，但顯然萬分難堪。畢竟他老是誇下海口，宣稱在他的指揮下，德國空軍將會讓英國從地球上徹底消滅。⋯⋯戈林、赫斯和里賓特洛甫紛紛在副官的陪同下，匆忙步下寬大的大理石階梯，步向座車停

2　Jefferson Patterson, *Diplomatic Duty...*, *op. cit.*, p. 263.

3　Robert Coulondre, *De Staline à Hitler...*, *op. cit.*, p. 218.

4　Valentin Berezhkov, *History in the Making. Memoirs of World War II Diplomacy*, Moscou, Progress Publishers, 1983, p. 28.

靠的大使館前門。」而迪卡諾佐夫恰好相反，他不急不徐，展現令人震驚的冷靜。這名個頭嬌小的男子，這個「下等的斯拉夫人」，露出與德國人大不相同的神態。他希望每個人都注意到此刻的他。他等到最後一名賓客也離開了，才示意手下準備離開大使館，前往附近的防空洞避難。今晚的宴會大獲成功。這下迪卡諾佐夫明白納粹和其他人沒什麼不同。他們也怕死。等時機到來，他絕不會忘了這個體悟。

一九四一年一月一日這一天，總理府的禮賓人員面對這名神色嚴肅的蘇聯人格外殷勤有禮。但迪卡諾佐夫對此不大在乎，就像他不在意那些顯然忙著迴避他的外交官。如果他們不保持距離，他可會成為駭人的惡魔。特別是梵蒂岡代表。梵蒂岡大使館居然派了數人出席納粹的新年宴會，令俄羅斯人頗為意外。除了教廷大使，教宗庇護十二世還派了至少三名代表前來。看到他們如此巧妙地閃躲他，把他逗得樂極了。瑞士大使也帶給他不少樂趣。這個極在乎外表的弗利榭，今晚穿了鑲金邊的漂亮禮服。雖然如此，他卻露出陰鬱的神情。看到英國展現武力，讓他的德國朋友吃了點虧，是否令他感到失望？早在法國投降前，弗利榭就於一九四〇年六月建議自家政府站到納粹這一邊。「德國極有可能成為歐洲大陸最有實力的強權，義大利則會成為地中海強國，我們必須納入這些可能性，並依此擬定外交政策，₅」他對上級如此寫道。根據他的說法，瑞士必須以最快的速度向羅馬和柏林表達善意，聲明會完全維持中立。要鞏固與這兩國的關係，最好就是大張旗鼓地展現誠意。

聯合國的前身國際聯盟，象徵了這些歐洲專制政權所痛恨的一切。國際聯盟具備放眼全球的野心，渴望民主與和平又熱愛進行國際對話，這都讓獨裁者氣得跳腳。然而瑞士卻是國際聯盟的創始成員國之一。

弗利榭在一九四〇年六月十一日提出的建議，正是瑞士應該退出國際聯盟：「我認為瑞士在外交政治領域推動的改變，第一步應是退出國際聯盟。」顯而易見，這個決定恐怕會讓瑞士民眾大為震驚，畢竟國際聯盟本部就設在日內瓦。瑞士大使深思熟慮後，自認找到一個解方：速戰速決，封鎖民間反彈。他宣稱：「先聲奪人，避免議會和民間爆發激烈爭辯，這樣退出國際聯盟才有意義。……我們必須先知會柏林和羅馬這個決定，此舉才會獲得軸心各國的激賞。」然而瑞士政府寧願選擇中庸之道，雖然沒有正式退出國際聯盟，但公開表示與國際聯盟保持距離的意願，就具體行動而言就是拒付年費，也不願再為日內瓦總部免費供應暖氣。

迪卡諾佐夫自知不可能從梵蒂岡那些主教或瑞士的各級外交官身上取得情報。畢竟這些國家拒絕與蘇聯建交，這也是理所當然的事。但俄羅斯人還是在翻譯的協助下，與其他大使小聊幾句，邀請他們前來蘇聯大使館，或者保證會去參加他們的雞尾酒會。身為內務人民委員部優秀的情報員，迪卡諾佐夫

5　請見瑞士外交文件：www.dodis.ch/47060，一九四〇年六月十一日。

熱愛各種小道消息。他正是為此落腳柏林，側耳聆聽知情者的低語，向莫斯科傳訊並依此行動。而在柏林，不愁沒有這樣的機會。自從戰事在去年九月爆發，各大使館都紛紛辦起社交晚宴。這倒不是為了消遣，而是為了交換意見，猜測誰將會是納粹下一個受害者。蘇聯人的團隊很快就注意到最有潛力的外交官。或者不如說，最多話的外交官。特別是土耳其大使，休斯瑞夫·格瑞德（Hüsrev Gerede）。

　　格瑞德熱愛說話。整個柏林都認識他。他來德國不過十八個月，已經名聲遠播，只要想知道消息，找他準沒錯。什麼消息？所有消息。他能說善道，幽默詼諧，很容易贏得人們的信任。他總是打扮得雍容華貴，身處一群穿著難看外套、雙肩下垂的外交官中，他頎長的身材讓他顯得格外出眾。只要去拜訪他，保證會知道城裡最新的流言。而且他還會提供香氣濃烈的美味咖啡，濃得要命，忠實遵循鄂圖曼傳統。不過迪卡諾佐夫不會親自出面。他寧願派年輕助手首席祕書別列什科夫過去。這年輕人外表比較體面，比他討喜，沒有粗野氣息。最重要的是，他說得一口流利的德文與英文。得以暫時離開俄羅斯大使館，別列什科夫沒什麼好抱怨的。更何況是前往土耳其大使館，享用那玫瑰或橙花口味的土耳其軟糖。他當然會克制口腹之欲，就像那伊茲密爾利口酒，比馬鈴薯蒸餾而成的伏特加順口太多了。近來格瑞德暗示他，希特勒征服大計有新計畫。

　　「您可知道，本國已多次公開宣布，絕不會讓德國人踏上

我們的領土。不管德國有什麼打算，我們都會奮力反擊。他們知道⋯⋯」

「大使閣下⋯⋯這麼說來，他們是不是跟您談過這件事？」[6]

　　年輕的俄羅斯人要的是明確事實與證據，他必須向上級報告，多少得確認情資的可靠度。

　　格瑞德奪回話語權。他不喜歡被人打斷，也不喜歡受到質問。他給予否定的答覆，他可沒這麼說，德國人也沒這麼做，他們只是知道土耳其不是好惹的。他的國家有強大的軍隊，健壯的士兵。不過希特勒也不是省油的燈，最好還是隨時小心，切莫大意。不是嗎？要不要再來些土耳其軟糖？這可是今早剛從伊斯坦堡送來的。格瑞德喘了口氣，不過別列什科夫可不給他太多時間緩衝。他抬起音量再次提問，這是不是說土耳其願意與柏林進行交易？大使再次否認，這回口氣更加激昂。他從扶手椅中跳了起來，轉向後面牆上掛的那一幅廣大的近東地圖。他一一指出各國位置，聯絡道路與山區地形，賣弄策略與專業，最後萬分肯定地表示，德國會向伊拉克的摩蘇爾（Mossoul）下手，以取得那兒的油井。這是他的看法。那麼，您的看法如何？不如說，莫斯科怎麼想？

　　迪卡諾佐夫提醒過他的年輕副手，千萬別小看格瑞德。在

6　Valentin Berezhkov, *History in the Making...*, *op. cit.*, p. 54.

他那泰然而隨興的態度下，藏著造謠生事的至高技藝。從他的經歷就看得出來，他過去曾為情報局服務，接著加入軍隊，最後才轉而成為外交官。而且他和納粹菁英的關係非常良好。

別列什科夫在各國大使館之間來來回回。他向日本人和南斯拉夫人刺探消息，填滿一頁又一頁標上「機密」的報告。一眨眼，四月已經到來。又到了希特勒的生日，總理府又辦了場壽宴；一如往常，載著顯赫外交官的車隊遵循禮節抵達，並在禮賓人員的監督下，在簽名簿上留下大名。這一年的四月二十日，總理府人滿為患。然而希特勒並未留在柏林慶祝五十二歲生日，反倒出門遠行。他寧願坐上特別列車，前往原為奧地利領土，位在維也納南邊的慕尼赫基興（Mönichkirchen）。幾天前他已擬定朝巴爾幹各國進軍的計畫，而他打算在這兒坐鎮指揮。當他的軍隊擊潰南斯拉夫和希臘，來自四十餘國的九十名外交官正在柏林慶賀他的生日。就算整個歐洲因他深陷戰火，他也無動於衷。

最後一位簽名的訪客是迪卡諾佐夫，離美國代表的名字非常遠。俄羅斯人是否刻意遲到，好強調他內心的不滿？他的失望？蘇聯開始在這一年的四月下旬作勢威脅，希望滿懷侵略野心的納粹適可而止。莫斯科和柏林的關係劍拔弩張。過去幾週來，德國軍機多次侵入蘇聯領空。別列什科夫也注意到，第三帝國的高官顯要全都拒絕接見他，不約而同俾稱沒有時間，也許下次再說。俄羅斯人擔心起來。與此同時，克里姆林宮依舊固執地相信德國不會攻擊蘇聯，不會那麼快，不會是現在。

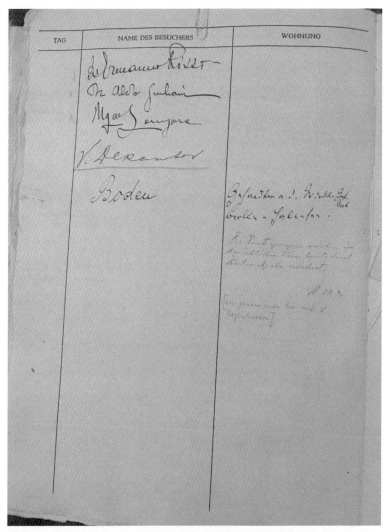

圖説：一九四一年四月二十日希特勒壽宴，距離後來的巴巴羅薩行動（Opération Barbarossa）只有兩個月。迪卡諾佐夫的簽名再次被蘇聯調查員以紅筆畫上底線。我們也注意到右下方，德國禮賓人員以鉛筆註明交出邀請卡的賓客。沒帶邀請卡的賓客被打了個叉（俄羅斯聯邦軍事檔案庫，莫斯科）。

一年後德國也許會出兵，但不會是在一九四一年，史達林敢打賭。

這回他輸了。

鼎鼎大名的「巴巴羅薩行動」就是德國入侵蘇聯的計畫代號，而德國早在四個月前，即一九四○年十二月就擬訂這場作戰計畫。當時元首曾警告他的參謀，這將是一場「殲滅之戰」。

該不該警告大使？然而時間已晚，迪卡諾佐夫同志一定睡著了。別列什科夫敢鼓起勇氣，打斷「高加索人」的好眠嗎？他猶豫不決，左思右想，怨自己膽子不夠大。自從升職為大使館首席祕書，他已不再是個無名小卒。那是去年十二月的事，當時他不過二十四歲。以閃電般的速度獲得晉升的他，出身於良好人家，來自原被稱為聖彼得堡的彼得格勒。他出生幾年後，這座俄羅斯北部的首府又改名為列寧格勒。別列什科夫一歲時，十月革命，推翻了沙皇和那古老的帝國。他幸運得很，還沒機會被那個資產階級的俄羅斯玷汙心靈，他得以宣稱自己是獲得勝利的社會主義培育出來的完美成果。他是個堂堂正正的蘇聯人。

也許吧。

理所當然，他踏上父親的腳步。先在基輔理工學院獲得耀眼成績，接著他也成為造船工程師。不過他真正的才華在語言領域大放異采。政府高層很快就注意到他的天賦。當俄羅斯外交部長莫洛托夫（Molotov）在一九四○年十一月來到柏林與

希特勒會面，別列什科夫正是部長的翻譯人員。他參與了每一場德蘇交涉會談。他到現在都還清楚記得歷史性的那兩天，一切歷歷在目。特別是第一次見到元首時的情景。「希特勒坐在他的辦公桌前，身穿草綠上衣的他身形嬌小，幾乎消失在這寬敞的廳堂裡。……我已經在閱兵大典或集會上見過希特勒。如今，我終於有機會近距離觀察他。……一個字也沒說的他走近我們，與每個人打招呼。他的手冰冷溼潤，而那熾熱的眼神宛如磨刀石般刺穿我們。他那戳小鬍子上方的尖鼻子布滿黑頭粉刺，簡直可笑極了。[8]」與希特勒的任何接觸都令他噁心得難以忍受，每次見完面他腦中只想著同一件事：趕緊離開，好把手洗乾淨。

最終，別列什科夫沒有吵醒迪卡諾佐夫。他決定再次修改報告，明天一早就送到大使面前。他面對打字機，陷入沉思。從何處下手？如何描述他剛得知的情報？他一絲不苟，試圖細述每一個細節，就連最微不足道的事也不能放過。特別是那些看似微不足道的細節，它們往往透露了隱而不顯的心機。與大使和代表團四分之三的成員不同，別列什科夫從未受過正規的情報人員訓練。他不是內務人民委員部的成員。也許因此他才更加小心翼翼，容易多疑。今晚，他更加猶疑不決，因為他的報告足以將上百萬人，甚至千萬人推入深淵。每個蘇聯人都逃

7　譯注：一九一七年二月革命推翻俄羅斯羅曼諾夫王朝後，建立了俄國臨時政府，隨後被同年的十月革命推翻，布爾什維克派領導的蘇俄政府就此成立。
8　出處同注6，p. 23.

不了。史達林也是其中之一。

　　德國打算向鄰國俄羅斯發動攻擊。很快就會出手。下個月就會進攻。他們只在等待最佳時機。「啊，真的嗎？先生，這可不是什麼新消息，說不定是個陷阱！我命令你提出證據。德國人一直挑釁我們，意圖迫使我們犯錯，把大量兵力派往邊境。這樣一來他們就可以說我們才是主動攻擊的一方。我們太熟悉這種作法了，我們自己就常這麼做，才不會掉進這種陷阱呢。」首席祕書的腦中響起迪卡諾佐夫低沉濃重的聲音。他知道那個小矮子會說什麼。大使一臉輕蔑地收下他的報告。不過這一回，別列什科夫絕不會犯任何失誤。他絕不會錯過任何一點情報，任何一點暗示。他以瘋狂的執拗精確記錄每一個細節。大使看完報告後，必會宛如置身於美國外交官派特遜的宴會中。

　　派特遜喜歡舉辦盛大奢華的晚宴。他那位年輕耀眼的妻子，瑪麗‧馬爾文‧布雷肯里奇（Mary Marvin Breckinridge）品鑑各國上等美酒的能力可說無人能及，也擅長發掘不只會彈奏軍歌的優秀音樂家。派特遜是美國駐柏林大使館首席祕書。雖然開戰後德國就禁止公開跳舞，也不能從事太過喧鬧的娛樂，但性喜鋪張的外交官無意改變習慣。蓋世太保愈討厭他，他就愈愛挑釁他們，也愈得意。至於希特勒，他不屑一顧。第一次出席希特勒的公開演說，他就不大信服獨裁者的激情風格，「他是名拙劣演員，為了吸引他人注意而使出過度誇張的演技。他一會兒歇斯底里，一會兒冷靜得嚇人，滿腔怨恨，讓

我想到我認識的一名女子，簡而言之他具備專屬女性的脾性特質。，」而他的妻子比他更痛恨納粹。她是位知名攝影記者，為許多頗富盛名的雜誌效命，包括《國家地理》雜誌（*National Geographic*）、《展望》（*Look*）、《時尚》（*Vogue*）、《生活》（*Life*）……等等。一年前的一九四〇年六月，她與派特遜結婚，並決定暫停自己的事業。雖說如此，她決心重拾攝影。愈快愈好。一離開德國就恢復工作。這對夫妻積極向華盛頓遊說，希望羅斯福對抗納粹。而且他們決心不要重蹈英國外交官在一九三九年九月的覆轍，當時他們被迫度過一段苦日子。英德斷交後，德國人把英國大使軟禁了數週並嚴加監視，最後才把他們驅逐出境。為此外交官夫人已預先做好準備。她細心地打理行囊，備了幾箱香檳，打包了保暖衣物和許多好書。不過在一九四一年的四月底，德國與美國還沒開戰，而派特遜私人住處的宴會正值熱鬧的高潮。

別列什科夫不喜歡美國人那棟極盡賣弄之能事的奢華豪宅，總是感到渾身不自在，但他還是接受了邀請。派特遜老是誇耀他可是自掏腰包大肆整修了一番。他並不是個貪財之人，但他實在太富有了，那麼何不物盡其用，好好享受？這都歸功於他的父親創立了遍布多國的國家收銀機公司（National Cash Register，現稱NCR企業），向全球販售電子化收銀機。他是個徹頭徹尾的資本主義者，自然也是每一個好蘇聯人的敵人。年

---

9 Jefferson Patterson, *Diplomatic Duty...*, *op. cit.*, p. 241.

輕的俄羅斯人勉強穿過擁擠的賓客，主人立刻張開雙臂迎接
他。派特遜如往常般和藹可親，宛如好友般親切。他能說善
道，立刻表現得十分親熱，好像真情流露。今晚他們有很多話
要談，不過先來一杯香檳，當然是法國產的佳釀。這可是他太
太親自挑選的上好香檳，直接向德軍買的。這再正常不過了，
畢竟漢斯（Reims）就像北法其他地區，全落到德軍手中了，
不是嗎？派特遜的笑意更深了些，他朝別列什科夫靠了過去；
可是周圍實在太喧譁了……美國人向他示意，周圍的喧鬧讓他
們聽不清彼此的聲音。派特遜提議到另一個安靜些的房間，
他堅持，他想向別列什科夫介紹一個人。他抓住俄羅斯人的手
臂，領著他走到一座壁爐前，那兒已聚了數名美國外交官。他
們團團包圍住一個人。那人是個有點清瘦的高個子，從他曬
得黝黑的肌膚看來，他顯然遠離柏林和這兒陰沉的天空好些時
日。

　　當別列什科夫走近這群人，他注意到這位不知名的人士身
著有點像德國空軍的軍服。當眾人正哄堂大笑時，派特遜打斷
了這群人熱烈的談話。是的，那的確是德國空軍制服，俄羅斯
人非常確定。這是一名納粹德國的空軍軍官。而對方已朝他
打了招呼，向他伸出手來。他的另外一隻手則握著一杯威士
忌。從那深沉近似赤銅的琥珀色澤看來，想必是年分久遠的陳
年美酒。「你們好好認識一下吧，」派特遜一邊說，一邊走遠
了，「少校剛從非洲回來呢。」

　　在四處興戰的柏林，一名美國富豪從中牽線，向俄羅斯外
交官引薦一名納粹軍官……世上絕無半個認真的作家敢大膽想

像這樣的情節，就連諜報小說也不可能。然而……別列什科夫立刻繃緊全身肌肉，他可以轉身一走了之，拒絕與這名軍人有任何瓜葛。誰知道那個德國人會不會放肆地開口批評希特勒呢。有些德國軍官在私底下會毫無顧忌地大放厥詞。但別列什科夫可是蘇聯外交官，不該參與這種對話。更何況是在洋基佬的家中，公然在眾人面前。絕不能冒著被連累的危險。表面上，蘇聯仍是第三帝國的盟友，而且是忠心耿耿的盟友。俄羅斯大使館的首席祕書心下惴惴。美國的確一再重申渴望保持中立的立場，宣稱柏林與倫敦的戰爭與他們無關。但只要些微變化就會扭轉整個情勢。只要一點小小的變化。

　　好奇心占了上風。別列什科夫決定留下來。他們兩人走遠了些，既能好好說話，又不離眾人視線。瞧瞧我們，俄羅斯人似乎在向其他賓客示意，我們當著你們的面話家常，決沒有任何陰謀。少校完美扮演自己的角色。他輕鬆自在地談天說地，把平淡無奇的軼事說得生動有趣。他很快就不再說英文，轉而使用母語。別列什科夫向他保證，用德文交談絕無問題。他就像名盟友般聽少校閒談，一臉興致盎然地聆聽軍官細細講述他在戰場上的功績。北非戰事一再告捷，再一次證明希特勒是對的，第三帝國終將獲得最後勝利，英國人完蛋了。晚宴緩緩進入尾聲，賓客高聲保證盡快重聚，接連告別這座豪宅。少校點起一根雪茄。他直直望向眼前的男人，接著壓低聲音，開了口：「派特遜要我告訴你一件情報……」來了，別列什科夫心想，握著酒杯的手收得更緊了些。「我不是因獲准休假而回到柏林。我這一整個中隊都從北非被召了回來。昨天，我們收到

上級命令，將被派往東邊的羅茲（Lodz）₁₀ 地區。也許這沒什麼大不了的，但我知道很多部隊也被派往你們的邊界。我不知道這代表什麼意思，但就我個人而言，我不希望我國與貴國之間發生任何事。₁₁」

就這樣背叛自己的國家，向敵人披露即將爆發的攻擊⋯⋯這名優秀的德國軍官出於什麼動機而違背效忠第三帝國的誓言？是因為心中突然湧起一股人道精神？或者是引蘇聯外交官入甕的計謀？德國飛行員觀察著對方突然掉入無止境的懷疑深淵，不禁感到一絲得意。不過這只維持了短短一瞬。別列什科夫接了話，在他看來這一切沒什麼好擔心的，少校聞言露出一抹微笑。俄羅斯人說莫斯科對這一切瞭若指掌。不過還是很感謝你，我們兩國長久以來都是盟友。但願你在波蘭一切順利，啊，不是波蘭，波蘭早已不存在。祝你在羅茲過得愉快。少校在一只寬大如盤的水晶煙灰缸裡捻熄了雪茄。他一邊鞠躬，一邊呢喃道：「當然⋯⋯比起我，你對這想必更清楚⋯⋯」語畢他就告辭了。

全打下來了嗎？有沒有遺漏任何細節？別列什科夫再次翻閱他的報告書，一再修正，一再重打。幾個小時後，這份報告就會被送到莫斯科。莫洛托夫會拿到一份，內務人民委員部領袖貝利亞也會有一份。說不定史達林也會拿到一份。不過這都說不準。一切全憑迪卡諾佐夫決定。他會認可這份報告嗎？大使拿不定主意。他一起床就收到下屬的報告書，反覆讀了數回。他該怎麼處理這件案子？他不願激怒克里姆林宮。他默默度量，表達意見等同於選邊站，無可避免地讓自己落入危險境

地。他在蘇聯鎮壓體系度過漫長生涯，讓他衰老得太快了些。他度過太多無眠的夜晚，忙著訊問、折磨、懲罰那些被政權視為革命敵人的男男女女。他這輩子的仕途上堆滿了屍骨，那麼多人犧牲性命，全被一名叫做史達林的男人和效忠於他的意識形態踩在腳下。迪卡諾佐夫不允許自己懊悔，他可沒空惋惜過去。為了生存，他必須毫不懈怠地繼續為政權服務，盲目效忠直到天荒地老。他知道身處如此高位，壽命多半不長，很容易就會失寵。一旦失寵，往往就會在某個祕密監獄的後院被執刑隊槍擊處決。直到目前，迪卡諾佐夫還算順利。他是蘇聯祕密情報機構中，少數熬過一九三七年至一九三八年間長達數月大清洗的人。他甚至因此受惠，得以在勢力龐大的內務人民委員部裡出頭天。他願意為這份報告押上自己的生涯嗎？

他下定決心，終於將報告寄出。但他非常小心地沒有加上任何評論。即使他那麼謹慎，還是不夠。正如他所擔憂的，莫斯科火冒三丈。特別是貝利亞。柏林傳來愈來愈多的警訊，令他坐立難安。這些消息根本在質疑號稱無所不知的史達林。身為內務人民委員部的領袖，他必須趕緊證明自己忠心不貳，好躲過史達林下次的大清洗。他趕緊應變，毫不猶豫地犧牲自己過去的愛徒。「我再次堅持，我們必須召回迪卡諾佐夫並加以懲罰，他不斷以各種『不實情報』轟炸我，宣稱希特勒會出

---

10 自一九三九年十月納入德國領土的波蘭城市，位於華沙西邊一百三十公里處。
11 Valentin Berezhkov, *History in the Making...*, *op. cit.*, p. 58.

兵攻擊蘇聯。[12]」貝利亞將這封信寄給史達林，非常有效率地
自保。不過這對他來說還不夠，他進一步指責柏林大使館的武
官：「這名愚蠢的將軍斷言德國陸軍派了三支集團軍，打算分
頭攻擊莫斯科、列寧格勒和基輔。⋯⋯但我和我的手下都完全
肯定，約瑟夫・維薩里奧諾維奇[13]啊，您的看法精確無誤：希
特勒絕不會在一九四一年出兵攻擊我國。」

　　幾天之後，迪卡諾佐夫被召回莫斯科。史達林想與他當面
談談。史達林是否打算懲罰他？還沒那麼快。迪卡諾佐夫獲准
休假，甚至在五月一日傳統的紅場閱兵大典上，史達林還讓他
站在身邊。駐莫斯科的德國大使弗瑞德呂希—維爾納・馮・
德・舒倫柏格（Friedrich-Werner von der Schulenburg）趁著迪卡
諾佐夫人在首都，警告他希特勒好戰的野心。德國人再三勸他
出手干預，能不能請史達林寄封信給元首，提醒總理蘇聯仍是
德國值得信賴的夥伴？不消說，大使心中再次疑雲密布。為什
麼舒倫柏格願意背棄自己國家的利益？這會不會是德國設下
的又一道陷阱？他躊躇不決，但最終還是把德國大使的建議上
呈。史達林同意採納建言。不過有個條件，舒倫柏格必須與迪
卡諾佐夫一同寫這封信才行。多高明的手法啊，強迫納粹大使
也得參一腳才行，把後者嚇得大驚失色。他婉謝了。最後史達
林什麼也沒做。

　　與此同時，柏林的蘇聯大使館依舊監視著納粹的一舉一
動。蘇聯間諜網的負責人叫做阿馬雅克・科部洛夫（Amayak
Kobulov）。一九四一年五月一日德國人民節（Nationaler Feiertag
des deutschen Volkes），帝國總理府的簽名簿上找得到他的名

字。科部洛夫可說集所有蘇聯制度的缺陷於一身。能力低劣，妄自尊大，凶殘暴力，他之所以能得到這份工作，全拜貝利亞所賜。他是一名裁縫之子，原在喬治亞的工廠裡擔任會計，表現平庸。要不是他哥哥波格丹（Bogdan）幫忙，他恐怕會就此度過餘生。波格丹具備一項在一九二〇年代的蘇聯非常熱門的天賦：他知道怎麼殺人。波格丹很快就躍升蘇聯鎮壓組織的高層人物。一九三九年，他躍升為貝利亞的左右手。他的間諜專長大放異采。而他弟弟阿馬雅克與他正好相反。但這不要緊。毫無經驗的阿馬雅克在一九三九年九月，一躍成為柏林祕密情報部門首長。在別列什科夫的記憶中，他是個「瘦瘦高高的男子，擁有高加索人特有的俊俏相貌，留著修剪得十分完美的鬍子，頂著一頭黑髮。他很有禮貌，甚至頗有魅力，在社會上頗受歡迎。光從外表而言，沒人猜得到他的真正身分是什麼。他和哥哥波格丹恰恰相反——後者很惹人厭，生性懶散，矮小肥胖，噁心且令人難忘。[14]」

　　建立整個間諜網絡，滲透納粹政權高層，操弄人心，造謠生事，搶先知道希特勒說了什麼，想了什麼，渴望什麼。阿馬雅克野心遠大，也毫不懷疑自己的間諜監控才能。短短幾週之內，他已贏了一場角力戰，不只立刻受到納粹反間組織的注

12 Jean-Jacques Marie, *Beria : le bourreau politique de Staline*, Paris, Tallandier, 2013, p. 184.

13 史達林的姓名。

14 Valentin Berezhkov, *Как а к стал переводчиком Сталина* (*Comment je suis devenu traducteur de Staline*), Dem, 1993, p. 208.

意，也讓蘇聯當地的間諜網陷入險境。莫斯科趕緊出手阻止一場災難。然而沒人敢將他革職：這等同於批評貝利亞用人不當，無啻於用一只裝滿子彈的手槍玩俄羅斯輪盤[15]。結果阿馬雅克只被禁止接觸已在德國行動的蘇聯間諜。不過，他獲准建立自己的團隊。一句德文都不會說的他，自然傾向與會講俄文的人往來。一九四〇年夏天，他認識了一名拉脫維亞的年輕記者，歐瑞斯特・貝林斯（Orest Berlings）。這名記者已失業數週，因為他的國家拉脫維亞滅亡了。當時蘇聯剛入侵拉脫維亞不久。客觀說來，貝林斯自然對俄羅斯心懷怨恨。阿馬雅克不會不知道這回事，但他還是聘用了貝林斯。這是一名人品優秀的男子，蘇聯的朋友，非常精明、能力幹練，而且與德國政權關係極佳，可說是理想的新成員……貝利亞和史達林是否和他們的柏林情報頭子一樣興奮？他們可曾想過會發生更可怕的事？他們有沒有猜到這個貝林斯可能是雙面間諜？說不定是德國軍事情報局（Abwehr）的成員？他們早該料到。

　　阿馬雅克的精心鉅作終將獲得認可，只是這一切出乎他的意料。他的名字將長存歷史，那些厚重的教科書中絕對會記上一筆他的事蹟。他本人成為德國向蘇聯開戰的藉口之一。這顯然是他意想不到的榮譽。讓我們回到一九四一年六月二十一日與二十二日間的深夜。里賓特洛甫的手下在凌晨兩點打電話給蘇聯大使館。德國外交部長召見迪卡諾佐夫大使。他會在清晨四點接見後者。多名記者早已等在外交部門口，還有幾名攝影師。一行俄羅斯人很驚訝現場居然有記者守候。想必是納粹宣傳大師戈培爾的傑作。他命令那些人起床趕來這兒。有些人

想必怨聲載道。更何況這一天還是星期天呢。居然得在黎明上工，其實天根本還沒亮。但誰敢違背戈培爾的命令呢？迪卡諾佐夫保持冷靜。他依舊相信，史達林表達的善意足以避免一場戰爭。一到部長辦公室，他就試圖表現友善。「毫無疑心的他向里賓特洛甫伸出了手，[16]」德方的翻譯人員保羅—奧圖·施密特（Paul-Otto Schmidt）形容當時的情景。然而納粹外交部長陰鬱的神情，讓人確信發生了極為嚴重的大事。別列什科夫也在現場。他記敘：「他的臉孔腫得發紫，雙眼通紅。他走在我們前方，低垂著頭，步履猶疑，搖搖晃晃。我腦中浮現一個臆測：他是不是喝醉啦？我們坐了下來，他開始說話，我立刻明白我猜對了。他顯然醉醺醺的。[17]」

部長開口了。他抬高聲音，強裝鎮定自若。他講得很快，字音都黏在一起，幾乎聽不清楚。蘇聯翻譯人員慌張起來。在這個殘酷又隱晦的訊息中，他試圖捕捉最細膩的語意。他立刻明白自己沒有犯錯的餘裕。他當然不敢要求部長說慢一點或重複某句話。他盡全力精準地翻譯，細心選擇用字，準備聽到他最害怕的那個詞，「戰爭」，也就是德文的Krieg。他等待了漫長的幾分鐘，但里賓特洛甫一直沒說出這個字。納粹官員的說詞愈來愈讓人困惑，他提到蘇聯的挑釁、威脅和科部洛

---

15 譯注：俄羅斯輪盤是在一把手槍中裝上一枚子彈，看輪盤轉到誰，就要拿起手槍對自己開一槍，直到那枚子彈射中人為止。

16 Paul-Otto Schmidt, *Sur la scene internationale avec Hitler, op. cit.*, p. 441.

17 Valentin Berezhkov, *History in the Making...*, op. cit., p. 78.

夫。「甚至連柏林的俄羅斯大使館，在科部洛夫主持下，都肆無忌憚地濫用治外法權，以達成間諜目的。[18]」迪卡諾佐夫不需要他人翻譯也明白。他知道德國人譴責科部洛夫的是哪一回事。他一點也不意外。德國人又指責別的事。接著全場靜默。不管是外交部長還是翻譯人員，都噤聲不語。最後一句話仍在大使腦中不斷迴盪：「從今天早上開始，我們已透過軍事手段對此加以反擊。[19]」他明白了。就在此時，德國炮彈已摧毀了俄羅斯數座城市，到處燒殺擄掠。憤怒戰勝了驚詫。這名人稱「巴庫的劊子手」的戰士戰勝了外交官的那一面。輪到迪卡諾佐夫說話了。

他說得很少。

非常簡短。

他預言道：「這是對蘇聯的公然挑釁，毫無緣由地主動攻擊。你們將為此付出慘痛代價……[20]」

他站起身，沒向里賓特洛甫告辭就大步離開。

---

18 里賓特洛甫於一九四一年六月二十二日發表的開戰宣言，刊登於一九四一年六月二十三日的《紐約時報》（*New York Times*）。

19 Paul-Otto Schmidt, *Sur la scène internationale...*, op. cit., p. 442.

20 Valentin Berezhkov, *History in the Making...*, op. cit., p. 79.

第七章
別有居心

柏林

一九四一年六月二十二日

迪卡諾佐夫仍舊一語不發。

座車駛向大使館的回程上，蘇聯大使記起不久前的事。一陣苦澀湧上心頭。他想到兩個月前希特勒的壽宴。又是那群身材高大的親衛隊員，德國再次取笑他的矮小身材。他的名字將永遠留在那本該死的簽名簿中，和那個無能的科部洛夫一樣。那一長串自以為能與希特勒交涉的名單中，多了他們兩人的名字。他是否也想起那些日本代表和那一大群義大利人，還有其他第三帝國盟友的外交人員？四月時，他曾在帝國總理府的宴會上見過那些人，當他們朝他問好致意時，想必早就知道他的國家將是瘋狂納粹的下一個受害者。迪卡諾佐夫怒火攻心。深沉的屈辱感淹沒了他。但再想下去也無濟於事。還有更急迫的事待辦：逃離這個與蘇聯翻臉成敵的國家。

愈快愈好。

首先必須通知莫斯科德國宣戰的消息……他一回到使館立刻放聲嘶吼，下令把所有人都叫醒。聯絡史達林、莫洛托夫和

貝利亞的辦公室，聯絡每一個人。但全是白費功夫。德國人切
斷了大使館所有的電話線路。迪卡諾佐夫趕緊打開無線電，接
上莫斯科電台。柏林與莫斯科有兩小時的時差，此刻那兒已過
早上六點。別列什科夫忘不了那一幕：「我們打開無線電，聽
聽莫斯科是否發布了特別快訊。但所有的蘇聯電台仍播放平時
的節目。……難道莫斯科還沒聽說，蘇德之戰已在幾個小時前
開打了？」」

　　每浪費一分鐘，德軍就獲得多一分的優勢，足以造成致命
後果。該怎麼辦才好？發電報！加密電報！但要發電報，非得
前往柏林中央郵電局不可。別列什科夫接下這個任務。為了躲
開周邊街區密布的警察網絡，他放棄大使館用車，借用了一名
雇員的小車。一輛簡樸的歐寶（Opel）車，也是最常見的德國
車款。年輕外交官加速疾馳，避開親衛隊的巡邏人員，順利抵
達中央郵電局。裡面的職員正在聽戈培爾情緒激昂的演說。戰
爭、那些布爾什維克叛徒、拯救德國於紅色共產黨之手……別
列什科夫開口拜託一名郵電職員幫忙。他要發封電報，緊急電
報。首席祕書操著完美的腔調，儼然就是個道地柏林人，人們
絕對猜不到。要發到哪去？那個男子一邊問，一邊瞧著地址。
莫斯科?!要發到敵國?!俄羅斯人報以微笑，領了收據就迅速離
開。達成使命了。「回到莫斯科後，」後來他描述道，「我們
才知道那封電報根本沒被發出去……」」事實上，克里姆林宮是
從德國大使那兒直接得知開戰消息。舒倫柏格在黎明時分將德
國的宣戰書交給蘇聯。接近中午，全國電台才發布開戰消息。
一億九千五百萬的蘇聯人民從外交部長莫洛托夫口中得知這件

事：

　　各位蘇維埃聯邦的人民，

　　今天早上四點，德國在沒有通知蘇維埃聯邦，連宣戰都沒有的情況下，就派遣軍隊攻擊我國，從數個地點分頭入侵我國國界，轟炸我們的城市。……這場令人震驚的攻擊可說是文明社會中史無前例、背信忘義的行徑。……正義在我們這一邊。我們的敵人將一敗塗地。我們必將獲勝。3

　　不過在勝利之日降臨前，迪卡諾佐夫和蘇聯使節團必須不惜一切代價，帶著德國境內每一個蘇聯公民逃離此地。共計約莫一千人。一開始，納粹打算來場交易。他們建議採用人數完全相等的原則：一名德國人換一名蘇聯人。這根本是把俄羅斯人當傻瓜，畢竟蘇聯境內只有一百二十名德國公民。莫斯科斷然拒絕。雙方花了數天祕密交涉，來回角力，柏林終於讓步。七月初，所有的俄羅斯人都被送上兩列前往土耳其的特發車。在德軍部隊和蓋世太保的護送下，這些人到了柏林南方兩百公里的萊比錫車站。瑞典大使館人員已在那兒等著迎接。瑞典外交官與德國人交頭接耳，再三協商，確保沒有漏掉任何一個蘇聯人，在可能範圍內盡力關照他們。瑞典人這麼做，純粹是基

1　Valentin Berezhkov, *History in the Making*…, *op. cit.*, p. 80.
2　出處同前注，p. 81.
3　https://sourcebooks.fordham.edu/mod/1941molotov.asp.

於國際法的要求。瑞典王國剛接受蘇聯的請求，擔任後者在德
國的「委託保護國」。這個法律機制讓交戰的兩國得以透過第
三國保持聯繫，由第三國代為處理不動產事務，但最重要的是
監督囚犯的待遇。瑞典人這回的主要任務是保護被捕的俄羅斯
士兵，因為希特勒已下令徵用原為俄羅斯大使館的建物，改為
新成立的東部占領區事務部₄。不管如何，莫斯科選定完全中立
的瑞典為委託保護國，這個國家向來以言之有信享譽國際，也
是古老的君主制國家，其政治信念與民族社會主義可說完全相
左。

　　克里姆林宮如此以為。

　　事實上，瑞典政府沒那麼討厭民族社會主義政權。

　　但他們小心翼翼地隱藏這種想法。

　　科特‧朱林—丹菲爾特（Curt Juhlin-Dannfelt）是駐柏林瑞
典大使館武官。他於一九三三年六月四日起上任，而希特勒剛
在四個月前贏得選舉。德國才剛開始迫害猶太人，也動手取締
德國共產黨，把前共產黨員送進第一批落成的集中營。丹菲爾
特對這一切並不驚訝。他寫於一九三三年秋天的第一份報告提
到：「希特勒本人充滿激情，令人欣賞，還具備非常高尚的道
德情操。₅」雖然他不願承認自己是親納粹分子，但這名語言天
賦傲人的軍官——他會說流利的德、俄、英、法四種外語——
坦言頗為欣賞日耳曼文化。過了幾年，這名馬術精湛的騎士在
一九三九年的某場賽馬會上終於與元首面對面。就像其他人，
他也立刻臣服於元首銳利的眼神之下。不過除此以外，他倒難

掩失望之情：「他的長相並不出眾，身材有點肥胖。……瞧他
那剛成形的雙下巴和那撇幾近可笑的鬍子，看不出來具備任何
亞利安人的特徵。₆」

　　一九四一年六月二十二日，正是這位丹菲爾特通知瑞典大
使館人員，德國已朝蘇聯進攻。他當時住在鄉間一棟迷人農
莊，遠離柏林喧囂。前一晚天氣炎熱，他任窗戶大敞就睡著
了。約莫早上六點，仍在睡夢中的他聽到了戈培爾極為獨特的
聲音。宣傳部長欣喜地大吼大叫，向國人宣布德國對布爾什維
克黨發動的新戰爭。這聲音來自鄰居的無線電收音機。他的鄰
居是個好人，但患了嚴重的重聽，習慣把收音機的音量開到最
大，好在破曉時分叫自己起床。就連星期日也不例外，正如這
一年的六月二十二日。

　　杜比可夫（Tupikov）將軍用力握住他的手。在俄羅斯軍
官充滿男子氣魄的掌握下，他的關節喀喀作響。丹菲爾特沒
有發半句牢騷。這兩名敬業的職業軍人都沒有洩露半點情緒。
一九四一年七月二日這一天，瑞典人向蘇聯同僚最後一次道
別。他之所以陪同蘇聯人前往萊比錫，並非出於團結精神，也
不是為了表現個人支持，只是重責在身，不得不為。他是駐柏

4　譯注：希特勒於一九四一年七月十七日新成立的政府部門。
5　Staffan Thorsell, *I hans majestäts tjänst*, Stockholm, Albert Bonniers Förlag, 2009, p. 10.
6　出處同前注，p. 44.

林瑞典代表團最資深的武官，依照慣例他非出面不可。

幾個小時後，丹菲爾特向瑞典大使瑞雪特回報那群剛與他分道揚鑣的蘇聯人的精神狀況。這兩個瑞典人惺惺相惜，意見常常不謀而合。特別是關於這場新戰事的結果。他們都認為德國會是贏家，也希望如此。瑞雪特向斯德哥爾摩的主管機關坦言：「就瑞典的核心利益看來，這場戰事最好的結果是德國和芬蘭，戰勝蘇聯。₈」沒有人會對如此明確的立場感到不快或震驚。「絕大多數的瑞典軍官也都這麼認為，₉」瑞典外交部成員剛納・海格勒夫（Gunnar Hägglöf）回憶道。瑞典必須利用這個時機趁勢攻擊、摧毀蘇聯，這可是絕無僅有的大好機會。瑞雪特和丹菲爾特聽著同事安德斯・弗歇爾（Anders Forshell）發表高見。這名瑞典大使館的海軍武官大喜過望，終於有動作了！他堅持瑞典應該拿起武器對抗蘇聯。後者可是非常危險的世仇。與此同時，瑞典居然答應維護蘇聯在德國的權益。

這是出於力求生存的直覺？還是重實務的外交精神？斯堪地那維亞王國究竟在打什麼算盤？一方面，瑞典考慮是否要與德軍並肩作戰，攜手擊垮俄羅斯人；另一方面，又必須確保蘇聯公民妥善平安地離開第三帝國。迪卡諾佐夫可曾對瑞典人曖昧不清的態度起疑？他是否意識到自己和同胞都命懸一線？

儘管載了俄羅斯人的兩班列車如期駛離萊比錫車站，但不消多久，情勢就變得複雜起來。這兩班列車本該一路駛向中立國土耳其，蘇聯也會把遭驅逐出境的德國公民送到那兒，兩國都接回本國公民。這兩班列車在剛被德國瓦解的前南斯拉夫境內行駛五天後，這群蘇聯人才被告知柏林改變心意。他們會

把這群人改送往屬於軸心陣營的保加利亞。困在列車上的蘇聯外交官齊聲抗議，試圖與瑞典人聯絡，要求德國人尊重國際法規。這幾乎令負責通知的納粹人員失笑。他們假意安慰：「來吧，你們瞧瞧，保加利亞可沒被我們的軍隊占領，只不過是德國的盟友罷了。一到保加利亞境內，你們的火車就已經脫離第三帝國的掌控了。[10]」所以一切都很安全。不過事情沒那麼容易，他們加上一句：「但有個條件，除非載了德國公民的火車穿越了俄土邊界，不然你們就不能前進。我們非得回到咱們的地盤不可，留在尼什（Niš）候命。」

　　瑞典人在做什麼？他們為何沒插手？一轉眼，俄羅斯人被困在德國占領的塞爾維亞已經五天了。瑞雪特大使想必已得到消息。他必須立刻採取行動。這兩列火車不宜人居，生活環境每況愈下。德國人只准許乘客一天下車幾分鐘。親衛隊員包圍了蘇聯人，恨不得找到機會舉起衝鋒槍對準他們。前蘇聯大使館成員的車廂裡備有臥鋪，堪稱舒適，至於其他數百位一般公民，這場等待已成了揮之不去的夢魘。他們的車廂沒有任何煮食設備，也沒有自來水。德國人最後決定把他們送到囚犯營，那兒其實是集中營。巴爾幹地區第一座啟用的集中營叫做Crveni Krst，即塞爾維亞語的「紅十字」之意。親衛隊的幽默感還真是

7　芬蘭與德國並肩對抗蘇聯。

8　Staffan Thorsell, *I hans majestäts tjänst, op. cit.*, p. 100.

9　Gunnar Hagglof, Diplomat. *Memoirs of a Swedish Envoy in London, Paris, Berlin, Moscow, Washington*, Londres, Bodley Head, 1972, p. 164.

10 Valentin Berezhkov, *History in the Making..., op. cit.*, p. 108.

獨樹一格。這兒的確收置了許多傷患，但沒人會照顧他們。正好相反。直到南斯拉夫人民解放軍和游擊隊在一九四四年解放這座集中營之前，超過三萬五千名囚犯被送進這兒，只有一萬人得以活著離開。在這個一九四一年七月初，蓋世太保已把數千名塞爾維亞士兵、一些猶太人和許多羅姆人關了進去。裡面的生活環境非常惡劣，毫無衛生可言，守衛老是欺負囚犯。俄羅斯人紛紛生了病。別列什科夫試圖插手，向德國人抱怨，表示代表團的醫生有權去治療他們。但沒人理會他，他也沒有任何聯繫莫斯科的途徑。可恨的瑞典人！瑞典人應該留下來，陪同他們直到雙方交換公民的那一刻。他們本該確保蘇聯公民的安全。然而他們卻不知身在何處，斷了音訊。

這些蘇聯人不知道的是，自巴巴羅薩行動開始的那一刻，瑞典人就面臨了史上最嚴重的政治危機。

一切都始於一九四一年六月二十二日。

巴巴羅薩計畫付諸行動。清晨五點，也就是正式宣戰一小時後，德國人聯絡瑞典空軍指揮部。在接下來的四十八小時，他們必須准許德國和盟友芬蘭的空軍通行瑞典上空。瑞典王國的防空部隊千萬不能插手，千萬不能阻止他們。他們只給瑞典政府幾小時的空檔確認。瑞典人拒絕得了嗎？他們逃得了拒絕的後果嗎？當然不可能。於是他們同意了。為了進一步展現誠意，他們甚至決定本國軍隊無須進入警戒狀態。不然的話，很可能會被納粹認為暗藏禍心。

第三帝國會就此滿足嗎？

當然不會。

瑞典政府才剛屈服於德國的要求，立刻就收到斯德哥爾摩的德國大使館召見的消息。瑞典外交部長和國務祕書急急忙忙趕了過去。等著他們的是一連串冗長的條件，簡直就像上級在命令下屬。德國的要求令人難以置信：部分的德國部隊必須取道瑞典領土，前去攻擊蘇聯。然而瑞典可是中立國呀。而且與此同時，瑞典正答應當蘇聯在德國的「委託保護國」哪。面對瑞典官員的遲疑不安，德國大使回以輕蔑口吻，一副算準了瑞典無法拒絕的神氣。答應嘛，答應嘛，沒什麼大不了的，只是一個小小的師而已，不過少少幾個人，不會有人知道的。

這一師中有多少軍士？幾百人？幾千人？再多一點。英格布萊希特步兵師（Engelbrecht）共有一萬四千七百一十二名軍士。他們原駐紮在瑞典鄰國挪威境內，而挪威自一九四〇年六月就受到德國控制。這一師必須前往芬蘭北部。德國人保證，不會有人在瑞典境內逗留，接著外交官又加了一句，好消息是，柏林不打算派遣更多部隊到這兒來，長久駐紮在瑞典境內。至少目前是如此。

就這些嗎？還有其他要求嗎？

還有幾個無關緊要的小要求。德國有權在任何時刻進入瑞典領空（不像早先白天說的，只要四十八小時就好），也能在瑞典領海通行無阻，並取得瑞典國家電信網路的使用權。

瑞典王國外交部部長克里斯提安・君特（Christian Günther）足足沉默了好幾秒鐘。身為瑞典成為中立國的推動

者，此刻的他心知不管瑞典願不願意，幾乎已快加入軸心陣營。希特勒希望在動用最少資源的情況下，擴大反布爾什維克陣線。君特很快就振作起來。他畏畏縮縮地詢問德國代表：想像一下，這只是一個假設而已，想像一下，萬一瑞典猶豫不決的話呢？外交部長小心地用上各種假設語氣，他可不希望冒犯眼前這位勢力龐大的官員。怎麼樣？要是瑞典回拒的話，會發生什麼事？納粹外交官不需要提高音量回答這個問題。他依舊一派謙和有禮，若無其事，好像只是述說一件事實，一個無人不知的真相。他保證，這會令柏林非常不悅，不用懷疑，第三帝國的高層包括希特勒本人，都會斷定這是「不友善」的舉動。特別是希特勒。不過既然這種事不會發生，我們又何必做這些令人不快的臆測呢。更何況柏林已打算重整歐洲版圖時，特別為瑞典保留一個好席次了。不管如何，一切都聽憑瑞典王國在這場戰事的參與程度而定。至於君特部長一心掛念的中立地位，德國絕對會尊重，說來這只是小小的踰越，無傷大雅。

瑞典兩位官員在德國大使館告退，前往斯德哥爾摩的皇宮。古斯塔夫五世向來英明，從未讓他們失望過。在波濤洶湧的這一刻，他們全心相信他的判斷。國王一臉肅穆地聆聽他們敘述整件事的始末。是否該放任外國的那些納粹士兵穿越領土攻打蘇聯？難道他們得向一名獨裁者低頭屈服，一個過去兩年來不斷威嚇歐洲各國的男人？一個把種族歧視奉為政治原則的人？瑞典願意向這種人臣服嗎？

必須等上三天，人們才能知道結果。

　　經過深思熟慮，國王終於下定決心。不只如此，他揚言要是人們拒絕接受他的決定，他就要放棄王位。年老的古斯塔夫五世——他才剛度過八十三歲生日——毫不猶豫地以遜位為要脅。他在位的三十三年間，建立了受人景仰的名聲，總是輕聲細語，未曾抬高音量。唯一例外是觀賞他熱愛的網球比賽時。他的兒子支持他的決定，甚至跟著威脅子民。他拒絕繼位。如果真發生這樣的情況，瑞典王朝會就此瓦解。斯德哥爾摩的德國大使館把消息傳回第三帝國。瑞典國王使盡全力，以求扭轉瑞典政府的態度，強迫政府接受他認為正確的決定。他到底決定怎麼做？

　　他決定與德國合作！

　　「瑞典國王今天下午召見我……」一九四一年六月二十五日，德國大使向里賓特洛甫發了封列為「非常緊急」和「最高機密」的電報，回報瑞典國王的答覆。古斯塔夫五世「私下表示，他認為必須提到遜位」才能迫使瑞典政府讓步。瑞典答應了德國的要求！而且瑞典國王對此感到萬分榮幸。「他表示內心感到無盡的喜悅。過去這幾天的交涉過程中，他非常緊張不安，不得不親自出面才解決此問題。[11]」瑞典首相格外猶疑不決，最後終於退讓。國王後來在私人信件中，特別向首相表達感激之情：「我希望親自向您道謝，感謝您所做的一切。我知

11 *Documents on German Foreign Policy, 1918-1945. SeriesD (1937-1945)*, volume XIII, *The War Years (June 23-December 11, 1941)*, United States, Government Printing Office, 1954, nº 16, 205/142742, 25 juin 1941.

道您付出了相當大的代價，我對此萬分感激。[12]」

　　隔天上午，第一批德國士兵約莫在十一點踏上了瑞典領土。為了節省時間，德意志國防軍決定經由瑞典鐵路運輸。為了運送整個英格布萊希特步兵師，瑞典足足動用了一百零五班列車。最後一批士兵在一九四一年七月十二日抵達芬蘭。

　　瑞典立刻料到會遭到蘇聯報復。要是俄羅斯人攻擊這些火車的話，該怎麼辦？瑞典難道還能置身於戰火之外嗎？瑞典王國參謀部的核心人士不只設想紅軍可能會發動空襲，甚至期待蘇聯這麼做。如此一來，瑞典就能順理成章地成為德國盟友。瑞典全體部隊早就進入最高警戒，準備隨時與德軍並肩作戰。瑞典軍方高層還發布祕密命令，讓自願出征的軍士更容易實現願望：「我在此呼籲瑞典軍士加入東線戰場，與德國人協力作戰。……選擇投入戰場的軍士，不再是瑞典軍隊的一分子。請在七月十八日前，盡速向陸軍參謀部的霍明（G. Holmin）上尉表達意願。……三軍參謀部部長，海格馬格（H. Haegermark）簽名。[13]」

　　這個提議令瑞典的德國大使館欣喜不已。在瑞典軍方與外交部同意下，可開始挑選首批瑞典派遣隊的軍官。如果可以的話，最好有一名將軍，一名上校，數名低階軍官，再加一個空軍參謀部。雖然德國希望立刻把這些人納入德意志國防軍的編制內，但是瑞典人堅持加入北歐軍團，聽芬蘭指揮部的命令。至於他們的作戰範圍，則限於南芬蘭灣。不能把他們派去俄羅斯大草原，那兒離瑞典太遠了。里賓特洛甫的手下在一九四一年七月七日收到此計畫。柏林的瑞典代表團非常迅速地通知德

國外交部。這下子，瑞雪特和副手丹菲爾特的處境更加棘手。他們該怎麼處置那些困在前南斯拉夫的蘇聯外交官？數百名俄羅斯人被困在保加利亞邊境前已經快一週了。

　　「我們要求瑞典外交官出面！」年輕的別列什科夫已失去耐性。他的良好教養和天生羞怯都已拋開。蘇聯代表團被困了將近一週，只為了等待穿越塞爾維亞和保加利亞國界的許可。迪卡諾佐夫派首席祕書向那個納粹男爵，裝腔作勢的馮·博特曼（von Bothmer）抱怨，他負責掌管整個車隊。博特曼已近壯年尾聲，即接步入老年，他的身材高大瘦削，舉止文雅，行事一板一眼。他維持著德國老式貴族的打扮，右眼上的單鏡片更有畫龍點睛之效。他禮貌地聆聽別列什科夫述說他的無奈，跟著搖頭表示失望，才接口說話。他完全理解對方的酸楚，這片塞爾維亞荒原也令他苦悶萬分。理所當然，他絕對會把俄羅斯人的願望傳達給他們的「委託保護國」瑞典。令人無奈的是，這恐怕得花上好幾天的時間。至於想在尼什這兒找到瑞典外交官，他認為機會不大。別列什科夫不願放棄。那在貝爾格勒（Belgrade）或索菲亞（Sofia）[14] 呢？難道塞爾維亞或保加利亞都沒有瑞典代表嗎？他們可以到這兒來。太麻煩了，太多不確定性。男爵露出了詭異表情，他寧願坦白以告，沒人會來幫他

---

12 Staffan Thorsell, *Mein lieber Reichskanzler! Sveriges kontakter med Hitlers rikskansli*, p. 161.

13 出處同前註。

14 譯注：貝爾格勒與索菲亞分別為塞爾維亞和保加利亞首都。

們的。

　　希特勒火冒三丈，咬牙切齒。這些該死的斯堪地那維亞人，這些維京人的後裔，這些北歐人，他恨不得嚴懲他們，摧毀他們。跟瑞典政府的期望恰好相反，這個派遣一批瑞典軍官幫助德國士兵的提議，令元首大為震怒。他不需要瑞典專家，也不需要他們提供戰術，他要的是能上戰場的基層士兵，出生入死的戰士，不惜代價浴血一戰。他不需要那十幾名軍官，全是群光說不練的傢伙。斯德哥爾摩的提議令他作嘔。無恥放肆之徒，他絕對會給他們好看。晚一點再處理他們。目前德國還需要瑞典王國消極的善意。七月十四日，里賓特洛甫向駐瑞典的德國大使發了訊息：「懇請您以最親切友好的態度，謝絕瑞典政府的好意……。帝國政府向他們致上最誠摯的感謝，他們的提議令我們萬分喜悅與感動。[15]」

　　瑞典人很意外。他們原以為這會討強大鄰國的歡心。丹菲爾特氣得要命。他的政府再一次左右搖擺，拿不定主意。瑞典政府錯失了創造新歐洲的寶貴時機，絕不會再有這樣的大好機會。俄羅斯？他相信幾週後俄羅斯人就會一敗塗地。到了八月就會大事底定。瑞典大使瑞雪特則想盡辦法平息德國人的怒火。要是再惹他們生氣，瑞典就岌岌可危了，恐怕難以保持獨立。他想到了丹麥和挪威的下場，害怕極了。在此情況下，他根本無暇顧及那些困在尼什的俄羅斯人接下來的命運。

　　與此同時，柏林南方數千公里處，載著蘇聯代表團的火車終於發動，準備離開塞爾維亞。乘客全都擠在窗口。那些蓋世

太保沒有向他們揮手告別。他們露出不懷好意的笑容，手中的槍枝都對準了車廂，看來這兩國人民絕無握手言和的可能。他們會不會開火？會不會發動一場大屠殺？車廂內的蘇聯外交官仍不敢相信自己安全了。沒那麼快，在真的踏上土耳其領土之前，什麼都說不準。一九四一年七月十四日這一天，他們終於進入保加利亞國界，告別受德國控制的塞爾維亞。保加利亞尚未向蘇聯宣戰，仍然置身事外。表面上維持中立，但人人皆知不管德國提出任何要求，索菲亞會都唯唯諾諾地接受。既然瑞典人拒絕聲援他們，迪卡諾佐夫和代表團不得不頑強地為自己的自由交涉。

　穿過國界不到幾分鐘，兩班列車就在荒郊野外停了下來，數名保加利亞軍官上了車。蘇聯人必須再次填寫各種表格，確認名單，在烈陽下滿心煎熬地等待。耐性全失的別列什科夫請保加利亞士兵准許他們下車一會兒，透透氣。一些俄羅斯人也隨他的腳步下了車。他們抽菸聊天，音量愈來愈大，有些人還笑出聲來，沒有理由地發笑，畢竟他們全都以為死定了，沒想到……接著他來了。沒有人注意他的到來。他在那兒看了他們多久？他們的笑聲激怒了他嗎？他縱聲大吼，重複同一個命令。「上車！上車！」他站上車廂階梯，削瘦臉孔的五官繃得緊緊的，張大了嘴放聲嘶吼，每個音節都透露著強烈的憎恨。

---

15 *Documents on German Foreign Policy,1918-1945. Series D (1937-1945)*, volume XIII, *The War Years (June 23-December 11, 1941)*, United States, Government Printing Office, 1954, n° 109, 205/142807, 14 juillet 1941.

一看到他的制服，就知道他的身分：這是一名親衛隊員，負責
護送他們的分隊指揮官。

「誰准你們離開車廂？」他一縱身就站到別列什科夫面
前，兩人的鼻子差點就要碰在一起。蘇聯外交官反射性地後退
一步。但指揮官卻緊挨著往前一步，好像恨不得親手毀滅他。
德國人用盡全力講話，連喉間的血管都凸了出來。「我向他解
釋，一名保加利亞軍官同意我們暫時離開列車，[16]」別列什科
夫後來在回憶錄中描述。「我向那名站得有點遠的保加利亞人
打招呼，但他動也不動。」當然他不肯過來。他該怎麼辦？替
這些布爾什維克分子求情嗎？就讓他們自己和親衛隊交涉吧。
那個德國人說不定會赤手空拳地殺死這群人。要是他真這麼做
了，保加利亞人也不會干預，頂多別過頭去。納粹高聲下令，
立刻上車！全都上車！在這兒，他才是下令的人。他是偉大的
亞利安人，新時代的代表，卐字徽的崇拜者，和這些下等的斯
拉夫人不同，他們全是些惹人厭的外國佬。親衛隊員指了指身
後的保加利亞人，好讓大家更清楚他的意思。保加利亞人也是
下等人。對這名德國軍人而言，就連盟友巴爾幹人也比俄羅斯
人好不了多少。沒什麼好討論的。然而年輕的蘇聯人仍不願放
棄：「我們現在已到了保加利亞，不用再聽你命令……」這名
親衛隊軍官不等他說完，他聽夠了。你會說德文，你聽得懂我
說的每句話，你還膽敢抗議，我非把你殺掉不可。他沒真這麼
說，但他的眼神表達了一切。那滿腔憤恨的眼神，比任何言詞
都更精準地表達了他的想法。他伸手握住了手槍。「你倒好好
瞧瞧，誰是這兒的負責人……」

他只是吹牛罷了！這不過是虛張聲勢。他終究沒有射殺任何人。大難當頭，別列什科夫怎能不瑟瑟發抖？他怎沒有崩潰？說不定他其實崩潰了？就算如此，他也不想在回憶錄中承認此事。那一小群人乖乖地回到車廂，因躲過一劫而鬆了口氣。親衛隊軍官站在車廂外，頗為失望地收起手槍，冷冰冰地下了最後通牒：「我們很快就會解決掉你們，不用擔心！」

兩天後，這場歷經千辛萬苦的長征終於到了盡頭。來自莫斯科的列車，載著派駐蘇聯的一行德國外交官，宣布抵達土耳其。雙方人馬將在土耳其邊境的愛第尼（Edirne）交換公民。直到最後一刻，雙方依舊互相猜忌。親衛隊對上了內務人民委員部。土耳其人也焦躁不安，希望盡快解決這燙手山芋。他們檢查每一節車廂，確認乘客名單，要求各方在一份份文件上簽名。火車頭慢吞吞地發動了。俄羅斯人的列車接下來會加速前行。他們先到了伊斯坦堡，接著抵達安卡拉，當地的蘇聯大使館態度冷淡，相比之下土耳其官員倒算熱情。但他們離克里姆林宮還有數千公里遠。大部分人都將艱辛地度過這段漫長旅程，但迪卡諾佐夫和他的副手很快就能回到首都，有架飛機已在安卡拉等著送他們回去。史達林和蘇聯共產黨中央政治局（Politburo）期待立刻接見他們。他們必須好好解釋一番。如果他們還想活下去，就得使出渾身解數才行。

---

16 Valentin Berezhkov, *History in the Making..., op. cit.*, p. 113.

第八章

喪失盟友

柏林，帝國總理府

一九四二年一月一日，新年宴會

　簽名簿：經辨認，共有來自二十六國的七十三名賓客簽名
（另有一個無法辨認的簽名）

圖說：一九四二年新年宴。
此頁有委內瑞拉代表的簽名
（上方數來第三人），但他
的國家在一九四一年十二月
三十一日已與德國正式斷交
（俄羅斯聯邦軍事檔案庫，
莫斯科）。

他的身體無法再承受這一切。過去幾個月來同樣的情節一
再上演，到現在還沒結束，他早就明白接下來會發生什麼事。
他們會懇求他，請求他的保護，拜託他在接下來的戰爭期間幫
幫忙。弗利樹失去了所有熱情。對尊貴的瑞士大使來說，柏林
的日子漸漸失去原本的魅力。雖然目前英國空軍只是不定期地
造訪德國首都上空，但空襲已成日常生活的一部分。這些攻擊
讓瑞士外交官見識到這場擴及數大洲的戰爭的現實面。很少人
敢貿然預測最後的結果。現今的情勢與去年大不相同，人人心
中滿是懷疑與不安。德國原本宣稱會一舉擊敗蘇聯與英國，毫
無疑問地以快如閃電的速度取得決定性勝利，但這目標已被推
遲。恐怕得等過了冬天才會實現，至少戈培爾的部門這麼再三
保證。莫斯科必會敗亡，沒有其他可能。畢竟德國不太可能會
輸吧？德軍直到此刻還沒嘗過敗北的滋味，也沒遇到多少激烈
反擊，第三帝國的敵人只是在垂死掙扎罷了。雖說隨著希特勒
一再派遣軍隊開拓新戰區，第三帝國的敵人也不斷增加，不斷
掙扎。弗利樹身處這片混亂之中，仍維特原本的決策方針，依
舊把賭注押在與德國和諧相處，力求保持中立。隨著納粹愈來
愈激進，唯有上天才知道他的任務變得多麼艱難！

　　有幾個國家？十幾個吧。不，兩倍，甚至兩倍以上。
一九四二年初，瑞士再度同意保護二十幾國在德國的權益。該
死的美國人，該死的日本人，全是他們捅的婁子！自一九四一
年十二月七日珍珠港事變以來，這場戰爭的情勢已完全改變。
隨著亞洲烽火四起，這場戰爭已從歐非兩洲擴展為世界之戰。
更糟的是，德國決定與盟友日本團結一心，拿起武器與華盛頓

為敵。十二月十日，里賓特洛甫通知美國代辦勒蘭・莫里斯（Leland Morris），德國將在柏林時間隔天下午三點半對美國開戰。德國外交部長解釋，羅斯福時不時就批評德國有失公允，實在是太過火了。「戰爭期間的每一分每一秒，德國面對美洲的美國始終謹守國際法的一切規範，但美國政府率先違背原先的中立立場，甚至公開惡意攻擊德國。在此情況下，第三帝國將與美洲的美國斷絕一切外交往來……並且宣布與美國進入戰爭狀態。」幾個小時後，弗利樹得知美國代表團已離開柏林。在此之前，許多國家與德國開戰後都選擇由美國擔任他們的委託保護國。美國大使館一關閉，外交版圖也隨之洗牌。誰會接下美國未完成的任務？

　　瑞士！是的，就是瑞士。所有國家都向瑞士求助。這個小國維持了長久的中立地位，是全球第一個中立國，選擇它擔任委託保護國再自然不過了！瑞士穩定的政治環境舉世聞名，而且沒有遭到日耳曼人任何侵犯；就目前看來，德國顯然不會出兵攻擊瑞士。有誰會舉槍對著這麼一個大方的銀行家，還隨時提供非常優惠的貸款呢！伯恩在去年七月同意借給第三帝國五億三千五百萬瑞士法郎，相當於二〇二〇年的二十億歐元。再說，納粹還在當地銀行存了不少錢呢！當時的數字可超過六億瑞士法郎！，不，納粹絕不會攻擊這位謹慎又殷勤的好鄰

1　*Documents on German Foreign Policy, 1918-1945. Series D (1937-1945)*, volume XIII, *The War Years (June 23-December 11, 1941)*, United States, Government Printing Office, 1954, n° 572, 64/44825-29, 10 décembre 1940.

居。高高在上的德國經濟部長兼帝國銀行（Reichsbank）總裁華特・馮克（Walther Funk），之所以熱愛提醒親愛的好友弗利榭他多麼高興與瑞士政府合作，背後可是有原因的。

就這樣，瑞士不只成了美國在德國的委託保護國，其他原委託美國的國家也轉而尋求瑞士協助。但並非所有國家都選擇瑞士。還有幾個中立國仍與柏林往來，能幫弗利榭分擔一點責任。比如瑞典和葡萄牙。可惜的是，雖然後兩者樂意幫忙，但沒辦法減輕瑞士多少負擔。因為美國人可不是單獨離開，還帶走了大半拉丁美洲的盟友。以官方紀錄來看，共有八國追隨華盛頓的腳步，於一九四一年十二月十一日至十五日之間，紛紛通知德國斷絕外交關係。有些國家甚至更進一步，趁此機會向德國宣戰。哥斯大黎加、古巴、多明尼加共和國、瓜地馬拉和尼加拉瓜就在十二月十一日這麼做。隔天輪到了薩爾瓦多、巴拿馬、海地和宏都拉斯。這些國家原本在德國都有外交代表，也有大使館、領事館和各階官員。當美洲國家變節的消息傳到希特勒耳中，他怒不可遏。他原想靠這些國家牽制羅斯福，因此他們的背叛令他憤恨難平。元首自以為已說服他們站在德國這一邊。向美國宣戰前，里賓特洛甫還特意寫信給每一個南美政府，提醒各國柏林與華盛頓的戰爭與他們無關。「貴國政府與我國的關係沒有任何改變的理由，相信毋需再次強調這一點。」他進一步提醒，相信英明的貴國政府都心知肚明，那些第三帝國對拉丁美洲「懷抱好戰野心的傳言」，全是「掩蓋美國私心的操作，以求維持美國在南美洲的霸權。₃」

可惜這一切於事無補。

　　一九四二年，各國使節團再次頂著柏林的冷冽寒風前來參加新年宴會。再也沒人敢取笑帝國總理府宛如埃及法老陵寢一樣陰森，個個都害怕引來滅國之禍。這一回，他們也不會見到希特勒本人，元首忙著開除那些攻不下莫斯科的無能將軍，想辦法讓該死的布爾什維克分子跪地求饒。元首自一九四一年十二月十九日開始兼任陸軍總司令。不改有話直說本色的希特勒宣布：「主導作戰行動毫不困難，任何人都辦得到。陸軍總司令的角色是在軍隊徹底力行民族社會主義。而我身邊沒有半個將軍能如我所願達成這個任務。因此我決定親自擔任陸軍總司令。₄」

　　外交使節雖未能見到元首本人，但可以好好讀他的新年賀詞。總理府官員將演說稿發給每一個人。賀詞長達數頁，比往年更加冗長。各種保證、威脅、斷言，還有對猶太人的仇恨……洋洋灑灑全是陳腔濫調。有趣的是，他隻字不提蘇聯與英國的奮勇抵抗。唯一稱得上新奇的是，這回希特勒還訴諸宗教神力。「當我們為了人民福祉而奮鬥，就有自信獲得上天庇蔭。直到此刻，我們的努力都得到上天的認可。只要我們繼續貫徹自己的責任，忠心不貳，勇敢前行，祂就會一直站在我們

2　Daniel Bourgeois, « Les relations économiques germano-suisses 1939-1945 », *Revue d'histoire de la Deuxième Guerre mondiale*, n° 121, 1981, p. 49-61, ici p. 50.

3　*Documents on German Foreign Policy, 1918-1945. Series D (1937-1945)*, volume XIII, *The War Years (June 23-December 11, 1941)*, United States, Government Printing Office, 1954, n° 570, 252/164786-88, 10 décembre 1941.

4　John Toland, *Adolf Hitler*, New York, Anchor Books, 1992, p. 955.

這一邊。₅」總理府的廳堂裡，迎賓人員如往年般一板一眼。祕書長麥斯納和副手英瑞克斯一如往常，監視每位賓客在簽名簿上留下大名。一切都很完美，看不出破綻。簽名簿上仍然有數十個簽名，還有很多新名字，再再證明德國沒有被世界孤立。英瑞克斯出聲引導，是的，就在這裡，沒錯，簽下您的大名。他也是，他也可以簽名，還有每一位隨行人員。那些義大利人大為意外，忍不住抬高音量，他們都沒想到自己居然有幸站在簽名簿前。其實是迎賓官員命令他們過來。太讓人驚訝了，他們居然獲准簽名。不，不是獲准，德國只是積極鼓勵他們寫下大名和職位。但那些人根本不是大使或代辦呀？英瑞克斯嘆了口氣。全部的人。包括武官，一級參事，二級參事，祕書，駐外記者，每個人都可以簽。非把簽名簿填滿不可。義大利代表團總共來了十九個人？好極了！有些人甚至沒寫上職銜。全都沒關係……

　　見證這一幕的他國大使百感交集，又是吃驚又是無奈。這一年發生了太多劇變。那麼多強權都拋棄了德國首都。他們心中浮現的當然是蘇聯和美國，這兩國成了民族社會主義的新敵人。希臘和南斯拉夫的代表也黯然下台。這些使節團已失去存續的理由，他們的國家都跟波蘭一樣滅亡了，再也不是主權獨立的國家。它們都在去年被納粹軍隊摧毀和占據。還有那些一口氣銷聲匿跡的南美人，他們都和那個老實的中國大使陳介落得同樣的下場。再不甘願，陳介也不得不卸下大使職務。他花了數週時間盡全力挽回德國，阻止後者承認偽南京政府。那是

日本在一九四〇年三月建立的傀儡國，只代表了三分之一、遭
日本占據的中國。希特勒為此猶豫了好一陣子。一方面，盟國
日本堅不退讓；另一方面，獨立中國也提出了令人心動的論
點。中國願意以難以抗拒的優惠條件向德國提供農產品。然而
巴巴羅薩行動改變了情勢。此刻德國最迫切需要的是日本的支
持。德國必須在幾週內承認南京的偽中國政府。

　　陳介不願就此放棄。一九四一年六月二十八日，他決定先
發制人，堅持與德國外交部國務祕書魏茨澤克會面。外交官這
回振振有辭，語帶威脅。你們打算背叛我們，選擇那個叛賊建
立的偽政府，那個日本的傀儡……陳介的勇氣讓魏茨澤克難
以置信。德國握有世上最強大的軍隊，誰敢以這種口吻對德
國官員說話？一九四一年的這個夏天，希特勒統治的德國屢戰
屢勝（只在英國戰線失利），眼看就要一舉擊敗蘇聯人，很快
就會重演一年前打得法國人潰敗奔逃的情節。魏茨澤克交給外
交部長里賓特洛甫的報告書中，詳述中國外交官直截了當的威
嚇：「大使提到中國人鍥而不捨的精神眾所皆知，他們願意付
出一切維持友好關係；但同時他也表達強烈的怨懟，好像他的
情感深深受到傷害。6」陳介出的這張牌成功了。德國讓步了。
至少國務祕書這麼向他保證。但事實正好相反。當天，魏茨澤

5　Max Domarus, *The Complete Hitler. A Digital Desktop Reference to His Speeches
　and Proclamations, 1932-1945*, Wauconda, Bolchazy-Carducci Publishers, 2007, p.
　2353.
6　*Documents on German Foreign Policy, 1918-1945. Series D (1937-1945)*, volume
　XIII, *The War Years (June 23-December 11, 1941)* , United States, Government
　Printing Office, 1954, n° 48, 191/138784-85, 30 juin 1941.

克就發了封標有最高機密的電報，給人在獨立中國——也就是
陳介代表的那個中國——的德國代表：「拜託您千萬不要向中
國政府提及我們明天就會承認汪精衛政權，的事。8」

　　世上還有比這更難堪的事嗎？第三帝國不只在一九四一年
七月一日正式承認南京政權，還呼朋引伴。德國最親密的歐
洲盟友紛紛仿效：義大利、羅馬尼亞、斯洛伐克、克羅埃西
亞、匈牙利、保加利亞、西班牙和丹麥。這可說把陳介置於死
地。他怎會如此天真？向來那麼冷靜，那麼沉著，熱愛上一世
紀陳腐禮節的他，此刻再也無法控制自己。這一回，他沒有通
知就逕自前往德國外交部。魏茨澤克已料到他會來。他已準備
好了。雖然中國人的語調冷若冰霜，但兩人對話依舊不失禮
貌。中國大使語氣激昂地告知魏茨澤克，中國政府與德國斷絕
一切外交往來。按照慣例，他應呈上正式文書，可惜時間不
夠。而且他也不會這麼做。何必多事？反正時機一到，人在獨
立中國的德國大使自會收到通知。說不定他早就收到了呢？陳
介對此不太清楚。他再也搞不懂世事。待在柏林的這幾年，他
盡其可能討納粹歡心。納粹痛恨猶太人？無所謂，他要求領事
人員別發太多簽證。維也納的中國領事太過熱心，從一九三八
年六月到一九三九年六月間，不到一年就發了三千三百份簽證
給猶太人。在陳介的命令下，維也納的中國領事在一九四〇年
五月被召回中國。

　　這一切的退讓原來都是徒勞?!過了一年，這下子輪到陳介
必須黯然離開德國，像個寄生蟲般被驅逐出境。面對魏茨澤
克，陳介不願洩露內心的慌亂。真是白費心機！那他的同胞

呢？他想到了那些住在德國的中國留學生和商人，他們會發生
什麼事？這少說也有一千人。陳介改變了語調，向德國人懇
求。大使請求第三帝國別把他們當作敵人。當作幫他一個忙，
最後一個忙。更何況中德兩國還沒有水火不容，雙方都沒宣
戰。只是兩國的外交利益有所出入而已，不是嗎？魏茨澤克無
法表現大方氣度，此刻的他得意極了，想到全世界都對他的國
家如此恐懼，誰能不神氣活現呢？他考慮了一會兒才冷淡回
覆，最後還不忘送上威脅的冷笑：「我們對中國公民的態度以
及其他事務，全看蔣介石掌控的中國如何對待當地的德國人而
定……，」

　　美國人、俄羅斯人和中國人……攤開全球地圖，這三國占
地廣大，相比之下版圖狹小的納粹帝國幾乎無足輕重。而在
一九四二年一月一日這一天，這三國的共通點是，他們都出兵
對抗軸心國。獨立中國最後也向德國和其盟國義大利宣戰。那
是一九四一年十二月八日，珍珠港轟炸事件隔天。陳介事先
警告過魏茨澤克，中國人很有耐性，但觀察力也很敏銳。前大
使是否還掛念著他的同伴，那些留在柏林的各國外交官？此刻
他人在紐約，在美國新朋友的簇擁下歡慶新年。德國有多少人

7　日本人任命汪精衛擔任南京國民政府領袖。

8　出處同注 4, p. 171.

9　*Documents on German Foreign Policy, 1918-1945. Series D (1937-1945)*，volume
　　XIII, *The War Years (June 23-December 11, 1941)*，United States, Government
　　Printing Office, 1954, n° 68, 191/138817-18, 3 juillet 1941.

暗暗羨慕他？德國首都如今變得陰沉可怕，好像老披著一層送
葬面紗。沒向軍隊或親衛隊報到的德國人，全都在工廠裡日夜
趕工，直到筋疲力盡。男性勞動力不足，德國轉而徵調全國婦
女，只有家有幼童的人逃過一劫。全國工人不分男女都必須增
加勞動量。每天工作超過十二小時是家常便飯。未經政府核
准，不得任意變換工作。只要在工作場所違反任何規定，就會
遭到嚴厲懲罰，甚至被關進集中營。根據民族社會主義原則，
每一個公民都屬於國家。國家強大就能保護人民，而人民必須
為此犧牲一切，首當其衝就是自由。戰爭迫使政府頒定愈來愈
多的限制。全國產業體系都用來支持軍事需求，製造武器、鍋
具、制服、軍靴、糧食……也就是進攻歐洲和其他地區的德國
軍隊所需要的一切物資。人民也必須學會挨餓。他們不會抱
怨，不敢抱怨，他們選擇了希特勒，希特勒是他們的共識。然
而各國外交官的看法與人民大不相同。

　　墨西哥代辦納巴若於一九四〇年三月上任。他受夠了。他
苦悶地表示他們什麼都缺。「蛋成了非常珍貴的物資，一週只
能領一顆。奶油和食用油也都成了奢侈品，政府一個月只配給
五百克。 10 」值得慶幸的是他很快就會離開柏林。他一拿到出
境簽證就能回家鄉。墨西哥政府已於十二月十二日與德國斷
交。好極了。墨西哥外交官再也受不了妄自尊大的納粹和他們
的暴行。斷交前一個月，他和南美洲各國代表在十一月齊聲要
求德國政府別再在法國處決人質。這讓他們惹了大麻煩。德國
人非常惱火，要求他們和其他使節一樣乖乖聽話，當個稱職的
配角。第三帝國要殺誰就殺誰，想何時動手就動手。納巴若還

記得接下來幾天，墨西哥使館的信件被德國情報人員明目張膽地攔截。「這使我不得不向柏林的外交部寄出一封言詞激烈的抗議書。我隨信附上那些信封，雖然墨方加以密封並印上火漆，但仍被德國情報人員拆開。」德國官員的回覆令他啞口無言：「他們只以口頭向我解釋，那是因為信封上的地址不清不楚，審查人員才會犯了點小失誤。[11]」

　　令人意外的是，一九四二年的新年宴會進行得非常順利。迎賓人員欣喜地指出，並非所有美洲國家都背棄了德國首都。德國的「朋友」，那些繼續公開支持希特勒執政風格的國家都派了很多官員出席。宴會廳裡，光是阿根廷人、玻利維亞人和巴西人就占了一大半。其他國家則持保留態度，行事比較謹慎，甚至有點坐立難安。烏拉圭、巴拉圭、厄瓜多……全都只有寥寥幾人出席。不用懷疑，他們接下來會一一背棄德國。還有些根本不該現身的魯莽傢伙，比如委內瑞拉的代辦和尼加拉瓜的代表。他們來帝國總理府幹嘛？他們的政府都已和德國正式斷交。拿委內瑞拉來說，委德兩國前一天才剛斷交，代辦拉斐爾‧安格瑞塔‧艾爾維洛（Rafael Angarita Arvelo）剛剛卸下職務。至於尼加拉瓜使節托馬斯‧弗朗西斯科‧梅迪納（Tomas Francisco Medina），他的國家從一九四一年十二月

10 Francisco Navarro, *Alemania por dentro, op. cit.*, p. 248-249.
11 出處同前注，p. 262.

十一日就向德國宣戰，這之後已經過了整整三週，他竟然還出席官方宴會。但還不只如此。即使有時差，尼加拉瓜人也不可能不知道自家政府幾個小時後會在紐約做什麼。他們會再一次侮蔑希特勒政權，甚至提出比宣戰更可怕的宣言，他們保證會徹底摧毀、完全殲滅民族社會主義。一九四二年一月一日的同盟國公開宣言，尼加拉瓜也會參上一腳，誓言對抗軸心國。美、英、蘇、中和另外二十四國，包括尼加拉瓜，一起簽定了《聯合國家宣言》（Déclaration des Nations）。它明白宣示：「每個國家都會盡力投注軍事和經濟層面的所有資源，對抗簽下三方協約的軸心國……絕不能自行與敵國簽下停戰或和平條約。」

當梅迪納在一月二日，通知德國尼加拉瓜簽下《聯合國家宣言》時，德方的反應違背了公平原則（Fair Play）。德國禁止梅迪納離開，將他軟禁在使館內。南美洲其他國家的外交官也都面臨同樣的命運。他們膽敢背棄德國？還妄想離開？把他們全關起來！希特勒下達了命令。沒有他的允許，誰也不能走。這些聽命於華盛頓的奴才！他晚點再來收拾他們，必得讓這些人付出代價不可。一定是猶太人的陰謀。那些該死的「國際猶太社群」想必操縱了這些「墮落的」國家。就連尼加拉瓜共和國也簽了《聯合國家宣言》！為什麼這消息令人如此震驚？這個加勒比海小國，不是從一九三八年起就歡迎德國猶太人移民過去嗎？那是二戰爆發前，埃維揚會議做出的決定。

拉斐爾・楚希約（Rafael Trujillo）不需要希特勒傳授任何獨裁祕技或個人魅力。他也是個受到全民愛戴的一國領袖。他

從一九三〇年起統治多明尼加共和國，這個以西班牙文為官方語言的國家與海地共享伊斯帕紐拉島（Hispaniola）。楚希約和希特勒的共通點顯而易見。希特勒打算將柏林改名為日耳曼尼亞？楚希約更進一步。多明尼加首都原名為聖多明哥（Saint-Domingue），他藉由賦予其更莊嚴的新名字，反映這座城市所象徵的一切。他把首都改名為楚希約城（Ciudad Trujillo）。他的出生地聖克里斯托巴（San Cristobal）也一樣，從此以後被稱為楚希約。那多明尼加和加勒比海地區的最高峰杜阿提峰（Pico Duarte）呢？當然改為楚希約峰。當希特勒成為德國人民的「元首」，代表領導之意，楚希約則另創稱號：「恩主」（el Benefactor），意指大恩人。希特勒只是名下士[12]，但楚約希可是最高統帥和海軍司令。前者痛恨猶太人，後者則不。楚希約痛恨的是海地移民。為什麼？原因很簡單，他們是黑人。楚希約希望多明尼加共和國只有白人，像他一樣的白人。其實最好不要完全像他一樣。楚希約的外公是海地人。祖先的血統讓他的皮膚顏色深了些，多了一層晦暗色澤，很容易就被曬黑。惡意攻訐他的人宣稱，楚希約為了遮掩「不純」的血統，會在官方場合使用化妝品讓皮膚變白。不管如何，楚希約認為他的國家接納了太多海地人。那些在蔗田裡揮汗如雨、領著微薄薪資的黑人農工都必須消失才行。一九三七年十月，德國人還沒想出猶太人的「終極解決方案」，他已下令以極端暴力解決海地

---

12 譯注：希特勒在德軍的最高軍階原只到下士。

黑人的問題。把他們全殺了！

　　當地歷史稱這場大屠殺為「大斬殺」（El Corte）。理由很簡單。多明尼加人手持刀子或長彎刀處刑。政府明令禁止使用槍炮類的武器。這樣才能宣稱那些「入侵」的海地人和多明尼加農民起了爭執，一發不可收拾。楚希約可不希望被國際社會視為殘忍的屠夫。結果十分慘烈，多達一萬人喪命，實際數字甚至可能加倍。至今這場屠殺仍被視為第二次世界大戰第一場大規模的種族屠殺。

　　一年之後，埃維揚會議於一九三八年七月召開，世人非常關切德國猶太人的命運。必須想辦法拯救這些人。誰願意接納他們？沒有人出聲。只有楚希約。這下殺人犯成了救世主。他願意為猶太人提供十萬份簽證。他打的算盤很簡單：他不但能藉此重建國際名聲，還能為本國引進白人移民。埃維揚會議後過了五個月，他在一九三八年十一月派遣羅貝托・戴斯帕瑞多（Roberto Despradel）前往柏林擔任駐德大使。戴斯帕瑞多原是名記者，是楚希約的親信。他的兄弟阿圖羅・戴斯帕瑞多（Arturo Despradel）是外交部長，也是他的直屬上司。猶太人問題就由這一家人全權處理。諷刺的是，戴斯帕瑞多兄弟毫不掩飾對歐洲專制政權的著迷，熱愛法西斯和民族社會主義。希特勒和楚希約惺惺相惜，前者也派了名大使長駐楚希約城。見證此事的英國代表擔憂地表示，元首試圖「利用多明尼加政權的親納粹和反美立場[13]」。德國海軍對加勒比海島國的海岸線特別感興趣。多明尼加擁有眾多深水港，萬一德國與美國開戰，這些情報可能會帶來不少優勢。除此之外，還有不少關於納粹

間諜的流言。他們可能已與多明尼加政權打上交道。

一九四一年十二月十一日，三年過去了。羅貝托準備告別柏林。他的兄弟阿圖羅要他關閉使館並打包回國。多明尼加共和國選擇美國陣營，向德國宣戰，令眾人吃了一驚。楚希約是名務實的暴君，也是個巧妙的交涉家。他不只說服美國人忘記海地人大屠殺，而且他的加盟還賣了個好價錢。他迫使華盛頓同意提供優惠貸款，供應軍事物資和訓練人員，並在多明尼加境內各處建立空軍基地網。至於發給德國猶太人的十萬份簽證，已被人們拋在腦後。多明尼加很快就發現根本無力接納那麼多移民。政府重新評估後，把數字降為五千人。人在柏林的羅貝托是否達成這個目標？一九三九年，也就是開放猶太移民第一年，只有五十名猶太難民抵達伊斯帕紐拉島。大部分都年老力衰，對農業一竅不通。然而，多明尼加大使早先卻向獨裁者保證會引入雙手長滿繭的健壯農民。這些男男女女會把遭人遺棄的老香蕉園改造成肥沃的農田，就像巴勒斯坦的基布茲（Kibboutz）[14]。

至少，這是楚希特的幻想。按理，猶太移民應在多明尼加北部，索蘇阿（Sosua）附近地區建立一個興旺的殖民群落。那裡是整座島最貧困的地區之一。這項移民計畫在一九四一年告

---

13 Eric Paul Roorda, *The Dictator Next Door. The Good Neighbor Policy and the Trujillo Regime in the Dominican Republic, 1930-1945*, Durham, Duke University Press, 1998, p. 205.

14 譯注：由猶太人創造的一種務農的集體社區，首見於一九○九年，當時為顎圖曼帝國一部分的巴勒斯坦地區。以色列於一九四八年建國後也發展了同樣的集體社區。

終，因為納粹對猶太人封閉了整個國界。沒人能離開德國。聖多明哥的猶太區早就宣告失敗。人們全都垂頭喪氣。他們之中有音樂家、商販、律師、教授、教士，但沒有半個熟悉農務的人，沒人體驗過這種鄉間生活。炎熱的氣候，貧瘠的土壤，熱帶特有的疾病，全都消磨了他們的意志。總計下來，只有不到一千名猶太人到多明尼加共和國試運氣。留下來的人更是少之又少。大部分人一有機會就急忙逃往美國。

　　多明尼加共和國、中國、古巴、瓜地馬拉……這些叛徒全讓瑞士大使弗利樹灰心喪志。一九四二年的新年宴會，他沒有前往總理府。他寧願派代辦卡普勒代表出席。表面上他以健康因素為藉口，但更重要的原因是美國參戰，而且美國要求瑞士擔任美國在德國的委託代表。怎麼做才不會激怒納粹？弗利樹在同意美國的請求前，先見德國官員，要後者放心瑞士絕不會改變中立立場。德國一開始佯裝不悅，其實想趁機交涉新的商貿合約，特別是軍需品的補給。瑞士在一九四〇年至一九四四年間出口的武器和火藥，百分之八十五都送往軸心陣營。德國工程師特別著迷赫爾維蒂聯邦鐘錶工藝。這對德國火炮計畫的雷管安置很實用。弗利樹再次為了滿足德國人的需求，傾盡全力遊說本國政府。千萬別惹德意志帝國生氣，千萬別加入這場世界大戰。他拒絕道德判斷，不願評斷愈漸激進黑暗的德國政治。「雖然這種說法也許有點過時，但中立國絕不能干涉外國政治，[15]」他在戰後所寫的回憶錄中為自己辯護。

　　但弗利樹幾天後就崩潰了。一九四二年一月二十九日，他

要求休假。他渴望離開，遠離柏林一觸即發的情勢。「我懇求您准許我於下週回到伯恩，」他向上級表示，「基於健康因素，我必須安排三週假期，之後才能重回崗位。」此刻適合離開德國嗎？他保證。一切都井井有序，瑞士與德國官方的關係從未如此和諧。那些在十二月要求瑞士保護的國家呢？弗利樹的手下處理得非常完美。「已設立特別部門加以處理，運作得十分順利，毫無阻礙……」就假設而言，瑞士保護的國家名單說不定很有可能在不遠的未來進一步增加。何時？很快就會發生。但弗利樹不想討論這件事。至少不是現在。他的精力有限，請見諒，他必須為自己的健康著想。「即使接下來幾天或數週內，更多的南美洲國家請求我們負責維護他們的在德權益，我也沒有待在柏林的必要…… 16」弗利樹在一月二十九日提出歸國要求，絕不是偶然。里約會議剛於前一天在巴西結束。美洲二十一國的外交部長在美國的牽線下齊聚一堂，開了整整兩週的會。

華盛頓的目標再清楚不過：團結整個美洲的勢力，一同將軸心國置於死地。首先，美國要求出席各國與德國及其盟友斷絕一切外交關係。面對拉丁美洲各國的外交部長，美國副國務卿薩姆納・威爾斯（Sumner Welles）一開始就定下主調：「只要希特勒主義和他那些可怕害蟲沒被徹底消滅，只要軍國主義的

15 Hans Frolicher, *Meine Aufgabe…, op. cit.*, p. 58.
16 Schweizerisches Bundesarchiv BAR#E2500#1968-87#425#23, 29 janvier 1942.

日本沒被擊潰，就不可能有和平的一天……他們必須明白他們
再也不能任意摧毀世界各地，一代代男女女的性命。」人們
禮貌地舉手鼓掌，但少了幾分熱情，理由很簡單：並不是每個
國家都痛恨納粹。何必摧毀希特勒？何必打敗民族社會主義？
美洲有好幾個國家首領都非常景仰元首的魅力。特別是玻利維
亞、智利、巴西和阿根廷。要他們背棄第三帝國，美國必須耗
費漫長時間多方交涉才行。但威爾斯辦到了。雖然不是全部，
但絕大部分的國家都先後與軸心國斷交。烏拉圭和祕魯於一月
二十五日宣布，巴西和玻利維亞則在二十八日行動，隔天輪到
厄瓜多，三十日則是巴拉圭。只剩下智利和阿根廷仍堅持原本
的立場。

　　德國人嘗到被背叛的苦澀。連玻利維亞都轉身而去。玻
利維亞駐柏林大使館的首席祕書菲德利科・尼爾森—雷耶斯
（Federico Nielsen-Reyes）不是熱忱地崇拜希特勒嗎？他不是老
吹噓自己是第一個把《我的奮鬥》（*Mein Kamph*）翻成西文並
出版的人嗎？那是一九三五年的事。德國的盟友避免不了這波
民族社會主義的浪潮，更何況玻利維亞還受數名親納粹的軍事
強人統治。玻利維亞長年來經歷了一場又一場的政變，權力不
斷輪替。再加上玻利維亞的日耳曼族群很有影響力，數年來得
以替當地與民族社會主義建立密切關係。衝鋒隊原是納粹黨內
主要的軍事部隊，殘暴的恩斯特・羅姆（Ernst Röhm）17 則是衝
鋒隊的首腦，但在一九三四年的「長刀之夜」被希特勒剷除勢
力。羅姆曾經接受當地高官委託前往玻利維亞，在一九二八年
至一九三〇年間組建並重整軍隊。當時他趁機宣揚希特勒的思

想。十年過後，那些曾受羅姆訓練的年輕軍官都成了掌控國家的大人物。既然如此，這些人怎會在一九四二年一月轉頭倒向美國呢？

這全歸功於同盟國的一項祕密行動。一個令人嘆為觀止的巧妙計謀。

一切始於一九四一年夏天。

當時的玻利維亞總統恩里克・佩涅蘭達・德・卡斯提悠（Enrique Peñaranda del Castillo）是名四十八歲的將軍，雖然剛取得政權一年，但已成了史上最不受歡迎的總統。他以血腥暴力鎮壓抗議活動，但這沒有惹惱美國。只要玻利維亞繼續穩定地把黑鎢礦送進美國，兩國就相安無事。黑鎢礦是製造高級鋼材的重要原料，航空業特別需要。玻利維亞擁有豐富的黑鎢礦層，是全球產量最豐富的地區之一。華盛頓絕不能放任玻利維亞朝軸心陣營靠攏。再加上美國情報機構也非常擔心不受人民愛戴的佩涅蘭達會投向軸心國。可幸的是，一場謀畫中的政變阻止了佩涅蘭達。一九四一年七月十八日，派駐玻利維亞首都拉帕斯（La Paz）的美國大使道格拉斯・詹金斯（Douglas Jenkins）要求與玻利維亞外交部長緊急會面。茲事體大，他一邊保證一邊遞給部長一份文件。那是一封信件副本，正本先被

---

17 譯注：原是納粹運動早期的高層，組織了衝鋒隊，但希特勒在一九三四年「長刀之夜」偽稱羅姆意圖發動政變，即「羅姆政變」事件。

英國情報機構攔截後再轉交給美國聯邦調查局。收件人是駐玻利維亞的德國大使恩斯特‧溫德（Ernst Wendler）。請您好好讀一下，美國大使強調，這與貴國政府的安危關係密切。他的表情如此凝重，玻利維亞外交部長被說動了。那封信來自柏林，由派駐德國的玻利維亞武官艾利亞斯‧伯蒙提（Eliaz Belmonte）少校寄出。為什麼這名三十六歲的年輕軍官會寄信給一名德國大使？詹金斯沒有回答部長的疑問。讀吧，讀吧，您讀了就知道。「時機已近……政變……為了解救我們不幸的國家……」部長不敢置信。他那名人在柏林的武官居然打算在駐玻利維亞的德國大使協助下，發動一場政變？您的情報來源是什麼？您從何處取得這封信件？部長語帶威脅，他可不喜歡被當成傻瓜。這個副本不足以當證據，他要求看到正本。美國人靠近部長，壓低語調，要他保密，完全保密，這個消息絕不能洩露出去，至少現在不能。您會明白的。請去做您認為正確的事。不管發生了什麼事，您可不能宣稱自己不知情。

　　過了兩天，一九四一年七月二十日，柏林。里賓特洛甫搞不懂為什麼他的助理那麼希望他讀一份快訊。從哪寄來的？玻利維亞？那就送到「南美」事務部吧。德國正與蘇聯交戰，里賓特洛甫沒空處理玻利維亞事務。但那名公務員再三堅持。德國外交部長心不甘情不願地接過電報。「今日媒體頭條是全國發布了戒嚴令，而且我被判定為『不受歡迎人物』。18」德國大使溫德顯然是在匆忙之間寫下這封信：「內政部長在記者會上宣布，親民族社會主義人士正謀劃一場政變，且德國外交代表團也涉入此事，政府已握有證據。」政變？為什麼要在

玻利維亞發動政變？里賓特洛甫還能保持鎮定嗎？誰知道呢。溫德認為同盟國與玻利維亞政府聯合密謀，而受害者正是自己：「因民生物價節節上漲，大部分人民對政府積怨已久……而玻利維亞政府透過這個駭人聽聞的威脅行動，驅逐反抗的媒體，並以此壓制反對派聲浪。」這場外交危機似乎毫無出路。德國大使提議委託德國可靠的盟友出手干預，某個值得信賴、講話又有分量的外交官，最好是派駐拉丁美洲的代表，比如拉帕斯的梵蒂岡教廷大使。不！里賓特落甫決定親自寫這封電報。「不！」不能交由教宗的使節處理。他們毫無用處。

　　美國人額手稱慶。這場陰謀雖稍嫌粗劣，但大獲成功。玻利維亞總統是否真相信德國人打算推翻他？還是他只想趁機鞏固自己搖搖欲墜的政權？不管如何，伯蒙提少校成了被納粹收買的叛國者。戈培爾的宣傳部門試圖扭轉情勢，策劃了一場媒體反擊。玻利維亞武官寫了封信，經過希特勒親自批准，於七月二十八日星期一發送給德國和外國的新聞媒體。伯蒙提宣稱自己清白。他從沒和玻利維亞的德國大使往來。這場政變絕對是個陰謀，意圖削弱德國在拉丁美洲的權益。德國情報與媒體部長警告手下：「我們必須將『伯蒙提事件』塑造為美國總統愛用的猶太流氓手段，以此破壞各國關係。我們必須動用所有

---

18 *Documents on German Foreign Policy, 1918-1945. Series D (1937-1945)*, volume XIII, *The War Years (June 23-December 11, 1941)* , United States, Government Printing Office, 1954, nº 135, 199/140898-99, 20 juillet 1941.

資源散播這個消息，讓人人都知道這件事。[19]」

　　但這並不夠。玻利維亞不會改變決定。伯蒙提因叛國而被革職，從軍隊除名。他在柏林待到一九四四年十一月，接著搬到佛朗哥統治的西班牙定居。一九七九年，偽造所有相關文件的英國間諜向記者揭露這場騙局。玻利維亞當局後來在一場官方儀式中洗刷伯蒙提的冤屈。七十四歲的他甚至獲得榮譽將軍官階。德國大使溫德則於一九四一年七月逃到智利。接下來數週，他努力向上級證明自己從未參與這場傳說中的叛變。證明自己的清白後，他在幾個月後前往泰國出任大使一職。至於玻利維亞總統，他宣布全國戒嚴後得到了一項大禮：美國全力支持玻利維亞的經濟發展，提供一切所需資源。但這不足以保住他的執政權。一名年輕軍官在一九四三年十二月發動政變，成功推翻佩涅蘭達。這次可不是騙局。

---

19 *Documents on German Foreign Policy, 1918-1945. Series D (1937-1945)*, volume XIII, *The War Years (June 23-December 11, 1941)*, United States, Government Printing Office, 1954, n° 158, 203/141669, 27 juillet 1941.

第九章

終能返國

柏林，帝國總理府
一九四二年四月二十日，元首五十三歲壽宴
簽名簿：共有來自二十二國的一百四十九名賓客簽名

　　總理府迎賓人員費盡全力，終於在元首五十三歲誕辰這一
天，勉強維持一切如常的表象。他們從沒允許過那麼多賓客踏
上大廳的寬闊地毯。義大利代表團派了二十六人出席，自以為
打破紀錄，但還是輸了日本人一截。自從德國站在日本這邊，
同聲向美國宣戰後，日本帝國代表團絕不放過任何對第三帝國
展現忠誠的機會。一九四二年四月二十日這一天，共有三十九
名日本外交官出席。相較之下，一年前只有三人前來慶祝元首
的五十二歲壽宴。結束假期的弗利榭注意到柏林外交圈依舊持
續蛻變。一九三九年，二戰爆發前夕曾有多達五十三國的外交
使節聚集於此，到了一九四二年只剩下二十二國。南美各國使
節團前些日子先後離開，讓總理府冷清了些。南美國家向來喜
歡呼朋引伴，樂於接受迎賓人員的邀請，如今他們的缺席格外
醒目。而選擇留在柏林的阿根廷和智利外交官更是顯眼，他們
甚至在今年大幅度擴編。智利代表團共有九人出席，大使本人

TAG	NAME DES BESUCHERS	WOHNUNG

53.GEBURTSTAG

20.4.1942

圖說：一九四二年四月二十日，元首五十三歲壽宴。最上方是教廷大使奧薩尼戈的簽名。下方則是愛爾蘭大使威廉‧瓦諾克（William Warnock），以及義大利大使艾爾菲里（俄羅斯聯邦軍事檔案庫，莫斯科）。

圖說：續，一九四二年四月二十日。此頁上有多名日本外交官簽名，最下方則是滿州國使節呂宜文及其祕書王替夫的簽名（俄羅斯聯邦軍事檔案庫，莫斯科）。

當然沒有缺席，所有的陸軍、空軍武官，還有參事和代辦也都來了。

　　相比之下，阿根廷只派了五人出場，簡直太低調了些。他們知道德國人有沒有善待那些往昔的各國外交官？那些人是否全安然回到自己的國家？那些哥倫比亞人、巴西人、墨西哥人、古巴人……究竟去了哪裡？這問題可交由弗利樹回答，因為瑞士成了大多數國家在柏林的代表。他敢不敢承認，事情發展不如原先計畫般順利？他可敢承認，自己在假期前對瑞士上級的保證壓根沒有實現，他根本無力控制情勢？他在一月底是怎麼說的？「一切都運作得十分順利，毫無阻礙……」全是一派胡言。

　　一點也不順利。

　　一片混亂！

　　遠離了第三帝國新總理府和首都那些美麗的街區，在柏林西邊五百公里處有座祥和的溫泉小鎮，叫做巴德瑙罕。將近一千名的各國外交官、大使館職員和平民全被困在這兒。希特勒的生日與他們無關。這一年，他們的名字不會出現在官方賓客名冊中。事實上，簽名簿再也不會出現他們的名字。然而他們仍滯留德國境內。他們都來自那些在一九四一年十二月到一九四二年一月間與德國斷交的國家。這些人被德國政府軟禁了五個月。就像蘇聯的外交人員一樣，各國必須與德國進行一連串複雜的交涉才能換回公民。只是這回牽涉的可不是一、兩個國家，而是整個美洲大陸。

　　隱身於山林綠野間的巴德瑙罕是聞名國際的溫泉勝地。除了設有數間豪華飯店和一家賭場，甚至還有一座專屬車站，由此可見這兒曾經多麼熱鬧繁華。歐洲各地的遊客前來這座小城休養身心，治療心臟疾病，品嘗天然氣泡礦泉。其中不乏明星與國家元首夫婦。比如奧地利皇帝法蘭茲・約瑟夫一世（François-Joseph）和他暱稱茜茜、聲名大噪的皇后伊莉莎白（Élisabeth）、俄羅斯末代皇帝尼古拉二世（Nicolas II）、俾斯麥（Bismarck）、理查・史特勞斯（Richard Strauss），連羅斯福也來過此地。未來的美國總統當時不過九歲，和父母在此逗留了數個月。他六十三歲的父親詹姆斯（James）來這兒是為了療養虛弱的心臟。年幼的羅斯福就是在當地小學學會德文。然而到了一九四二年，達官貴人聚集的歲月已成了巴德瑙罕遙遠的回憶。基於安全因素，戰事爆發後各家旅館已關門大吉。為了迎接剛被逐出柏林外交圈的各國使節，這些旅館三個月前才重新開張。來自二十多國、國籍各異的人們聚在此地，不只是大使館各級公務員和他們的家人，還有其他住在德國的拉丁美洲人和眾多記者。總計共有將近一千人。他們全被送進早已歇業的飯店裡。

　　美國人享有特別優待。納粹讓他們住進耶什克大飯店。往日的廣告折頁傳單把這兒形容得宛若人間仙境：

　本城唯一擁有私人溫泉浴池的飯店

　　設有兩百間客房及一百間私人浴室，每間房都備有自來水和長途電話網路

飯店廚藝遠近馳名
附有高爾夫球場和網球場，可從事釣魚和射鴿活動

　　各國人士獲得的待遇有如天壤之別，墨西哥代辦納巴若酸溜溜地質疑道：「為什麼待遇如此懸殊？為什麼納粹不讓我們也住進耶什克大飯店？那兒明明容得下四百人，不是嗎？美國外交官和他們的家人合計起來也不過一百七十五人，還有空間容納我們。是不是大國代表就能享有與眾不同的禮遇，而我們這些拉丁美洲國家就配不上？」每個美國人都能住在舒適寬敞又有暖氣的大房間，還有獨立衛浴，簡直是在度假！但納巴若搞錯了。如今的大飯店已不復往日盛況。所有職員早在好幾個月前就被辭退，只有總經理還守在這兒。飯店的生活水準很差勁。暖氣和電力早被切斷，家具和浴巾床單也都被收進倉庫。必須等上好幾天，飯店才能稍稍恢復基本的舒適度。

　　但南美各國外交官甚至連基本舒適都無福享受。他們被送進管線不通的寒冷宿舍。委內瑞拉代辦艾爾維洛住進布里斯托飯店，哥倫比亞人、墨西哥人、古巴人、多明尼加人和瓜地馬拉人也在此落腳。這棟建築有點年代，「在上個世紀，這兒想必是座現代化的飯店，但如今不過是間三流旅舍，2」艾爾維洛描述道；對他來說，這次旅程從一開始就是場惡夢。納粹公務員分派房間時，他氣得滿臉通紅。他分到的房間連浴室也沒有。憤憤不平的他要求獲得更好的待遇。他自認是委國代表團最高階官員，本應獲得比其他職員更好的禮遇。他拉高嗓門，厲聲抗議。其他人都有澡盆，為什麼他沒有？「對方也大聲地

用德文回答，」艾爾維洛在回憶錄中描述。但德國人這步棋下
錯了。他還沒見識過這名拉丁美洲外交官的火爆脾氣。「身為
一個堂堂正正的委內瑞拉人，為了我身上流淌的祖國之血，也
為了我向祖國奉獻的熱血，我正面迎擊。就這樣引發了第一個
事件。₃」艾爾維洛終於稱心如意。也許墨西哥大使胡安・阿茲
卡拉特（Juan Francisco Azcarate）將軍沒他凶悍？不管如何，阿
茲卡拉特住進那間只有三平方公尺大，既沒暖氣也無洗手台的
房間。他必須像別人一樣，黎明即起，拿著浴巾，躡手躡腳地
奔到樓梯那兒的公用浴室，好搶在熱水被用完前盥洗一下。

　　如此狹小的空間，讓多人群居的生活變得苦悶不堪，難以
忍受。更別提那四名隨伺在側的蓋世太保──還有「一名晚上
老是喝得醉醺醺的守門人₄」──再再都提醒這些外交官，他們
的處境跟囚犯差不了多少。只能外出一小時，透透氣，也許做
點運動。不但每天限定一小時，還只能在早上外出。不過慷慨
的德國人很快就同意擴大散步的範圍。擴大到整座城市。整個
巴德瑙罕。他們走過整個教區，經過那些冰冷潮溼的街巷，全
鎮只剩寥寥幾家商店還有營業。然而德國人厲聲用德文限制他
們的行動。不行！不准進去商店！你們不准進去，不能逗留。

1　Francisco Navarro, *Alemania por dentro, op. cit.*, p. 270.
2　Rafael Angarita Arvelo, *Historia y crítica de la novela en Venezuela y otros textos*, Mérida, Universidad de Los Andes Vicerrectorado Académico, Coleccion Clásicos del Pensamiento Andino, 2007, p. 126.
3　出處同前注，p. 126.
4　出處同前注，p. 128.

不准抗命。沒有討論的餘地。那可不可以閒聊？和居民說話？
不行！「我們一整群人只能直直往前走，不能分開，」納巴若
細述當時情景，「蓋世太保在我們的身後虎視眈眈，好像我們
是一有機會就會逃跑的罪犯。₅」只要違反規定，就得面臨集體
懲罰。有回散步途中，一名婦人出聲抱怨。她疲倦無力，衰老
的雙腳實在受不了室外的嚴寒，她想回到室內暖暖身子。沒問
題。蓋世太保當然能體諒她的處境。老太太想留在房間裡？好
極了，就把她關在那兒八天八夜吧。其他人也是。全部的人一
起關禁閉。

　　蓋世太保的嚴厲無情令各國外交官大為吃驚。他們雖被德
國當局軟禁在不同地點多時，但在此之前未曾親身體驗過納粹
的威權專制或暴力。當然有些人還記得水晶之夜，還記得希特
勒滿腔憤恨的演說。也有些人想起猶太人的命運。這些外交人
員中，有多少人曾經歷猶太家庭的苦苦哀求？他們渴望獲得
簽證，逃離蓋世太保……納粹追蹤他們，凌辱他們，他們的死
期已近。那些絕望的男男女女異口同聲地這麼說。他們不斷懇
求，希望人們發發慈悲，憐憫他們。

　　當巴西大使無視猶太人的哀求時，可曾想過第三帝國所有
的敵人都逃不了蓋世太保的折磨？西羅・德・弗雷達斯・瓦雷
（Ciro de Freitas Vale）當時才不在乎呢。他痛恨猶太人。這名
熱忱的天主教徒從一九三九年八月起接管巴西代表團。他使
盡全力阻撓大使館向猶太人和「非亞利安人」的德國天主教徒
（其中大半都是改信天主教的猶太人）核發簽證。他一到柏
林，立刻通知本國外交部他不會發放簽證，完全無視巴西政府

的命令。但弗雷達斯・瓦雷才不在乎。在他心中，猶太人太危險了，對巴西的未來有害無益。他認為巴西外交部部長太過寬容。正因為那位部長，過去幾年已有數千名猶太人成功移民到巴西。大使決定直接向共和國總統報告這件事。他斷言，在接下來的五十年，我們的後代將為猶太移民政策付出慘重代價。巴西將陷入失控的困境。「我為國家鞠躬盡瘁了二十五年，這是我頭一回批評政府的政策。我之所以發聲，完全是出於愛國之心及對閣下的赤膽忠誠。[6]」總統明白他的苦心。巴西對猶太人的簽證要求變得更加嚴格，不只是德國的猶太人，全世界的猶太人都受到影響。

　　墨西哥代辦納巴若很晚才見識到猶太家庭的困境。那是撤離大使館的前一晚，他被送往巴德瑙罕的前夕。他家的女僕叫做阿德勒太太。當她前來拜託納巴若時，還不知道墨西哥已成了第三帝國的敵人。這名年輕女士看起來心神不寧。明天，那些人會奪走她所剩不多的財產，她僅有的幾樣家具，他們會搶走她的一切，把那些東西都賣掉……兩名蓋世太保警告過她，因為她是猶太人，他們會讓她身無分文，失去所有。於是她想到了納巴若，這名墨西哥外交官。她深思熟慮了一番。她想把自己僅有的一切都送給他。蓋世太保絕不敢為難納巴若。他有外交官的身分保護。再說，他不是猶太人，年輕女士仔細向他

5　Francisco Navarro, *Alemania por dentro, op. cit.*, p. 270.
6　巴西國家檔案：Presidencia da Republica 69, caixa n.27667, latta n.201 (doravante AN, PR-69), p. 21-24.

解釋一番。她那個才七歲大的兒子跟在她身邊。她提到一架平台鋼琴，她曾經在那架鋼琴前度過許多時光，它滿載她整個童年的回憶。只要說那架鋼琴屬於墨西哥大使館，就不會有人碰它。只要在鋼琴上放一張標有他名字的小卡就好了。

「阿德勒太太，我要跟您說一件令人難以致信但千真萬確的事。我幫不上忙，因為我的處境和您一樣。」

「您的處境和我一樣？」

「是的。」

「您？但您是名外交官呢？」

「沒錯。」

「這不可能。哪有可能呢？」

「我的國家和德國斷絕了一切外交關係，明天我們就會被軟禁在某個地方，我連自己會在哪都不知道。就算在卡片上寫我的名字，也派不上用場，因為我已失去外交豁免權了。」7

她的兒子沒有哭，只是望著他絕望崩潰的母親。她很清楚自己大限已近。她毫不懷疑。納巴若傾聽她的泣訴，祈求上天保祐她，要她繼續保持信念。她問道，他知不知道德國猶太人的下場？他低下了頭。此時小男孩低聲哭了起來，伸手環住母親的脖子，把臉埋了進去。墨西哥代辦一動也不動，他「呆坐在那兒，咬緊下巴，雙眼溢滿淚水。我想要放聲嘶吼，為眼前這對因種族而被判死刑的母子抗議，他們無法選擇自己的出身。但我知道這一切都沒有用，無情的蓋世太保絕不會放過他

們的獵物。[8]」

那些沒有思考能力的野獸！他們除了嚴刑懲罰什麼也不會。納巴若在軟禁期間也學會害怕這些納粹祕密警察。負責監控他的旅館的蓋世太保分隊長是名中尉，「一個身材驚人但頗為和善的男子，[9]」。他熱愛炫耀自己的功績彪炳。比如某次的慕尼黑火炬遊行，他就像其他納粹愛做的那樣，把火炬往一名反對者的臉上壓下去。這名蓋世太保解釋：「那人居然大聲反對納粹黨。」那個男子後來怎麼了？納巴若擔心地問道。他被火炬毀容，也瞎了眼。墨西哥人感到一陣反胃，但德國祕密警察對他的反應大惑不解。中尉看向同僚，聳了聳肩，而那名少尉則露出令人害怕的眼神。他們早就習慣殘暴無情的日常。瞧瞧這個傷疤。中尉伸出手，指向少尉頭上一道長長的紫色傷疤。那是被斧頭砍傷的。「那是當他還是衝鋒隊的成員時，與共產黨巷戰時受的傷。」他的對手呢？「他用手槍斃了那傢伙。」接著是猶太人。比共產黨還下賤的猶太人。他們定時處死猶太人，當然是罪犯才會被處決。他們犯了什麼罪？他們的存在本身就是罪孽。

面對德國人的言詞侮辱，低劣的生活環境，能否回國的不確定性，大部分外交官都謹守尊嚴地忍受這些挑戰。畢竟他們身處這場燃燒全球的戰火中，總該付出點代價不是嗎？驕傲的

7　Francisco Navarro, *Alemania por dentro, op. cit.*, p. 264-265.
8　出處同前注，p. 266.
9　出處同前注，p. 287.

他們不願抱怨。特別是當遠方傳來英國皇家空軍轟炸法蘭克福的爆炸聲，這兒離法蘭克福不過二十公里。或者當他們看到德法戰爭的囚犯經過房間窗口時。有時他們也會看見來自東線戰場的德國傷患。他們不是腿上就是腳上有傷，此地醫院特別擅長治療這種傷口。納巴若描述：「我們常常看到穿著制服，一條腿被包裹起來或被截肢的士兵走在路上。他們都有同袍或家人幫忙攙扶。 10 」

戰火包圍了他們。希特勒和納粹宣傳部依舊在電台中宣布戰事告捷，儘管嚴寒低溫再再考驗軍士的體能。「我們東邊的敵人對這個冬天抱持極大的期望，」元首在一九四二年一月三十日的演說中一再強調。「他們的期望終將落空。我們只花了四個月就幾乎攻下莫斯科和列寧格勒。 11 」列寧格勒？數名瑞士代表定期拜訪被困在巴德瑙罕的各國外交官，他們是否有告訴這些人，戰事進行得不若預期般順利？他們有沒有提到，自去年九月起，蘇軍就奮勇抵抗德軍毫不留情的圍城，堅不放棄？當那嚴寒的氣候，來自北極圈的凜冽寒風不斷摧殘當地居民，德國炮彈也毫不留情地轟炸他們？他們有沒有提到，為了避免餓死，人們不得不靠吃死屍維生？

巴德瑙罕的外交官也餓昏了。他們的配糧是德國公民的一點五倍。但這並不夠。代辦莫里斯是美國代表團最高階官員，因為美國在一九三八年的水晶之夜就召回了駐德大使。莫里斯無法接受如此惡劣的待遇。德國人必須提供足夠的糧食才行。他透過瑞士大使館，告訴華盛頓當地的處境：「食物非常缺乏。在柏林時，外交人員獲得的配給穩定多了，至少是現在

的兩倍。[12]」寫下這句話的美國人正在挨餓。餓得要命。他花了好幾段文字詳述內心的不滿。每天的飲食細項他都記得清清楚楚。肉類？不是每餐都吃得到，而且分量稀少。蛋呢？更糟？「我們從沒吃到新鮮的蛋。一開始幾週，我們吃過兩次歐姆蛋，後來就沒再吃過了。」接著是劣質的魚類，雞鴨很少上桌，只有孩童和病患才能喝脫脂牛奶……莫里斯甚至強調糖果和甜食的品質不佳。「它們似乎是合成物，」他分析道。他很擔心粗劣飲食有害自己和同胞的健康。代表團人人都消瘦了，沒有活力，整體精神不佳，大家都過得很不好，一點也不好。他們怎撐得過這種軟禁生活？莫里斯要求上級必須立刻行動。

　　南美洲國家的外交官則在飢餓的刺激下，把禮儀都拋在腦後。食堂裡經常有人大聲抱怨，威脅叫囂，緊握拳頭，每次用餐氣氛總是一觸即發。德國侍者再也不敢踏出廚房，深怕挨揍。當夜幕低垂，某些外交官有時會發起「突擊行動」。目標：儲藏室。「晚上九點，我們一確認所有人都已離開廚房，就摸黑下樓，偷塊黑麵包吃，」納巴若回憶道。「我們大口大口地吞下麵包，好像那是什麼珍饈佳餚。[13]」滿腔怨懟的西語系團體就快暴動了。瑞士和瑞典使節團都從各自代表的國家收到一連串的抱怨。每次他們都得向德國人澄清，自己只是受託

---

10 出處同注7，p. 275.

11 Max Domarus, *The Complete Hitler...*, *op. cit.*, p. 2577.

12 *Foreign Relations of the United States: Diplomatic papers, 1942*, volume I, *General; The British Commonwealth; The Far East*, 125.0040/134.

13 Francisco Navarro, *Alemania por dentro, op. cit.*, p. 272.

傳達意見，不代表任何立場。所有的南美人，不管是大使、代辦、祕書還是參事，全都要求改善待遇，並漸漸分裂成兩派陣營。一派是已向德國宣戰的國家代表，其他人則組成另一派。後者提醒德國政府，他們還不是德國的敵人。拉丁美洲國家的團結已蕩然無存！《聯合國家宣言》，里約會議上禮貌的熱忱……同年一月，他們才同聲宣布對抗希特勒哪。物換星移，立場也大為不同。這些嬌生慣養的外交人員，才過了幾週的貧困生活就已灰心喪志。德國人倒是興味盎然，同意依此把這些外交官分開。那些自家政府已向第三帝國宣戰的外交官，留在布里斯托飯店。這串不幸名單包括了瓜地馬拉、巴拿馬和多明尼加共和國的官員。其他人有權獲得比較好的待遇，獲准入住好一級、更現代化的凱瑟豪夫飯店，位在赫曼‧戈林街上——這可不是開玩笑，那條街的確以民族社會政權的第二把交椅為名。墨西哥人、哥倫比亞人和委內瑞拉人享受美好的勝利滋味。官階最高的官員終於擁有個人浴室，甚至還有充當客廳的小空間。其他人只有簡單的淋浴間，但至少也是私人專用。就連散步的規定也變了。代表團的最高官員可在白天自由行動，其他雇員每天可在護衛下出門兩次。

　　新規定發布後，艾爾維洛趁機享受巴德瑙罕的風情。身為代辦的他暫時逃脫蓋世太保的控制。有天一位居民叫住了他。那人肩上背著一把粗重的斧頭。他問艾爾維洛是不是美國人。不，我是委內瑞拉人。那人撇了撇嘴，他沒聽過委內瑞拉，不過他知道那些住進飯店的外國人全是德國的敵人。他一邊面帶威脅地把玩肩上的那把斧頭，一邊告訴艾爾維洛，自己在第一

次世界大戰時是名軍人，參與了東線戰事。他的戰績為他贏得
德軍最高榮譽鐵十字勳章，就像希特勒一樣。如今輪到他的兒
子拿起武器。他兒子今年十八歲，此刻正在俄羅斯作戰。不同
的時代，一樣的情節。這回他兒子一上戰場，就獲頒鐵十字勳
章。「你們這些美國人，你們不懂為什麼我們愛當軍人。對我們
來說，成為軍人是一種需求，一種傳統。不用擔心，在巴德瑙
罕，你們很安全。你們可以隨意來去，就像在自家一樣。現在，
你們必須知道一件事：要是你們國家沒有善待那兒的德國人，
我們會給你們好看。再見。[14]」最後，那人用德文告別。

　　被迫困在氣氛抑鬱的德國鄉村，令委內瑞拉人意志消沉。
寒冷的天氣和低劣的飲食都讓人鬱鬱不快。酒精倒是不成問
題。這兒不缺酒，人們喝到愈來愈晚，陷入很不符合日耳曼風
格的混亂。拉丁美洲的各國外交使節時常爆發爭吵。酒精只是
讓人們更加激動，不管是一根香菸，一間浴室或一個女人都
能引發爭論。感情糾紛愈來愈多。他們與彼此的妻子發生性關
係，也跟年輕的德國女子往來，她們都是負責清潔房間的女
孩。蓋世太保出面干預，嚴加懲罰。不可以與亞利安女性上
床。但是，就像艾爾維洛自承，這些外交官都是生理欲望蓬勃
的男子漢，「他們需要肉體之歡。所有動物都少不了這種與生
俱來的正常欲望。[15]」心力交瘁下，艾爾維洛開始埋怨自家總

---

14 Rafael Angarita Arvelo, *Historia y crítica...*, *op. cit.*, p. 131.
15 出處同前注，p. 160.

理的決策。他氣的並不是與希特勒斷交，而是宣布此事的時點。「要是委內瑞拉等到里約會議結束後再宣布斷交，我們就不用和那些國家一起被困在凱瑟豪夫飯店，」他惋惜道。他渴望被送到德國另一個溫泉勝地巴登─巴登，世界上最美好的溫泉勝地之一。那兒非常現代化又奢華，開了數間設備完善、舒適愜意的大飯店。要不是幾天之差，他就能和巴西人一樣，被德國人送到那兒去。巴西政府耐性十足，等到一九四二年一月二十八日才向柏林宣戰。[16] 委內瑞拉代辦萬分怨嘆，卡拉卡斯（Caracas）[17] 早了三週，在一九四一年十二月三十一日晚上就宣布斷交。「我滿心哀傷，嫉妒那些被送到巴登─巴登的人……那兒有間舉世聞名的賭場，還有各種專為遊客和商人打造的精緻服務。[18]」

　　一九四二年四月底，告別德國的日子漸漸近了。美國代辦莫里斯不安得直跺腳，他終於要離開德國了。有人打電話找我？……來自柏林，是瑞士代表團……他們要通知一個消息。壞消息。美國代辦遲遲無法回神，難以置信。他要求瑞士人重複一次。他的同事，他的朋友怎能如此背叛他？華盛頓決定先把德國公民送過來。職業外交官必須再等一陣子才能離開，還要再等幾週。這代表了德國也會照辦，先送美國人民離境。莫里斯急急忙忙寫信給上司，在一九四二年四月二十九日發了封電報回國。他懇求政府先交換雙方外交官，晚一點再交換公民。他放棄委婉口吻和官腔官調，開門見山地寫道：「對我來說，國家政府居然背棄先行交換公務員的準則，實在令我驚嚇萬分，詫異難平。[19]」接著他抱怨大使館人員自從在去年十二

月十四日被德國軟禁後吃了多少苦頭，不分晝夜都受到蓋世太
保的嚴密監視。美國公民能透過其他方法離開德國……其實自
從兩國宣戰後，美國公民也無法離開德國。但在此之前，他們
原能自由出境。如果他們執意待到現在，只能說太不幸了。相
比之下，職業外交官從來沒有選擇，他們無權擅自離開崗位。
這恐怕是莫里斯外交官生涯中首次拒絕服從，不願按華盛頓要
求列出首批離開的人員名單。「若首波離開的人員中必須包括
公民，雖然我不清楚這麼做的明確理由，但我會請外交部指名
誰可以先行離開，誰必須留下來。我自認無法做此決定，這代
表我必須給予代表團成員差別待遇，左右他們的命運。」最後
他很有尊嚴地加上一句，只要他的手下還被困在巴德瑙罕，他
就不會離開。要走就一起走，不然他會待到最後一刻。

　　他將順利離開。代辦不顧一切的哀求說服了美國政府，他
們決定用同一艘船，一口氣載所有國人回家。代辦發電報後只
過了二十四小時，美國就於一九四二年五月一日通知瑞士代表
最終決定。巴德瑙罕所有的美國人都能一起上路。美國國務卿
最後向瑞士官員簡短表示：「請轉告莫里斯。[20]」

---

16 譯注：在瓦加斯的獨裁統治下，巴西在二戰中一直保持中立至一九四二年
　　初。不過，自德國在大西洋和珍珠港擊沉巴西船隻後，巴西改為支持反法西
　　斯同盟，在一九四二年向德國和意大利宣戰。

17 譯注：委內瑞拉首都。

18 出處同注14，p. 159.

19 *Foreign Relations of the United States: Diplomatic Papers, 1942*, volume I, *General; the British Commonwealth; the Far East*, 701.0010/105, 29 avril 1942.

20 *Foreign Relations of the United States: Diplomatic Papers, 1942*, volume I, *General; the British Commonwealth; the Far East*, 701.0010/105, 1er mai 1942.

　　一九四二年五月十二日，專為外交人員派發的特別列車即將從巴德瑙罕出發。長達五個月的軟禁生活落幕之際，免不了上演幾場令人心碎的告別。特別是幾位年輕的德國女子，她們掩飾不了內心的慌亂與眼中的淚水。她們小心翼翼地躲避蓋世太保，向深愛的戀人送去飛吻，隔著車窗交換各種誓言：戰後在德國重逢，或者不如到美洲相見，在南美洲或中美洲的那些新興國家。德國軍人不耐煩起來。他們把所有囚犯，包括外交人員、記者、婦女小孩，還有他們的狗都趕上車，快一點。美國人搭一班車，另一班列車則載了其他國家的人。人們抬高話音，不再在乎那些身穿黑色制服的德國人。突然之間，親衛隊或蓋世太保變得沒那麼可怕。對所有人來說，戰事已在此刻結束。他們要離開了，遠離這個瘋狂失序的歐洲。幾個小時後，他們就會穿過法國國境。列車行經洛林（Lorraine），行經香檳（Champagne）和一九四〇年的戰場。過了奧略昂（Orléans），就很少看到遭戰火摧殘的痕跡。過了土罕（Touraine），幾乎已看不到交戰的痕跡，只有一些被毀壞的橋梁，偶爾幾架被擊落的戰機殘骸。

　　這是場漫長的旅程。人們不再像剛出發時緊挨著窗口朝外望。有些人睡著了。其他人又開始牢騷滿腹。三等車廂？真是駭人聽聞！德國人顯然毫無尊重之心，誰也不放在眼裡。不過還是得留神那些蓋世太保。列車上還是有幾名德國祕密警察依舊來回巡視，傾聽人們的對話。即使沒人激怒，他們就夠無情了。他們嚴厲禁止列車停靠任何一站。包括所有城市，特別不能停在城市。除了比亞希茲（Biarritz），他們必須在此換

搭另一班列車。所有的人都得下車,在這兒待一晚。納巴若趁機在這座巴斯克地區的城市漫步。他對這兒很熟悉。他曾在一九三五年在此度過幾天,被遊客圍繞。那是段快樂的回憶。「如今一切都那麼破敗悲愴,」他滿心失望地記述。「那些奢華的餐廳、商店和歌舞秀場全都關門大吉。居民言談間盡是懷疑猜忌,深陷恐懼、怨恨、驚懼與悲哀之中。[21]」雖然蓋世太保如影隨形地跟著外交人員,但他們終於逮到機會與法國人交談。當地居民一再重複戰爭還沒結束,反攻的時機已近,就像俄羅斯人證明的,納粹並非無懈可擊,也可能會輸。

從一月被軟禁後,這是拉丁美洲的各國外交人員首次得以與美國大使館的人員見面。納粹安排的飯店裡,酒吧滿是各式各樣的酒精飲料。蓋世太保這回可犯下大錯。他們整晚暢飲。「香檳溢了滿地,凌晨一點時,那兒簡直成了瘋人院!」納巴若回憶道。有些人放開嗓門大唱《馬賽曲》(*La Marseillaise*)[22]、《星條旗》(*Star Spangled Banner*)[23]以及《天佑吾王》(*God Save the King*)[24],好像在唱天真無邪的兒歌似的。隔天每個人都痛不欲生。早上六點外面就傳來驚天動地的炮彈聲,彷若近在咫尺。外交官全都被嚇到了。英國人來了嗎?他們登陸了?德國人會把他們殺光嗎?德國人看到外交人

---

21 Francisco Navarro, *Alemania por dentro, op. cit.*, p. 288.
22 譯注:法國國歌。
23 美國國歌。
24 英國國歌。

員轉瞬就變得如此恐慌，全都覺得好笑。這只是演習罷了。回家去吧，回到你們那些和德國作對的國家，告訴他們我們已準備好迎戰，我們的炮彈威力傲人。別忘了告訴他們這一切。

　　一九四二年五月二十二日，搭著火車的外交人員花了四天穿越西班牙和葡萄牙，終於抵達里斯本的港口，踏上橫渡大西洋的瑞典蒸汽船王后島號（Drottningholm）。這艘老舊客輪從未載過那麼多乘客，遠遠超過平時的允許載客量。快去聽電台廣播！快點！仔細聽！客輪剛離開港口，一名水手立刻叫來納巴若。宣戰啦！墨西哥剛剛對軸心陣營正式宣戰……

第十章
真相浮出檯面

柏林，帝國總理府

一九四三年一月三十日，希特勒掌權十週年慶

　簽名簿：共有來自十八國的六十一名賓客簽名（另有一個難以辨認的簽名）

　猶太人！

　國際猶太社群再撐也撐不了多久。民族社會主義政權懷抱不變的激昂熱情繼續奮鬥。同樣深沉的恨意，毫無消退。毫無憐憫之心，毫無退縮之勢。那些令人煩躁的長篇大論無止無盡，對第三帝國敵人的毒咒就占了好幾頁。慶祝納粹掌權十週年的演說再也無法讓人民興奮如狂。希特勒失去振奮人心的魅力。過去他每次上台總令全場瘋狂，聽眾宛如被催眠般沉浸於殘暴之中，如今只剩下硬擠出來、毫無熱情的口號。德國在北非戰場可說一敗塗地，同盟陣營隨時可能登上歐洲大陸，蘇聯戰事成了一場慘烈災難。可幸的是，在史達林格勒的英勇德軍依舊奮勇殺敵，毫無頹勢。納粹宣傳部頑固地重複同樣的消息，第三帝國的第六軍團成功擋住了那群歐亞野蠻人的突擊，那些瘋狂的布爾什維克分子。日耳曼士兵正為了純種白人歐洲

TAG	NAME DES BESUCHERS	WOHNUNG

30.JANUAR 1943

Döme Sztójay
kgl. ung. Gesandter

[簽名] 30 / 1 XXI
1943

圖說：一九四三年一月三十日，希特勒掌權十週年慶。義大利除了大使艾爾菲里，再次派了許多人出席（義大利大使簽名上方則是匈牙利使節德邁．斯托堯伊（Döme Sztójay）（俄羅斯聯邦軍事檔案庫，莫斯科）。

的存亡奉獻自己的性命。政府核准發布的紀實照片忙不迭地讚揚這些「英雄」的無畏領袖，驍勇善戰的包路斯（Paulus）將軍。

包路斯其實一心只想向蘇聯投降。他恨不得這場血腥殺戮就此結束，別再讓旗下軍士送死。一週前，希特勒傳給他一則再清楚不過的訊息：「戰到只剩一兵一卒也絕不罷休！」為了感謝包路斯極有可能在此役中為國捐軀，元首在一月三十日這一天升他為陸軍元帥。這個榮譽跟判他死刑差不多。德國史上沒有任何一名元帥在戰場上投降。包路斯自知希特勒對他的期望為何。這名五十三歲的老戰士已在如同人間地獄的史達林格勒苦撐六個月。直到此刻他一直扮演一名好軍人，沒有強烈的個性，也沒有巧妙的戰術，只是一名認真勤奮的執行者。就連悼念他的紀念典禮也安排好了。戈培爾做了萬全準備，他的部門撰寫了數篇莊嚴動人的悼詞讚揚包路斯的功績。他的勇氣超群，欣然為國家獻上一己性命，貫徹納粹精神。偉大的包路斯啊……但包路斯放棄了。沒錯！希特勒憤怒得縱聲咆哮。他升任元帥不過是二十四小時前的事，他居然帶著二十四名將軍和九萬一千名兵士向蘇聯投降。這是德國軍事史上最慘烈的一場敗仗。

德軍一再讓希特勒失望。那些將軍根本不明白他對新德國的願景。只有親衛隊，只有徹底效忠他的親衛隊表現得超乎預期。多虧親衛隊，消滅歐洲猶太人的計畫幾乎進入了系統化的階段。德國占領的地區都散布了一座又一座的滅絕營，絕大多

數位在德國東部。到了一九四三年初,第三帝國的各大城市再也看不到猶太人的蹤影。他們在幾個月內就消失了。數十萬的居民從人間蒸發。漢堡、慕尼黑、法蘭克福、柏林,這些設有領事館或大使館的大城市都看不到猶太人。難道那些外交官真沒注意到這回事嗎?他們難道不為此難過或擔憂?

　　民族社會主義掌權十週年,的確是值得慶賀的大事。整整十年前的同一天,時任威瑪共和國總統的老元帥興登堡(Hindenburg)將德國命運交託在希特勒手中。民族社會黨黨主席在一九三三年一月三十日這一天成為德國總理,向人民保證會迎來前所未有的榮耀時代。和平、富足、幸福與秩序。但德國人根本沒有得到這一切。他們的國家如今四面楚歌,被各國孤立。在此情勢下,總理府再一次要求各國外交人員共襄盛舉。必須穩定民心,證明各國仍舊傾慕第三帝國。所謂的各國也不過是那少少幾個國家。一九四三年一月二十日,輪到智利關閉柏林大使館,兩國已斷絕一切外交關係。不過還有其他國家堅守陣地,這些大國都是德國忠誠的盟友,值得信賴,有些還實施民主體制呢,比如瑞士、愛爾蘭和瑞典。別忘了還有梵蒂岡。一個國家值不值得敬重,端看梵蒂岡的動向即可,不是嗎?教宗的外交代表難道會與邪惡政權的高官站在一起,公開亮相?堂堂教廷大使奧薩尼戈閣下,真會與猶太殺手共處一室嗎?

　　謠言從去年夏天就已傳開。德國和前波蘭境內及蘇聯戰場都發生了駭人聽聞的事件。德國人不只殺害敵軍士兵也殺害平民,猶太平民。愈來愈多人證實了這回事,特別是波蘭抗德人

士揚‧卡爾斯基（Jan Karski）[1]的報告，這些資訊都與英國空軍在比克瑙（Birkenau）滅絕營拍到的照片相符。同盟國原先的懷疑漸漸消散，令人不敢置信的猜疑成了現實。一九四二年十二月十七日，英國外務大臣安東尼‧艾登（Anthony Eden）當著英國下議院議員的面，朗誦了由所謂的「聯合國家」共同發表的一則宣言[2]：「被德國占領的國家都透過各種可怕手段將猶太人送到東歐各地，他們遭受難以想像的殘暴虐待。……被關進集中營的猶太人就此失去音訊。……這些血腥殘暴的行徑造成數十萬人喪命，包括男女老弱及完全無辜的幼童。[3]」

就連愛好日耳曼文化的教宗庇護十二世也看不下去。一九四二年的聖誕演說，教宗出聲抨擊希特勒的暴行，但他的用字非常……曖昧隱晦。有別於同盟國的明確，教宗既沒提到猶太人，也沒說起納粹。相反的，他提到「沒有犯下任何罪行的數十萬人，有時只是基於國籍與種族理由，就被迫一死或漸漸遭到滅絕。[4]」長達二十六頁的演說中，只有這短短的幾行字！為什麼教宗沒再多說一些？為什麼他隻字不提猶太人和納

1　譯注：一九一四年～二〇〇〇年，波蘭士兵、抗德人士與外交官，他在二戰期間負責向波蘭流亡政府、波蘭西方盟友傳遞德國占領下的波蘭狀況。

2　譯注：指《聯合國家成員共同宣言》（Joint Declaration by Members of the United Nations），英美國家代表聯合國家發布的宣言，提到了納粹占領的歐洲地區正發生大屠殺事件。

3　Hansard, HC Deb 17 December 1942, vol 385 cc2082-7. https://api.parliament.uk/historic-hansard/commons/1942/dec/17/united-nations-declaration

4　PIO PP. XII, *Radiomessaggio Con sempre nuova freschezza nella vigilia del Natale 1942*, [A tutti i popoli del mondo], 24 décembre 1942, AAS 35 (1943), p. 9-24, http://w2.vatican.va/content/pius-xii/it/speeches/1942/ documents/hf_p-xii_spe_19421224_radiomessage-christmas.html#fn1

粹？美國駐梵蒂岡代辦哈洛德・蒂塔曼二世（Harold Tittmann Jr.）在教宗演說結束不久立刻求見聖父，希望瞭解他的用詞為何如此含蓄：「他向我解釋，關於這些暴行，他不可能單提納粹而略過布爾什維克分子，但他認為這麼做恐怕會令同盟國不快。」不只如此，雖然他早就知道猶太人面臨的災難也看過相關報導，但庇護十二世還是心存懷疑，認為這些說法不排除有「誇大之嫌，以求達成政治宣傳之效₅」。

政治宣傳？

在一九四三年一月三十日這一天齊聚總理府的各國外交官，對這件事作何感想？他們是否握有大屠殺的證詞？是否有人親眼見證了這一切？

有些人早在好幾個月前就收到了消息，比如瑞典大使瑞雪特。那是一九四一年秋天的事，當時希特勒仍屢戰屢勝。十月二十九日，瑞典武官丹菲爾特得知兩名年輕的同胞前來求見。他們沒有預約，不願解釋求見原因，表現得十分神祕。他們只提到自己是從俄羅斯來的，還帶了個戰利品！丹菲爾特沒猶豫多久，任何與巴巴羅薩行動有關的情報都非常珍貴。兩名訪客帶著怯生生的微笑踏進了丹菲爾特的辦公室。他們非常抱歉打擾了武官，衷心感謝他願意接見，他們有很多事想說。丹菲爾特暗暗揣測，這兩人年紀多大？他們看起來稚氣未脫，頂多二十歲吧。然而他們的臉孔卻帶著與年齡不符的滄桑，那黯淡無光的眼神隱約透露他們長期夜不成眠。啊，是的，當然，他們開口自我介紹。第一位名叫瑞格納・林涅爾（Ragnar Linnér），第二位叫做卓斯塔・柏格（Gösta Borg）。他們來自

俄羅斯戰場。說來話長。但他們想先把戰利品交給他。他們拿出一樣用深色粗布包裹起來的物品。那是一把自動步槍。瑞典武官從沒見過這種槍。這是紅軍的裝備之一，全新機型，這是要獻給您和瑞典王國的，請收下吧。啊，還有子彈，一共有十五枚子彈。

　　這下輪到他們的故事了。但他們不知從何開始。這兩人在一九四一年七月初離開了瑞典軍隊，加入納粹的武裝親衛隊。他們解釋當時自己一心渴望冒險犯難，期盼和俄羅斯人一決勝負。這麼說來他們原是瑞典士兵?!丹菲爾特立刻打斷他們。什麼軍階？兩人都是士官，相當於中士。他們是逃兵！甚至更糟的叛國賊！他們居然加入了好戰的德國部隊，恐怕只能讓軍事法庭判定他們的命運。丹菲爾特拿起電話，迅速比了個手勢，示意兩位訪客千萬別動。他指示祕書，不管發生什麼事都不能打擾他。他需要多少時間？不管多久，照做就是了！這兩位客人顯然有很多話要說……掛了電話，他轉以較為親切的口氣請兩位男子放輕鬆，好好坐下來，他洗耳恭聽。那他們會不會受到懲罰？會不會被關進監獄？比較年長的那名逃兵林涅爾謹慎問道，萬一說得太多，他們的處境會不會更加艱難？丹菲爾特向他保證不會的，他們所做的一切都是為了瑞典好。快說吧……

　　剛開始一切都那麼順利。一九四一年夏天，滿心興奮的他們渴望摧毀威脅強大的布爾什維克政權，這是除掉瑞典世仇俄羅斯人的大好機會。德國人熱忱地迎接他們的到來。你們想和我們並肩作戰？歡迎、歡迎！他們換上帥氣的制服，得到豐厚的軍餉及培訓。林涅爾和柏格要求縮短培訓期，只要兩週就夠了。德軍銳不可當，一再推進，再這樣下去他們恐怕還沒上戰場，戰事就結束啦。希特勒不是再三保證，不到十週史達林就會跪地求饒嗎?!對兩名前瑞典士官而言，十四天的訓練已非常足夠。既然他們那麼想作戰，就讓他們上戰場吧。一班列車把他們送往東邊。他們先到了波蘭，在克拉科夫（Cracovie）過了一晚。接著經歷長達六天的旅程，他們終於到了位於烏克蘭的前線，接近第聶伯羅彼得羅夫斯克（Dniepropetrovsk）。他們加入武裝親衛隊維京師的摩托化步兵部隊。維京師由北歐國家一部分志願者組成，以挪威人、丹麥人和芬蘭人為主。泥濘的戰場，寒冷又下雨的天氣，虱子和跳蚤，還有被困在那兒的恐懼。丹菲爾特側耳傾聽，記下筆記。他向兩人詢問細節，有多少士兵，哪一場戰役，那麼多的資訊，參謀部讀了必會非常高興。這兩名年輕的瑞典人解釋道，那些戰爭、槍擊、風險，對他們來說都是家常便飯。但其他的事，他們辦不到。其他的事？大屠殺呀！

　　嚴加保密。

　　丹菲爾特振筆疾書，寫信給瑞典軍方情報局局長。不久前，武官叮囑兩位訪客小心行事，耐心等候撤回斯德哥爾摩的

消息，才讓他們離開。他再次感謝他們提供了珍貴的第一手情報。他守在窗口，確認這兩名年輕人沒被跟蹤。既沒有便衣裝束的蓋世太保也沒有警察的蹤影。也許，這真的不是個陷阱。他再次提筆，謹慎地挑選用詞，組合成句，反覆斟酌，竭力避免任何侮蔑納粹的字眼。他可不想被牽連，他知道德國的反間組織可能會攔截這封快遞。為了降低風險，他放棄平時慣用的外交信差，透過更隱密的管道送信。他也沒附上林涅爾和柏格的證詞全文，取而代之的是一篇精簡摘要，將幾段最「敏感」的段落都以含糊字句帶過。

　　他們把那些人全殺了，一個一個槍決。林涅爾不知道從何說起。坐在外交官的辦公室裡，面對身穿華貴西裝的武官，林涅爾感到侷促不安。他是否擔憂自己說的事會令丹菲爾特大吃一驚？描述那些殺戮場景，會不會玷汙了眼前的高官？穿甲彈擊穿了那些頭顱，腦漿還黏在飛散的顱骨上，剛被翻動挖掘的地面散發的泥土味揉和了人類的屎尿惡臭，還溫熱的屍體很快就填滿了地洞。還有那些尖叫與哭號，那些絕望的哀求，身處柏林華麗宮殿，被高牆包圍的外交官可聽得見？丹菲爾特示意他說下去，千萬別遺漏任何細節，這非常重要。柏格沒有開口，只是驚恐地盯著熱切渴望知道更多細節的武官。就這樣，林涅爾說起一段令人毛骨悚然的故事。

　　他們抵達第聶伯羅彼得羅夫斯克前方與所屬軍團會合，準

6　譯注：於二〇一六年改名為聶伯城（Dnipro）。

備參與第一場戰事。炮彈如滂沱大雨般襲來，死亡伸開雙臂迎接他們。俄羅斯的炮兵部隊毫不留情地摧毀他們的隊伍，宛如在麥田裡揮動鐮刀那般迅速俐落。指揮部命令他們監視聶伯河的動靜。一天之內就有四百名同袍陣亡或受傷，不能繼續戰鬥。沒什麼大不了的。繼續前進，絕不能停下來。蘇聯的抵抗漸漸凌亂，終於潰散。敵人投降了，他們拿下了這座城市。親衛隊一手策劃的大屠殺就要展開。林涅爾帶著幾分輕蔑說道，親衛隊盡是些頭腦不太靈光的傢伙。「親衛隊很少留下戰俘，除非一大群俄羅斯人集體投降，比如一整個連。不然的話，他們會當場殺了那些人。要是有女兵，比如共產黨的女槍手（Flintenweiber），，就會立刻被處決。」他停了下來。一片沉默。柏格扭絞著雙手直到發疼，但還是一個字也不說。

　　這是親衛隊的傑作？只有親衛隊嗎？丹菲爾特問道。林涅爾緩緩地深吸了一口氣，才回答：「不只是親衛隊，德意志國防軍也一樣。他們也是這樣處理戰俘，不管士兵是不是猶太人都不留活口。不過他們沒有像親衛隊那樣，先分開猶太人和非猶太人再各自處決。」為什麼？為什麼要冷酷地殺掉所有戰俘？這違背了國際慣例，那些軍官為什麼這麼做？因為他們太臭了！外交官手一鬆，掉了筆。他以為自己聽錯了。但坐在他面前的男孩沒開玩笑。那些士兵殺光戰俘，只因為他們身上的味道太難聞！丹菲爾特思索，這該怎麼寫才好？他的手有沒有發抖？他寫道：「戰俘遭受慘絕人寰的對待，歸諸於俄羅斯士兵身上散發令人難以忍受、近似畜牲的氣味。8」這就是前線士兵的下場。

　　連平民也難逃一死嗎？林涅爾是否真見到平民被殺害？他是親眼見到，還是聽說的？關於屠殺平民的風聲，已在瑞典代表團裡傳了好幾個月。那應該只是不幸意外，也許有些部隊長官濫用權力，不過是些獨立事件而已。這絕不會是德國政府深思熟慮後頒布的政策，太匪夷所思了。此時林涅爾突然非常擔心自己和同袍的命運。他強調他們並沒有參與，但他們的確看到百姓慘遭屠殺。他們還能回瑞典吧？他們不會因此而回不去吧？丹菲爾特一再保證，他不會批判他們，他們絕對能夠回家。林涅爾繼續說下去，但他先問了個問題。武官大人知道親衛隊旗下有個特遣隊（Sonderkommandos）嗎？他們的任務很單純，就是跟在德國部隊後面「清除」占領區的游擊勢力，特別是猶太人。當地人的舉發讓他們工作起來更加順手。年輕的瑞典人描述道：「當地居民自發性地通報特遣隊員鎮上有誰是猶太人。只要是猶太人都立刻被處決，婦孺也不例外。」十月十日到十四日之間，光是瑞典軍團占領的地區就有將近八千名猶太人被處死。這就是槍斃式猶太人大屠殺（La Shoah par balle）。

　　丹菲爾特的報告送達斯德哥爾摩。武官小心地避免詳述猶

7　德國人對紅軍女兵的稱呼，意思是「獵槍女」。二戰期間，約有一百萬名女兵上場作戰。許多人是自願從軍。

8　Bosse Schön, *Hitler svenska soldater. Det bästa ur Svenskarna som stred för Hitler och Där järnkorsen växer*, Hambourg, Bokförlaget Forum, 2004, p. 426.

9　出處同前注。

太人的下場。他在兩週內就把瑞典青年帶來的戰利品——那把俄製步槍——送到參謀部，並附上一句評語：「這把武器值得我們注意。」就像他保證過的，林涅爾和柏格順利回到瑞典的家。他們還是逃不了軍事審判，這兩名逃兵被判了……兩週的牢獄之災。一九四一年十一月一日，他們就回瑞典軍隊報到。丹菲爾特沒有說謊，盡全力讓他們返鄉之旅順利無礙。儘管曾加入納粹武裝親衛隊，但這不會阻礙他們的發展，恰恰相反。他們反而更快晉升。

　　過了快一年，駐柏林的瑞典代表團再次收到猶太人大屠殺的直接證詞。

　　一九四二年八月中旬，瑞典大使館首席祕書約蘭・馮・奧特（Göran von Otter）從華沙搭上回柏林的夜車。他到華沙出差，是為了替那些被蓋世太保逮捕的經商同胞求情。納粹懷疑這些人協助波蘭的地下組織，將猶太人隔離區的消息帶出去。三十五歲的馮・奧特是名身分特殊的外交官。他是名貴族，擁有相當於男爵（friherre）的頭銜，而且他的祖父曾擔任瑞典首相。他痛恨納粹的粗俗好鬥及民粹式的政治理念，看到他們居然重拾先人對猶太人和非亞利安人種的怨恨，他心中充滿輕蔑也難掩震驚。他在華沙只待了短短的二十四小時，但此行只是讓他對納粹的厭惡又多了幾分。根本無法和這些人交涉。他未能達成此行目的，他的同胞依舊關在牢裡。德國人不肯妥協，甚至威脅作勢。任何與猶太人相關的問題都讓他們神經緊繃。瑞雪特提醒過他，千萬別問太多猶太人隔離區的問題，免得情

勢更加艱難。奧特遵照大使吩咐謹慎行事，但不免內疚得夜不成眠。雪上加霜的是，這趟旅程他不得不一路站回柏林。手持外交護照的他不僅沒訂到臥鋪，連座席也售完了。通往柏林的特快車全面售罄。

他只能站在過道間，望著夜色慢慢吞沒窗外的波蘭鄉村景致，任思緒馳騁。有名德國軍官默默地觀察他。那是個身材魁梧的親衛隊員。火車自華沙起動後，他的雙眼就沒離開過瑞典人。一名查票員走了過去，軍官向他要張臥鋪。那人連停也不停，只說了句全都滿了。奧特轉頭望向這名和他一樣不幸的旅客，以同病相憐的表情抬了抬眉毛。戰亂之世，無法苛求太多。過了一會兒，火車駛進一座鄉下車站。他們會在這兒逗留二十分鐘左右。兩名男士趁機步出車廂，伸展一下僵硬的雙腿。親衛隊員走了過來，問他有沒有香菸。奧特一派大方地應允，湊了過去，為他點上火。軍官低語道：「您是瑞典人？」他怎麼猜到的？奧特一句話也沒說呢。親衛隊員露出一抹淺笑，解釋道，這是瑞典火柴。外交官很清楚納粹情報組織的行事作風。他知道這場戰爭中沒有任何一件偶然，更何況身為外交官的他才剛離開波蘭總督府，德國人正在那兒凌虐成千上萬名猶太人。他自我介紹道，駐柏林瑞典代表團的馮・奧特男爵。他表現得友善親切，掩飾自己多麼痛恨那套別著骷髏頭徽章的黑色制服。能否有此榮幸，請教一下尊姓大名？格施坦。庫特・格施坦（Kurt Gerstein），高級工程師。不只如此，他後來成了反納粹英雄，揭發猶太人大屠殺惡行，證實毒氣室真實存在和齊克隆B的用途，也見證了可怕的「終極解決方

案」。「馮・奧特男爵，您想聽聽我的故事嗎？」

格施坦當然沒這麼自我介紹。他得先確定對方承受得了這段故事，願意相信他，而且不會一看到蓋世太保就告發他。要如何安心吐露真相並避開危險？不可能。更何況時間緊迫。不管如何，若因太多話而難逃一死，他也只能認命。格施坦渴望傾訴。從何處開始？他怎麼做的？他是否該立刻拿出文件？他有沒有確認身邊沒有半個密探？奧特清楚記得當時的情景。多年之後，他會在一九六六年細述這段對話。駛向柏林的快車停在一座小車站，在那個月台上，他和格施坦打上交道。外交官很快就意識到，他們討論的主題太過敏感，不能公開談論。兩人一前一後上了車，尋找一個不會有人竊聽的安全之處。他們決定在走道盡頭，兩節車廂的連接地帶坐下來。格施坦終於可以講述他的故事。

這不是個英雄故事，只是一名德國年輕人的經歷。這個平凡男子在嚴厲且愛國的家庭環境中長大，自幼浸淫在希特勒滿腔復仇熱血的演說中。正如那麼多的德國人，他在意識到錯誤之前，已拿到了民族社會主義黨的黨員證。他太晚才明白這是個錯誤。納粹已經掌權了，不會輕易把到手的權力交出去。一九四一年三月，他加入了親衛隊。他是否真如口中所言，打算從內部破壞納粹體制？還是為了功名而不擇手段？沒人說得清。求學時期的工程訓練讓他得以加入親衛隊旗下鑽研醫療技術領域的毒氣部。上級交付他一項極為敏感的任務：運送齊克隆B，一種含有氰化氫的殺蟲劑，並且到波蘭視察囚犯營。他在一九四二年八月十七日抵達華沙東南方兩百公里的盧布令

（Lublin）。在那兒，格施坦發現死亡營的真相。負責接待他的
親衛隊軍官一開口就警告他必須謹守祕密。他將見到的是「一
項最高機密，甚至比最高機密還要重大的機密。一旦提及此事
就會被槍決。昨天就有兩個大嘴巴被處死。[10]」他總共被派往
四個營區。

一、貝烏惹次（Belzec），位在盧布令和利維夫（Lwow）之
間，每天最多一萬五千人（親眼見證）。

二、索比布爾（Sobibor），我不太清楚這兒的明確位置，
沒有看到實況，每天兩萬人。

三、特雷布林卡（Treblinka），華沙北北東一百二十公里，
每天兩萬五千人，親眼見證。

四、馬伊達內克（Maidanek），盧布令附近，看到準備工
作。[11]

就像上級交代的，他參與了死亡機器的每個步驟，像名會
計師般精準記錄一切。首班車在早上七點前抵達，「四十五
節車廂裡載了六千多人。他們抵達時已有一千四百五十人喪
命。」烏克蘭看守上前迎接犯人，「他們揮舞皮製馬鞭，在車
廂裡追趕猶太人」。不分男女老幼都得脫得全身精光。親衛隊

10 Léon Poliakov, « Le dossier Kurt Gerstein », *Revue d'histoire de la Shoah*, nᵒ 196-1, 2012, p. 379-395, p. 382 ; article paru dans *Le Monde juif*, nᵒ 1, janvier-mars 1964.
11 出處同前注。

哄騙這些人走向毒氣室：「你們不會有事！只要深呼吸就好，
這種氣體會讓你們的肺部更強健，這是為了預防傳染病的措
施，會幫你們好好消毒！」親衛隊每次可在「九十三平方公尺
的空間裡」，塞進最多「七百到八百人」！需要很長時間，這
些人才會因柴油窒息而死，得等很久才行，久得要命，「過了
二十八分鐘，有些人還活著。三十二分鐘後，他們終於死光
了！」不只如此。這是場毫無極限的慘劇。格施坦提到那些看
守人的行徑，他們在斷氣的屍體上到處搜索，只為尋找金子！
嘴巴裡的金子，「牙醫用榔頭拔掉金子做的假牙、牙橋和齒
冠」。還不夠。「有人會確認他們的肛門和生殖器，瞧瞧是否
藏了錢、鑽石或金子等等。」

　　格施坦宣稱，那一天他好想死。他想和那些猶太人一起踏
進毒氣室，就此了結餘生。他想像一名身穿英挺制服的親衛隊
員，死在一群赤身露體的不幸男女之間的情景。但他終究沒那
麼做。犧牲一己性命又有何用？他必須克制自殺的衝動，好把
看到的一切告訴世人。返回柏林的途中，他遇到了奧特。「車
程長達十個小時，」瑞典大使館祕書回憶道，「我有充裕的時
間質問他。他盡其所能告訴我一切細節，包括這項屠殺計畫的
執行者，甚至高級負責人的身分。……他也說了自己為何參
與這樣的任務。他有個姊妹還是親人在流亡途中喪生，整個情
況非常詭異。他打算著手調查，並為此加入了親衛隊。[12]」那
是他的兄嫂，一年前死於精神病院。格施坦認為醫生按照當時
法令將她安樂死。親衛隊員在柏林車站與大使館祕書分道揚鑣
前，再三要後者把他所說的一切通報瑞典大使。仍懷疑這是個

圈套的奧特不敢保證。格施坦理解他的猜疑，給了祕書自己的
地址和必要時與他聯絡的途徑。他會在首都待個幾天，他還打
算向其他中立國的外交官分享這段親身經歷。他進一步表示，
他已經安排拜訪教廷大使。獻身教會的大使必能明白此事多麼
緊急。

　　奧特告訴瑞雪特他偶遇一位名叫格施坦的親衛隊員，對方
提到了毒氣室的存在和屠殺猶太人事件。大使表示會詳加考
慮，將此情報轉達給相關人士。不過，這個格施坦可靠嗎？這
可是非常駭人的指控。千萬別中了計，說不定這是納粹意圖激
怒我們的策略，他們恨不得我們著他們的道，一點失誤就會讓
他們找到報復的藉口。瑞雪特選擇謹慎行事。外交界的架構複
雜且環環相扣，行動緩慢又怯懦怕事。「在火車上談過後，我
後來又見了格施坦一次，」奧特說道。「同一年的秋天還是冬
天，我們在柏林見了面。他身穿便服，在大使館附近的一條路
上等我。……他想知道我是否有所行動。我告訴他，我已把他
描述的一切通報上級，但我不知道這能否帶來任何影響。我還
說，其實我很懷疑這麼做真的有用。[13]」

　　奧特說得沒錯。瑞典國家檔案庫裡根本找不到他的報告，
半點痕跡也沒有。瑞雪特恐怕根本沒把他的報告送出去。然

12 Pierre Joffroy, *A Spy for God. The ordeal of Kurt Gerstein*, New York, Harcourt Brace Jovanovich, 1971, p. 16.
13 出處同前注，p. 177.

而，瑞典大使館浮現愈來愈多一樣駭人聽聞的證詞。一樣來自
波蘭總督府。一樣在一九四二年八月，斯泰丁的瑞典領事送來
一份令人毛骨悚然的文件，提到了猶太人面臨的下場。世上沒
有其他種族受過那麼悲慘的磨難，他們被殘暴地虐待，身家財
產全被洗劫一空，最後一命嗚呼。瑞典領事也提到了毒氣室，
並再三保證，這些情報非常可靠。請轉交給斯德哥爾摩，通知
政府和國王，我們必須行動。幾週之後，輪到維也納的瑞典領
事警告代表團。前奧地利首都的猶太人全都失蹤了！數十萬人
被關進集中營，毫無疑問，這些人再也回不來了。

　　什麼也不做。再多等一陣子。為了保住瑞典的中立，寧可
否認一場種族大屠殺正在上演，即使有天得為此付上代價也在
所不惜。瑞雪特和武官丹菲爾特才沒有欣賞納粹呢，從來沒
有。那猶太人呢？他們一點也不討厭猶太人，但也不喜歡他
們。要是有機會的話，他們甚至樂意幫他們一把。一九四一
年，丹菲爾特就向一名年輕貌美的猶太女子伸出援手。她叫做
烏蘇拉・勒溫（Ursula Lewin）。這名二十九歲的單身女子為丹
麥大使館武官工作。當她來到丹菲爾特面前，那盈滿淚水的紅
眼眶立刻令他心軟下來。內心的恐懼讓她渾身顫抖。她喊道，
她被侵犯了，被強暴了，她再也不敢踏入丹麥大使館一步。她
聽說外交圈最資深的武官是丹菲爾特，他有資格插手。只有他
能幫助他。為什麼不向德國警方求助呢？警察才不在乎這個案
子，畢竟她是個卑微的猶太人。瑞典武官在戰後寫就的回憶錄
中記述道，他成全了她的願望。年輕女子獲得賠償，多虧瑞典
武官大人，她還在土耳其大使館找到一份工作。

　　一段友誼就此萌芽。自此之後，烏蘇拉經常前往瑞典武官的私宅拜訪恩人。幾個月下來他們愈來愈親密，也許太親密了些，有天她突然提著兩只行李箱現身。她希望把這兩只皮箱留在他的住所。她貼了兩個小標籤，上面寫著：「朱林‧丹菲爾特私人物品。」她帶著微笑解釋，這樣一來，蓋世太保就不能沒收它們。又過了幾週，丹菲爾特在一九四四年三月的某一天，接到德國女管家慌忙打來的電話。她說有名女子和她的父母要求暫住他家。該怎麼辦才好？烏蘇拉不等女管家說完就搶走話筒連聲哀求，猶太人被集體逮捕的事件愈漸頻繁地在柏林上演，我的父母有性命危險，我也是，求求你讓我們在你家暫避風頭，過幾天我們就會走，不會待太久。暴跳如雷的丹菲爾特掛了電話，急急忙忙趕回家。他把勒溫全家趕出門去。「再怎麼說，我家可不是飯店，更不是難民接待中心，[14]」他為自己辯護。

　　接下來幾個月他再也沒有勒溫一家的消息，直到一九四四年夏天。土耳其的外交官告訴他，那名年輕女子在一九四四年三月十日被蓋世太保抓走了。警察逮捕了那一帶所有的猶太人。總計五十六人，包括烏蘇拉，她的父親馬丁（Martin）和母親艾絲貝特（Elsbeth）。意外的是，被關進監獄的烏蘇拉，居然想辦法送信給她的瑞典朋友，向他求助。她在期待什麼？他什麼也不能做。要是他插手了，被趕出德國的就會是他。再

---

14 Staffan Thorsell, *I hans majestäts..., op. cit.*, p. 126.

說，烏蘇拉的處境沒什麼大不了的。他打聽過了，勒溫一家被
關進一個非常特別的營區，特雷津集中營（Theresienstadt）。
這座集中營位在前捷克斯洛伐克境內的特雷津，被納粹政權當
作專門演給國際社會看的政治宣傳工具，一座「波坦金式」[15]
的營區。紅十字會來此拜訪後，宣稱這兒的猶太人沒有遭受任
何不人道的對待，恰恰相反。這兒有許多美觀的店家，一間學
校，供孩童玩樂的廣場，甚至還有一間咖啡館和一家銀行呢。
戈培爾的手下不把這兒稱作猶太人隔離區，反而包裝成「溫泉
勝地」，年老的猶太人會在此安享晚年。沒人相信這番說詞。
特雷津的確不是滅絕營而是中轉營，猶太人到了這兒，下一站
就是被送進毒氣室。丹菲爾特難道不知道這回事？

　　二戰結束後過了整整二十年，外交官依舊深信勒溫一家逃
過死劫：「被關進此營區的猶太人不會被處死。因此我深信這
一家人活了下來。[16]」他錯了。

　　共有十四萬一千一百八十四名猶太人被送進特雷津，只有
一萬六千八百三十二人逃過一死。

　　那些活下來的猶太人裡，是否有勒溫一家三口？

　　一九四四年十月二十八日，一班列車從特雷津開往奧斯威
辛。多達兩千零三十五名猶太人被塞進這班列車，包括烏蘇拉
和她的父母；戰爭結束後，只有一百六十三人活著走出奧斯威
辛。

　　勒溫一家不在其中。

　　教廷大使和瑞典外交官不同，他無法再沉默下去。納粹太

過分了。他們堅守種族歧視立場，必須就此了結。奧薩尼戈大主教趁著納粹掌權十週年慶表達內心的憤怒。禮賓人員證實，梵蒂岡大使精心演出遲到劇碼。外交圈最年高望重的教廷大使一反往常，是這一天最晚簽名的賓客之一。奧薩尼戈早在幾個月前就聽說猶太人被關進集中營且慘遭殺害的消息。他通報過好幾次：「他們一被送進集中營就杳無音訊，這些消息總令我非常哀傷。[17]」一九四三年一月三十日這一天，哀傷的情緒轉化成真切的怒火。獻身宗教的他過去數週竭力阻止納粹政府的新計畫：追捕與基督徒結婚的猶太人。直到目前為止，這些轉信基督教的猶太人都被視為亞利安人。約有三十萬名猶太人因此免於迫害。負責把猶太人送進集中營的主事者之一艾希曼（Eichmann）[18]打算結束這種優待，理由是受洗時的聖水改變不了「猶太人之血」。奧薩尼戈在兩個月前已透過一封機密信件警告梵蒂岡祕書長：「我必須向紅衣主教閣下通報，德國可能會頒布新一波威脅非亞利安人的法令；這會破壞難以計數的半亞利安家庭，也包括天主教家庭。[19]」主教非常反對

---

15 譯注：十八世紀俄羅斯帝國時期，波坦金為贏回凱薩琳女皇的重視，在女皇出巡途中，聶伯河附近打造一座村莊，由僕從假扮村民，裝出人人安居樂業、生活富足的假象。後世以「波坦金村」一詞描述自欺欺人、粉飾太平的政治行為。

16 出處同前注，p. 127.

17 *Actes et documents du Saint-Siège relatifs à la Seconde Guerre mondiale*, volume VIII, *Le Saint-Siège et les victimes de la guerre, janvier 1941-décembre 1942*, Libreria editrice vaticana, 1974, p. 708, nº 536, 7 novembre 1942.

18 譯注：一九〇六年～一九六二年，納粹德國奧地利前納粹黨衛軍少校，負責籌劃與執行「猶太人問題最終解決方案」。

19 出處同注17。

這種「殘暴無情的措施」，那些遵循教規改信天主的善良靈魂會「因此求助無門」。還沒等到教廷當局的指示，教廷大使就搶先一步向第三帝國表達他的不滿。「昨天我本人已告知德國當局，我認為這些措施多麼不公正和不人道……我也提醒他們，這樣的暴行必會讓天主教徒萬分痛苦，甚至群情激憤。」講白一點，奧薩尼戈威脅鼓動德國天主教社群對抗納粹政權。而德國有多達三千萬名天主教徒。

納粹的反應是什麼？

他們是否感覺到情況危急？

並非如此。

德國外交部國務祕書魏茨澤克的確在一九四二年十一月六日接見奧薩尼戈。他聆聽教廷大使的心聲，但只聽了一半。「聽到謠言的教廷大使以為我國未來會廢止跨種族婚姻，」德國高官寫道，「他要求我注意政府是否會頒布這類法規。我沒有繼續和他討論這件事。[20]」

奧薩尼戈無法再忍受這種無能為力的感覺。一九四三年一月三十日這一天，身處總理府大廳的他看起來筋疲力盡。他知道自己腹背受敵。羅馬的上司，德國的各大主教，第三帝國當局，沒有人滿意他的表現。每一年他都更加沮喪。甚至連柏林主教康拉德・馮・派瑞辛（Konrad von Preysing）都直接向庇護十二世抱怨，要他下台。派瑞辛在一週前的一月二十三日寫信給教宗，洋洋灑灑明列大使多麼失職。首先是大使館的安全。教廷大使官邸早在多年前就被德國間諜滲透了，每個部門都有奸細埋伏。外交文書一再被德方攔截。派瑞辛強調早就有人

警告奧薩尼戈，但大使不敢向納粹抗議。這種隱忍態度讓所有與大使館通信的人都陷入危險。柏林主教也提到大使與德國政府太過親密，屢次站在納粹那一邊。德國天主教會無法坐視不管。改變的時刻已經到來，派瑞辛作出結論：「教皇陛下，我擔心聖座代表的這些看法和言論，恐會嚴重影響教廷利益。難道不能……建議教廷大使放個長假？這些思慮縈繞我心，揮之不去，我不得不捫心自問，在這個動盪不安的時刻（猶太人遭到迫害），這名與第三帝國十分親近的大使是否真該擔任偉大的教皇陛下的代表。[21]」

　　奧薩尼戈根本不該接下這個職位。

　　這個米蘭富裕人家之子毫無外交才能。老是猶疑不定，怯懦怕事，再再證明一名好教士不一定會成為一名優秀的外交官。義大利大使菲利浦·安福索（Filippo Anfuso）形容他「親切溫和」，而德國人根本沒把他放在眼裡。但魏茨澤克承認這名教廷大使至少有個優點：謹言慎行。「務實的奧薩尼戈決定迴避根本議題，不要在天主教廷與第三帝國間製造無謂紛爭。[22]」美國人對他的評價沒那麼好，而且非常直接。美國中央情報局（CIA）斷定他勾結納粹。「所有的天主教圈子，包括柏林在

---

20 魏茨澤克備忘錄，n° 659, 6-11-1942, Staatssekretär, Vatikan, Auswärtiges Amt, Berlin.

21 *Actes et documents du Saint-Siège..., op. cit.*, volume IX, p. 93, n° 26, 23 janvier 1943.

22 Ernst von Weizsäcker, *Erinnerungen*, Munich, Paul List, 1950, p. 336.

內，人人都說奧薩尼戈毫無疑義是名親法西斯人士。光看他多次表達立場，就知道他顯然很不贊同許多初階教士對民族社會主義的敵意。[23]」

　　真那麼簡單明瞭嗎？教廷大使真受到納粹保護嗎？就他的言行看來，不是沒有可能。一九三〇年，他奉命出使柏林，見證了德國民主被無情地摧毀和專政制度的建立。一九三三年二月十六日，希特勒接下總理一職兩週後，奧薩尼戈警告教宗不應與新政權往來，教廷不該支持希特勒。但他又補上一句，反抗德國政權恐會帶來眾多風險，必須審慎斟酌。這就是奧薩尼戈，他被恐懼纏身，老是擔憂激怒強權的下場。凡事提高警覺的原則讓他愈漸憔悴。當德軍一步步摧毀歐洲，奧薩尼戈漸漸擺脫謹言慎行的本性。一九四〇年六月十日，當法蘭西第三共和國在德法一役中慘敗，墨索里尼有意朝普羅旺斯出兵，他不再掩飾內心的狂喜。第三帝國的勝利令他喜出望外。人們還記得教廷大使在德國外交部有失外交風範的發言：「看來他非常期待義大利加入戰爭，甚至開玩笑地說道，希望德國人從凡爾賽進入巴黎。[24]」

　　這些支持納粹的言語持續了好幾個月，他的立場在棘手的梵蒂岡電台事件中變得更加鮮明。老是抱怨各國媒體的德國人，對教宗之城那些大肆批評的記者也頗為不滿。可幸的是，聖座非常體諒德國人的心情。特別是德國在一九四一年六月二十二日進攻蘇聯後。希特勒意圖終結布爾什維克政權，贏得了梵蒂岡的讚揚。這絕不是潑德國冷水的好時機。所有節目都停止批評第三帝國。魏茨澤克還記得奧薩尼戈非常關切此事，

體貼極了。教廷大使在一九四一年六月二十六日向他求見。為了電台一事？教廷大使希望那些電台不再令魏茨澤克或德國政府心煩？奧薩尼戈親自確保自家電台不再批評德國，這件事非常重要，更何況此刻德國正進攻蘇聯，這是個艱難的抉擇。國務祕書回答，梵蒂岡電台沒有問題，沒什麼好通報的。過了一週，大主教再次登門拜訪，重演同樣的劇碼。這回魏茨澤克不耐煩了：「今天教廷大使又來問我，最近我們對梵蒂岡電台有沒有任何怨言。我告訴他，近來沒聽說任何關於梵蒂岡電台的抱怨。 25 」

教廷大使義正辭嚴地要求、請求保護教會權益，同時也善加利用與納粹良好的關係，讓德國洗耳恭聽聖座的意見，發揮影響力。這樣的機會多得是，比如天主教戰俘的命運；波蘭和被占領的蘇聯境內，慘遭破壞的眾多教堂如何處置；還有人質的處決……可嘆的是，大多時候德國聽而不聞。至於猶太人的下場，奧薩尼戈表現得更加謹慎，更加低調。即使當東歐大屠殺的證據愈漸明確。主教認為，向德國政府提起這件事毫無益處。「我必須無奈地承認，很不幸地，這兒沒人能取得非亞利安人的明確消息。我建議最好不要關切此事，」他如此告訴梵蒂岡。「事實上在柏林，就連在路上與別著顯目星

形標誌的非亞利安人說話，也會惹上危險。₂₆」當奧薩尼戈寫下這幾行字，他是否想起了伯恩哈德・利希騰柏格（Bernhard Lichtenberg）？那位因高聲辯護猶太人而被抓走的德國神父？

利希騰柏格神父是柏林聖艾德維克大教堂（Cathédrale Sainte-Edwige）主教，也是首都天主教界德高望重的人物。納粹掌權後，他不斷表達對猶太社群的支持。蓋世太保終於受不了了，整理了一疊厚重資料控訴他的罪行：「利希騰柏格多次於公開晚禱時為猶太人祈禱（不僅限於受洗過的猶太人），也為集中營的囚犯和數以百萬計因戰爭而流離失所的百姓祈福。他也承認自己不認同民族社會主義，並且表示他願意像猶太人一樣被送進東邊的集中營，好為他們祈禱。₂₇」一九四一年十月二十三日，他被關進監獄。德國外交部立刻緊張起來。利希騰柏格神父可不能成為殉教烈士，這會讓數以百萬計的德國天主教徒反抗民族社會主義政權。梵蒂岡必定會行動，要求釋放神父。脾氣火爆的柏林主教馮・派瑞辛不惜上天下海也要救出利希騰柏格。他向教宗求助。奧薩尼戈當然會出手干預。德國外交官員已想了一套說詞解釋神父被捕的原因，一項簡單明確、無可否認的罪行：利希騰柏格竟膽敢公開為猶太人祈禱。但這說服得了教廷大使嗎？德國外交部永遠也不會知道。他們的猜想落空，奧薩尼戈根本沒有質問教士被逮捕的緣由。苦牢生活讓利希騰柏格身心俱疲，被關了兩年後，於一九四三年十一月五日過世，原本再過幾天他就會被送往達豪（Dachau）集中營。

利希騰柏格享年六十七歲。

　　奧薩尼戈是否需要更多納粹「終極解決方案」的證據，才願意為猶太人求情？幾個月後，他的心願終將實現：格施坦前來拜訪教廷大使，這名悔恨的親衛隊員見證了「終極解決方案」，向瑞典外交官揭發了大屠殺。格施坦深信這件事一定會引起教廷大使的關切，他對此毫不懷疑。只要梵蒂岡代表聽了他對猶太人大屠殺的證詞，這位宗教人士必會明白事關重大，向自由世界傳達。親衛隊員選定了三間大使館，都是中立國家。瑞典、瑞士[28]和梵蒂岡。見了瑞典外交官馮・奧特後，他決定拜訪奧薩尼戈。那是一九四二年九月的事。除了格施坦本人，沒人提起過這場會面。當格施坦在一九四五年五月被法國反抗勢力逮捕，他在報告中寫道：「我打算向聖父代表團的最高官員坦白一切，可惜以失敗收場。他們先問我是不是士兵，接著拒絕與我對話，要求我立刻離開教皇陛下的大使館。[29]」格施坦沒料到這樣的結果。「耶穌教誨世人：『你當愛他人如愛自己』，如今發生了徹底違背教理的可怕暴行，但連身在德國的教廷大使也不願瞭解發生了什麼事。⋯⋯我非常沮喪地離開大使館，絕望透頂，我沒有得到任何幫助或建議。」不只絕望透頂，還身陷險境。他一步出奧薩尼戈的官邸就被德

---

26 *Actes et documents du Saint-Siège..., op. cit.*, vol. VIII, p. 607, n° 438, 28 juillet 1942.

27 海德倫（Haidlen）致魏茨澤克的備忘錄，11-11-1941, Staatssekretär, Vatikan, Auswärtiges Amt, Berlin.

28 格施坦只見到大使館的媒體專員，未能說服對方轉達他握有的情報。

29 Léon Poliakov, «Le dossier Kurt Gerstein», art. cit., p. 385.

國探員跟蹤。格施坦很快就注意到那些人。教廷大使出賣了他嗎？「一名警察跟蹤我，」他回憶道，「過了一會兒，另一名騎單車的警察也盯上了我。接下來幾分鐘，我可說是窮途末路。我從口袋中掏出手槍，打算自殺。但發生了一件我意想不到的事：警察靠近了我，停了下來，接著……就走了。」

教廷大使被德國情報組織監視，格施坦見證了這件事，柏林主教也斷言過此事。不只如此，大使館的一舉一動都受到監控。

那麼，奧薩尼戈有沒有因天真或粗心大意，讓第三帝國的間諜得以潛入梵蒂岡呢？直達上級？甚至直達教宗本人？

第十一章
梵蒂岡的真面目

蘇聯，莫斯科北方的克拉斯諾哥斯克囚犯營
一九四五年十一月二十三日

　　天邊還沒露出曙光，他們就開始幹粗活了。那名士官可不想再挨中校的罵。再天寒地凍，前一晚下了再多的雪，也得趕在七點前把路面清乾淨。前一晚，士官已選定今天負責鏟雪的囚犯，包括數名親衛隊員和德國軍官，他偏愛那幾個最臃腫的傢伙——但那已是夏天的事，這些囚犯早瘦了一大圈。其實他真正中意的剷雪工是那群外交官，都是五月時在戰後的柏林抓到的。瞧他們在寒風凜冽中緊握鏟子幹活直到筋疲力盡，就令他頗為得意。但他們的效率實在太差，太虛弱了。靠近極區的氣溫動輒零下二十、二十五度，上回有幾個人不支倒地。有個義大利年輕人差點失去幾根腳趾頭。這打動了營區管理部門，禁止讓非軍人的囚犯受到傷害，至少在他們的案子判下來之前不會。內務人民委員部加緊腳步調查，盡快判定囚犯的罪行。被莫斯科判定無罪的人可以回國。有罪的人則被送往古拉格勞改營。

　　那名中校年紀多大了？有些人說他參加過第一次世界大

戰，他的腿可能是在戰場上斷的，也許受了槍傷又沒好好照料
傷口，說不定連照料的機會沒有，當時的作法是盡快截肢，免
得組織壞死。但士官從來不敢向中校探詢。約可夫・弗拉迪米
羅維奇・施維澤（Yakov Vladimirovitch Schweizer）中校，請問您
為什麼被截肢？異想天開！沒人會這麼問一名國家安全官員，
內務人民委員部的中校。更別提施維澤了。這名五十多歲的男
人很久以前就聲名狼藉，人盡皆知。克拉斯諾哥斯克的每個人
都聽說過他的事跡，連高階官員也不例外。希特勒救了施維澤
一命！要不是一九四一年六月二十二日的巴巴羅薩行動，他早
就一命嗚呼了。不只喪命，還會被當成蘇聯人民的公敵。但
他活下來了，還負責納粹親衛隊保安處（SD）₁成員的特別審
訊，多麼諷刺啊！世上也只有史達林政權做得出這種事！

　　施維澤很幸運。戰前他本是內務人民委員部的一名上尉，
就像蘇聯數千名上尉一樣平凡。精通德文的他長期在柏林的蘇
聯大使館服務，負責偵察納粹政府，後來才被克里姆林宮召回
國內。在狹小的辦公室裡，他得知第三帝國似乎暗中準備攻
擊蘇聯的情報。那是一九四一年六月的某一天，他收到數份
從德國鐵路總局竊取的文件，裡面列出德國與周邊地區鐵路網
一九四一年第二季的投資計畫。整份文件都沒提到蘇聯。就連
地圖也沒有指出蘇聯，好像它消失了似的。施維澤瞭解到眼前
這份文件勾勒的，正是德國人為他的國家安排的結局。他們打
算入侵蘇聯。他立刻把自己的推論寫下來，蘇德很快就會開
戰，月底前就會爆發戰爭。他沒有察覺這麼做等同於質疑史達

林的判斷，後者堅信希特勒不會在一九四三年之前出兵攻擊。

　　這實在是大不敬，必須付上慘重的代價。他於六月十四日被捕，背上散播不實謠言的罪名，關進內務人民委員部總部盧比揚卡大樓內的一間囚房。人們指控他為英國情報局服務，很可能會被判死刑。六月二十二日下午，兩名荷槍男子踏進了他的牢房。他們告訴他，蘇德之戰開打了。德國出兵進攻蘇聯。他是對的。但沒人向他道歉，世事可不是這麼運作。他只不過獲得提早退休的權利，外加一句珍貴建言：切勿提起此事。永遠也不能提。過了兩年，當祖國需要更多士兵效力，政府突然又記起了他這號人物。他奉命重操舊業。這一回，他服務的機關是戰犯與拘留犯中央管理處（Administration centrale pour les prisonniers de guerre et internés，簡稱GUPVI），統轄共關了四百多萬名敵國人士的五百間囚犯營。精通德文成了一項備受器重的長處，審問德意志國防軍和親衛隊軍官時特別實用。這根本是為他量身訂做的任務。戰爭結束後他獲頒數個獎章，包括兩枚赫赫有名的紅星勳章，並躍升為中校。

　　士官匆匆把手中的香菸丟到身旁髒汙的雪堆上。施維澤到了，今天他來得特別早。守衛急急忙忙朝那群親衛隊員走過去。地上還有沒鏟乾淨的雪，他們還剩下十幾公尺的路面待

1　SD 指的是Sicherheitsdienst，意指保安處。（補充譯注：保安處成立於一九三二年，納粹的第一個情報機構，於一九三九年和安全警察併入新成立的親衛隊國家安全總部。）

清，通道盡頭就是高度警戒囚犯的牢房。士官連聲嘶吼謾罵，你們這些沒用的畜牲，該死的納粹混帳，他舉起那條用硬皮革製成的短馬鞭使盡揮打，用俄文喊著：「快點！快點！」快點！快點！動作快一點！馬鞭打得囚犯腳步蹣跚，他們已在刺骨風雪中賣命了兩個鐘頭，都快撐不下去了。但他們還是使出最後一點力氣加快動作，從結凍的地面上挖出一塊塊硬如玄武岩的黑色冰雪。建築物上掛著疏疏落落的幾枚燈泡，籠罩在朦朧光暈裡的中校身影，漸漸清晰了起來。人們首先聽到他那奇特的腳步聲。喀喀咔、喀喀咔，那是他的義肢。它是否讓他發疼？這是不是他總齜牙咧嘴的原因？他走到了那群勞改犯面前，轉身面對他們，用足尖踢開覆在地面上的薄冰，接著繼續前行。一旁的士官保持立正，太陽穴旁的手指伸得直挺挺的。施維澤沒對他說半句話。他晚點再來懲戒這傢伙。路面根本沒清乾淨。

　　整整兩週。中校花了整整兩週聽他答辯。每回審訊的時間點都不太一樣，有時在深夜，有時在晚上或白天，任何時段都有可能。毫無常規可循，藉此粉碎所有的心理防衛，強迫犯人接受他的節奏，反覆確認每個再微小不過的細節，一次又一次直到囚犯心力交瘁。施維澤是否把一九四一年六月，自己在盧比揚卡大樓內遭受的審問技巧也用上了？那兒不是給了他最精良的訓練嗎？囚犯已經準備好了。那是一名體格平庸的男子，少說也有三十五歲了。他坐在一張難坐的椅子上默默等待，前面則放了張小桌子。現在這兩人已相當熟稔，至少施維澤很瞭

解這個人。他是親衛隊突擊隊大隊長（SS-Sturmbannführer）[2]，服務於納粹情報組織保安處。茶還熱著，溫度剛好。中校問他要不要喝杯茶。沒必要粗魯無禮，現在也用不著了。反正這人已失去一切，不管是戰爭、自由還是未來。說不定他連信仰都拋棄了？親衛隊員自稱是虔誠的天主教徒，但從他決定監視柏林教廷大使奧薩尼戈一言一行的那刻起，他恐怕就已失去個人信仰了吧。

卡爾‧紐豪斯（Karl Neuhaus）承認一切罪行。最重要的是，他斷言教宗庇護十二世和教廷駐德大使都支持希特勒殲滅蘇聯的計畫。施維澤遞給他二十多張發黃的劣質紙張，那是一份以機器打成的報告。他的證詞已被譯成俄文，但紐豪斯不懂俄文。這份文件忠實翻譯了他用德文承認的一切。他只能相信眼前這人的說法，在每一頁親筆簽名。除此之外他還有選擇的權利嗎？他伸手握住放在前方的金屬杯，但燙了手。當然他也可以拒簽，但這樣一來就得面對更多的審訊，度過更多無眠的夜晚，也許會受到一些欺凌，或者挨點餓受點凍，想必會有更多的戲弄與刁難等著他。

施維澤說完了。他觀察親衛隊員的神色，忍不住同情紐豪斯的處境。施維澤自己也曾陷入同樣的兩難。又是那個他永遠也忘不了的一九四一年，六月二十二日星期天。多麼令人驚嘆啊，有時某個事件會在人腦中留下清楚的烙印，連最微小的細

---

2 此官階相當於少校。

節都歷歷在目。施維澤就永遠忘不了六月二十二日的那個星期天，人們要他在一份文件上簽名，但裡面的內容根本不是他的證詞。他拒絕了。他記得清清楚楚。他知道一旦簽了名，馬上就會被處決。但他不簽名的話，他們就會繼續刑求他。施維澤設身處地為紐豪斯設想，突然找到了解決方法。他可以把證詞翻成德文，唸給紐豪斯聽。紐豪斯心想，施維澤其實可以任意改變那些句子的意思，對他撒謊，但這總比毫無選擇好多了。

　　戰犯卡爾·紐豪斯博士，前親衛隊突擊隊大隊隊長，保安處第四部門主任的證詞

　　日期：一九四五年十一月十日至二十三日

　　過去四年，我管理第三帝國情報機構中一個非常重要的部門，主要任務是監視德國的各種宗教體系。透過此任務，我得以挖掘德國境內與境外的天主教內部情報。我也認識了保安處安插在宗教體系中的間諜。

　　希特勒戰敗後，我認為自己有責任向蘇聯投降，並向蘇聯政府和蘇聯情報組織提供資訊，分享我所知道的保安處情報工作，關於天主教、路德教會和東正教人員的祕辛。₃

　　施維澤高聲以德文朗誦，但未能完美呈現他那蘇聯社會主義的文風。這段文字浮誇虛偽，囉囉嗦嗦，真受不了。紐豪斯笑不出來，他所聽到的是一連串無可理喻的文字，什麼叫做「我認為自己有責任向蘇聯投降」？多諷刺啊！實情是他浴血奮戰數天後，一九四五年二月二十八日在柏林西南方的蘭

芝堡（Landsberg）被捕。不，紐豪斯當然沒有投降，他是被抓的。至於向蘇聯提供情報這回事，倒是真的！既然被抓了，他當然得把那些曾和他一樣信奉希特勒的人都拖下水。那些主教，那個教廷大使，那個教宗，審判的時刻到了。那些人也不能倖免。

中校喚回他的注意力。接下來的段落包括了好幾個日期，他要一一與犯人確認。紐豪斯在一九二九年取得中等教育證書，接著分別在馬格德堡（Magdebourg）、哥廷根（Göttingen）與埃爾朗根（Erlangen）的大學修習了一點生物學、神學，也學了點哲學。「我在一九三三年加入民族社會主義黨，並在一九三九年獲得神學與哲學博士學位，成為法蘭克福大學哲學系助理教授。」接著戰爭爆發，紐豪斯的生活被攪得天翻地覆。一九四〇年，保安處隸屬的親衛隊國家安全部₄徵召他擔任神學專家。他頻繁出差，認識了非常多的主教、牧師，善加利用自己在大學的職位與人際關係，心裡唯一的目標就是替民族社會主義政權效力。他裝腔作勢、虛情假意，毫無顧忌地編織謊言，紐豪斯熱愛這種生活，也喜歡手中握著強大權力的感覺，只要一個動作就能毀掉一個人的事業甚至性命。這一切都是為了德國好。

3　內務人民委員部調查梵蒂岡與第三帝國關係的非機密文件。資料來源：俄羅斯聯邦軍事檔案庫，莫斯科。

4　由希姆萊創建並管理的國家安全部（Reichssicherheitshauptamt），簡稱RSHA。

Перевод с немецкого

СОБСТВЕННОРУЧНЫЕ ПОКАЗАНИЯ

военнопленного бывшего штурмбаннфюрера СС – начальника
реферата IУ-го Управления СД – доктора Карла
Н Е Й Х А У З

от 10-23 ноября 1945 года

Тайная агентура Службы Безопасности в кругах
католической церкви.

        В течении последних 4-х лет я выполнял ответственные
задания имперского главного управления Службы Безопасности в
области религии, что дало мне возможность заглянуть за кулисы
церковной жизни как в Германии, так и других странах и позна-
комиться с составом тайной агентуры СД в различных религиозных
кругах.

        В настоящее время, когда гитлеровская Германия разгром-
лена и разоружена, считаю своим долгом так же разоружиться и
сообщить Советским правительственным органам государственной
безопасности, все что мне известно о секретной работе СД среди
католического, лютеранского и православного духовенства.

        Прежде чем перейти к непосредственному описанию деятель-
ности СД, я позволю себе хотя бы вкратце остановиться на неко-
торых моментах из своей автобиографии, что имеет прямое отно-
шение к моей работе в СД.

        После окончания средней школы в 1929 г., я заинтересовался
теологией и философией и посвятил себя изучению этих наук в уни-
верситетах Марбурга, Геттингена и Эрлангена.

        В 1933 году я вступил в национал-социалистскую партию.

        В 1939 году я был уже доцентом философии в франкфурт-
ском университете, сдав к тому времени докторские экзамены по
теологии, философии и сравнительному языковедению. По своей на-
учной работе я поддерживал связи со многими профессорами теоло-

圖說：一九四五年十一月十日到二十三日，親衛隊員紐豪斯口供紀錄第一頁，描述
他的生平以及在納粹祕密情報機構的角色（俄羅斯聯邦軍事檔案庫，莫斯科）。

他的獵場很快就變得更加寬廣，擴及整個歐洲，特別是天主教世界的中心，梵蒂岡。聖座的大門不只為他敞開，也迎入了他的探員。那是一支效率傲人的團隊，是他嘔心瀝血的傑作，他的驕傲。成員都是一時之選，絕不是蓋世太保那些粗人，而是知識分子和商人，甚至還有幾名女性成員。直到此刻，雖然德國輸了，紐豪斯仍對他們懷抱一份柔情，一份真誠的感激之情。但他居然大大方方將整個情報網獻給了施維澤。他們的姓名、年齡、職業、地址和活動狀態，毫無保留。為了獲得減刑的保證，背叛幾個人又何妨。

啊，還有一件事……中校重提一件事，在柏林擔任教宗代表的教廷大使奧薩尼戈難道從來沒起疑心？這要怎麼解釋？按照這份報告，大使寄往羅馬的每一封電報都被德國保安處讀過。紐豪斯不耐煩地擺了擺頭，這個問題他早就回答過好幾次了。他嘆了口氣。教廷大使不夠機警，就是這樣。不過，說保安處讀了他所有的電報並不正確。不只是他的電報。他的探員有辦法取得所有德國主教送往梵蒂岡的信件。施維澤露出一抹淺笑，親衛隊的虛榮令他著迷。即使輸了戰爭，被關進蘇聯的囚犯營，紐豪斯還是擺脫不了對優越感的執著。所有的信件往來？真的嗎？這全多虧了那個名叫昆策（Kunze）的傢伙，是嗎？他翻到報告的第二頁，那一頁寫滿了這名探員的事蹟。

他再次朗誦。

「統管宗教部門保安間諜的是親衛隊高級突擊隊隊長（Hauptsturmführer），昆策，我定期與他聯絡。他非常熟悉德

國的主教圈。我和他合作得相當愉快，他對我毫無顧忌。我知道他旗下每一個探員的名字。」其中約翰尼斯‧丹克（Johannes Denk）表現特別優異。他是奧薩尼戈的好友，甚至可說是知交，深受大使信賴。他甚至替大使跑腿，將奧薩尼戈的私人信件轉交給教宗。這名保安處探員的表現實在太傑出了。託教廷大使的福，丹克不只看過大使館所有的往來信件，還獲得官方委託，得以接觸庇護十二世。丹克善加利用這份罕有的特權。一九四三年到一九四四年春天，他更加頻繁地前往羅馬，常常與教宗本人會面。他利用這些大好機會說服教宗支持德國人對抗同盟陣營。

　　紐豪斯還記得探員最後一次向他報告的情景。那是一九四四年五月初。「我可以一字一句重複當時的對話。丹克告訴我：『東線戰事令教宗非常心煩。他認為基督教西方世界的未來，全仰賴這場戰爭。沒人能對東方帶來的危險視而不見。根據他的說法，德國是阻止布爾什維克分子朝西方進攻的最後一座堡壘。萬一第三帝國輸了，蘇聯就會所向無敵。也就是說，西方文化和社會秩序都將被徹底毀滅。』」施維澤很喜歡這段話。紅軍被描繪成童話裡的食人妖怪，讓天主教會的領袖夜不成眠。這名內務人民委員部官員意識到自己也掉入虛榮的陷阱。他忘了眼前坐的是屬害的間諜大師，善於哄騙、使詐、誘惑人心。紐豪斯真沒有歪曲現實嗎？他口中描繪的教宗軟弱無能，深深恐懼被紅化，被無人可擋的強大蘇聯煩擾得不得安寧，這是真的嗎？施維澤不會踏進紐豪斯的圈套。你打算迎合我的愛國情操，但我可沒那麼笨。再說，如果教宗真那麼

害怕蘇聯，為什麼他沒把希望寄託在同盟國身上，讓他們保護西方？紐豪斯要求再喝一杯茶，還想吃點東西。他餓了。他一大早就被叫醒，現在天都黑了。應該說，天還是黑的，你們俄羅斯老是黑漆漆一片。這是什麼樣的一個國家！為什麼希特勒那麼渴望征服蘇聯？是為了讓德國人來這兒殖民嗎？納粹陷入沉思，好像快睡著了，施維澤看得出來。給他一杯茶，再加點糖。必須補充他的體力，他必須保持清醒才行。

審問重新開始。紐豪斯重提教宗的恐懼。庇護十二世深信要是德國輸了，盎格魯‧撒克遜人絕不會對抗史達林，他們無法犧牲那麼多的性命。但教宗認為紅軍絕不會在柏林止步。整個歐洲都可能陷入馬克斯主義陣營。基於這層考量，他希望同盟國不要殲滅德軍。紐豪斯發誓，教宗願意說服美國人接受片面和平，私下與納粹達成協議，停止戰爭。希特勒得下台，但納粹政權可以保留。施維澤心中仍有些許懷疑，要求他提出梵蒂岡與美國人交涉的證明。紐豪斯記得丹克提過兩個名字，羅斯福總統在梵蒂岡的私人代表邁倫‧泰勒（Myron Taylor），以及紐約的大主教法蘭西斯‧史培爾曼（Francis Spelleman）。施維澤該怎麼確認這些資訊？如何辨認孰真孰假？只要重讀教宗演說就行了！比方來說，教宗在一九四四年六月二日對紅衣主教演講。庇護十二世譴責那些冥頑不靈、拒絕任何交涉的

5　此官階相當於上尉。（補充譯注：此官階比紐豪斯低一階。）

圖說：畫線處提到紐豪斯從旗下一名探員得知教宗庇護十二世於一九四四年春發表的演說。教宗解釋，一旦蘇聯擊退納粹，很可能會掌控整個歐洲，因戰爭而筋疲力竭的英美兩國則會坐視不管（俄羅斯聯邦軍事檔案庫，莫斯科）。

圖說：口供報告的最後一頁，紐豪斯與內務人民委員部官員施維澤的簽名（俄羅斯聯邦軍事檔案庫，莫斯科）。

人。「有些人懷抱一種想法和恐懼，好像對民族或國家來說，世事都只有一種解法，沒有其他可能：不是全面獲勝就是全面毀滅。[6]」教皇認為，這種偏執只會讓整個歐洲陷入危機。「受到這種偏執想法煽動的人像被催眠般盲目前進，對那些非言詞所能形容的犧牲視而不見，迫使人們筋疲力盡地戰鬥，血流成河，造成經濟、社會和精神三方面的可怕後果，在未來引發大災難。」教宗口中說的正是危險的蘇聯。蘇聯是威脅天主教和所有宗教的致命災難。

那奧薩尼戈呢？他認同教宗的看法嗎？他是否也偏好一個能與蘇聯帝國抗衡的強大德國呢？丹克常在柏林與教廷大使會面，但紐豪斯不清楚他們都談些什麼。「丹克通常會約在柏林的咖啡館，以非正式的方式直接向昆策匯報。」施維澤不耐煩起來。他認為親衛隊員說謊。既然如此，那就晚點再談，改天再說吧。他們很快就會重逢。內務人民委員部官員多的是時間。等囚犯恢復記憶，他再繼續審問。

一九四五年十一月。冬天到了，真正寒冷的冬天，就連最強健的俄羅斯人也抵擋不了的嚴寒在克拉斯諾哥斯克囚犯營降臨。施維澤沒有食言。審訊在十一月二十五日重啟。日日夜夜，他一連花數個小時不斷審問，質疑犯人所說的一切，再三

---

6 *Discorso di sua santita Pio XII al Sacro Collegio nel giorno di Sant'Eugenio, per la ricorrenza del suo onomastico*, http://www.vatican.va/content/pius-xii/it/speeches/1944/documents/hf_p-xii_spe_19440602_ ormai-passato.html

推敲最不起眼的細節，確認所有的名字、地點和日期。十一月三十日這天早上，他沒有脫下身上的軍大衣。簡陋的小屋都結冰了。紐豪斯請求施維澤讓他靠近火爐暖暖身子。可惜時間太短，只夠他回憶起有火暖身的感覺。施維澤才不在乎他覺不覺得冷呢。他只想知道奧薩尼戈說了什麼？德國人低聲呻吟道，那火呢？先告訴我奧薩尼戈的事再說。親衛隊員只好開口：「天主教有個特色，信徒會小心觀察身邊發生的每一件事，不管是公開事件或私人生活，並且通報司祭一切可能損害教堂名譽或帶來利益的事。」

　　對納粹而言，那些對主教深信不疑的德國天主教徒都是為梵蒂岡服務的潛在間諜。帶頭的希特勒就這麼認為。紐豪斯繼續說下去。奧薩尼戈在搜集情報的過程中扮演重要角色。所有報告都必須經過他的許可才會送到教宗手上。他們當然會做保密措施，信件都被藏在包裹裡，封口也小心上了漆印。但這並不夠。「為了打開上了火漆封印的信件，我們謹慎地將所有藏了主教報告的包裹送到柏林達勒姆的威廉大帝研究所（Institut Kaiser-Wilhelm）。」這間國立研究所聚集了第三帝國最優秀的實驗科學家。物理和化學部門輕而易舉就能在不破壞火漆的情況下打開信封。保安處探員手中每隔五天就多了一份長達數百頁的報告。教會完全沒起疑。

　　「我在一九四四年五月讀了數份報告，分別來自特里爾的波恩瓦瑟（Bornewasser）主教，科隆的弗林斯（Frings）主教與奧斯納布律克（Osnabrück）的貝爾寧（Berning）主教。」他提到這三名主教絕非偶然。他們的共同點是過去幾個月都曾

公開批評民族社會主義政權。蓋世太保特別認真地監視他們，企圖破壞常去拜訪這三人的反對組織。奧薩尼戈的天真手下和弱不禁風的保密系統，讓他們的任務輕鬆不少。「這些文件非常有趣，羅列了同盟國轟炸造成的破壞、企業的處境，還有民心走向等資訊，也提到了人民對教會與國家的看法。」發現那麼多團體都對德國政府心懷不滿，讓納粹政權更加偏執，大力壓迫宗教人士。「保安處和總理府不得不承認，天主教高階管理人員握有被視為『最高機密』的國家情報。希姆萊和鮑曼（Bormann），[7] 顯然非常擔心。」德國當局想不透教廷大使和各地主教如何得知政府最機密的計畫。紐豪斯還記得那項關於亞利安人與非亞利安人聯姻的法令。奧薩尼戈在德國正式頒布前就先行抗議。教廷大使的莽撞很可能引發難以想像的後果。果然希姆萊立刻進行內部調查，想揪出內賊。可惜功虧一簣。

幾週後發生另一起更嚴重的事件。梵蒂岡得知了第三帝國最新的武器發展訊息：復仇武器第一號（簡稱V1，V代表的是德文Vergeltungswaffe，意指復仇武器）。這起事件發生在德國北部最機密的軍事基地之一，佩內明德（Peenemünde）研發中心，全國最優秀的工程師在此研製先進飛彈：巡弋飛彈V1和V2。當地的蓋世太保懷疑數名天主教教士和告解司祭有間諜嫌疑。保安處柏林指揮部接手調查，派了旗下最優秀的一名探員前往當地。這名探員很快就揪出主事者身分，卡爾·蘭佩特

7　譯注：指馬丁·鮑曼，一九〇〇年～一九四五年，納粹領導人物之一。

（Carl Lampert），一名因反納粹行動已被多次判刑的奧地利神父。總共約有十幾人被捕。紐豪斯特別提到：「蘭佩特向我們宣稱，他已將V1飛彈的所有資料送往梵蒂岡。我們一直不懂他怎麼辦到的。」至於蘭佩特和他的同謀呢？全被處死了。每個人都逃不了，全被斬首處決！

　　施維澤愈來愈糊塗了。他站了起來。他的雙腿被凍得不聽使喚，得走動一下暖暖身子。親衛隊員不發一語地望著他。梵蒂岡到底是第三帝國的盟友還是敵人？紐豪斯促狹地回答，這全看問的人是誰。前親衛隊員挑戰蘇聯軍官的耐性。施維澤一臉大惑不解的樣子，令紐豪斯感到很有趣。他幾乎忘了那股緩緩麻痺全身的寒冷。紐豪斯開口解釋：教宗根本不想對抗希特勒，多年來他都配合希特勒和那些反猶太人政策。至少當第三帝國橫掃歐洲時，教宗是抱持這樣的態度。但一九四三年，一切都變了。德國在一月底輸了史達林格勒一役，同年夏天同盟國從西西里島登上歐洲大陸，最後一根稻草則是墨索里尼在七月二十四日垮台。從這些事件，教宗預見了這場戰爭的結果。希特勒必輸無疑。最重要的是，元首不下台就沒有和平的可能。自此之後，梵蒂岡意識到非除掉希特勒不可，愈快愈好。不想眼睜睜看著德國滅亡，德軍被同盟國趕盡殺絕，就得除掉希特勒才行。

　　殺掉希特勒？這是梵蒂岡的主意？施維澤停下腳步。他逼近犯人，緊握的雙拳沉重地擊打桌面，把那杯茶震得跳了起來，差點就翻倒了。他大吼大叫，說他完全不信紐豪斯說的鬼

話，熱愛和平、獻身信仰、慈悲和藹的天主教教皇絕不可能支
持這種犯罪計畫，這可是謀殺呀！紐豪斯沒有迴避他的眼神。
也許教宗沒有直接下令，但天主教當局的確這麼做。第三帝國
和他本人都對此毫不懷疑。給我證據！施維澤要求證據。他抓
起鉛筆，抽了一張白紙，慌忙記下親衛隊員的話語。一九四五
年十一月底，歷史的一頁終於得以在克拉斯諾哥斯克戰犯營重
見天日。

　　天主教當局參與了一九四四年七月二十日的叛變行動。

　　被稱為「狼穴」（Tanière）的元首總部位在東普魯士，接
近波蘭邊境。這是第三帝國最隱祕的地方之一，林中深處藏
了數座堅不可摧的碉堡和偽裝過的建築物，連同盟國戰機也
偵察不到，由親衛隊的菁英部隊保衛。十二點五十分，一名上
校匆忙步出其中一棟建築。希特勒正在裡面和一群指揮官開軍
事會議。上校向哨兵解釋，他必須打通電話到柏林。過了漫長
的幾秒鐘後，發生了一場震驚世人的大爆炸。一枚炸彈撼動了
元首所在的會議室。這一回攻擊獨裁者的不是單槍匹馬的陌生
人，就像一九三九年十一月那個心懷全人類的木工艾爾塞。發
動這場叛變的人來自他的部隊，他的軍隊，德意志國防軍。多
達數十名高級軍官參與了這場規模浩大的密謀行動，全是接近
權力核心的達官要人，是納粹的戰爭英雄，是第三帝國的傳奇
人物。他們抓緊機會出擊，以為希特勒真的死了。但希特勒沒
事。他毫髮無傷地走了出來。身上沒有半點傷痕。他的頭髮亂
了，驚魂不定，但他還活著。有八名參與會議的人士受了重

傷。其中四個人會在幾小時後不治。

　　施維澤打斷了紐豪斯。他知道這件事。有名證人被關進了內務人民委員部莫斯科總部盧比揚卡大樓的囚牢。他叫做奧圖・君舍（Otto Günsche），是希特勒的副官也是親衛隊員。他已經描述過整起事件，沒有遺漏任何細節，包括了爆炸當時的情況和接下來的叛變行動。謀殺希特勒只不過是這場造反計畫的第一幕，接下來他們要推翻納粹政權。策劃者是一名三十六歲的年輕上校史陶芬堡。他把炸彈藏在參謀部的桌下，接著佯稱必須打通電話而先行離開。史陶芬堡見證了爆炸的那一刻，看到了濃煙密布的廢墟與人們驚慌的尖叫，深信希特勒已命喪黃泉。他先知會柏林的同謀，好讓後者宣布全國進入緊急狀態才逃離現場。政變風馳電掣地推進。過了兩小時，戈培爾終於透過電話警告希特勒。他向元首描述柏林的情景，武裝人員包圍了他的部門，宣稱民族社會主義政權的第三帝國就此終結，他們都說您死了。元首明白自己得力挽狂瀾。快通知柏林的指揮官，他們被騙了，他還活著，必須阻止這一切。他向他們號召：「我還活著！你們只能聽我號令行動！」接著他命令希姆萊前往現場，逮捕所有叛徒。所有參與謀反的人，所有夢想建立另一個德國的人，都將被處以死刑。一個都不能少。只要有絲毫嫌疑就會被親衛隊和蓋世太保追緝，誰也不能放過。落入他們手中的人都慘遭不幸。

　　帶頭行動的軍官史陶芬堡，安裝炸彈幾個小時後就於七月二十一日黎明遭到槍決。他的同謀全被逮捕，受到刑求，接著也被處決。將近一百八十人喪命。許多人都是將軍、上校……

夠了！施維澤惱火起來。他對這件事沒興趣。他只想知道奧薩尼戈、梵蒂岡和教宗的事。紐豪斯再次保證，他會說這段故事是有道理的。親衛隊員甚至大膽提問，施維澤知不知道發動這場叛變的是誰？真的是馮·史陶芬堡上校嗎？他可是名德國貴族呢。還是前萊比錫市長卡爾·哥德勒（Carl Goerdeler）？他是不是認為叛變成功後，自己有望取代希特勒登上總理寶座？內務人民委員部探員不喜歡猜謎遊戲。在這兒，他才是提問的人。紐豪斯立刻道歉，他明白了。施維澤滅了爐裡的火，打開通往走道的門，告訴哨兵今天的審問就要結束，明天再繼續，等會兒就可以把囚犯押回囚室。親衛隊員明白自己得改變態度才行，於是他莊重地吐出一個名字，奧特·穆勒（Otto Müller）。

　　奧特·穆勒神父。

　　「就是他說服了哥德勒。」不過在繼續下去之前，得先生火才行，寒冷已經侵入了這房間。中校不情願地點起了火。紐豪斯再次開口。「是教會和德國主教說動了那些人在七月二十日發動叛變。特別是前萊比錫市長哥德勒。……我敢斷言，事實上許多教士都參與了政變。」除了親衛隊最高層級，沒人知道這回事。親衛隊必須出手凌厲，威言恫嚇，直搗源頭，才能搞清楚這些德國人，堂堂正正的第三帝國之子怎會背叛他們的領袖。他們首先逮捕了叛變的首腦之一哥德勒。前市長受到德

8　Henrik Heberle, Matthias Uhl, *Le Dossier Hitler*, op. cit., p. 223.

國人愛戴，是個德高望重的人物。他清廉正直，信仰虔誠，從一開始就激烈反對民族社會主義，對許多德國人來說他象徵希望，一個沒有納粹的未來。但這份希望與一百萬德國馬克相比又值幾兩重？只要提供有關哥德勒的任何情報，就能獲得這份豐厚的獎賞。相比之下，希望也沒那麼重要了！哥德勒試圖逃亡，但一九四四年八月十二日，他在東普魯士一間小客棧被人認了出來。一名在德國空軍擔任會計的婦女通報了蓋世太保。這名反對派政治人物在監獄中沒能支撐太久。他招了一切，不管是他在謀反事件中扮演的角色，他的同謀，還是他與教會的關係。接下來更多人被逮捕，穆勒神父也在其中。

　　穆勒是科隆的一名神父。他是德國西部勢力龐大的天主教工人運動協會（Mouvement ouvrier catholique，德文簡稱KAB）主席。一九四四年，六十三歲的他身染重病，雙眼幾乎全盲。紐豪斯監督了他被審問的過程。穆勒已無力掩蓋真相。他承認哥德勒的口供，他知道政變與暗殺希特勒的計畫。他向政變者保證，天主教工人運動協會會支持他們。紐豪斯描述：「穆勒告訴我們：『德國一旦輸了這場戰爭，布爾什維克分子就會在德國門戶前虎視眈眈。必須阻止俄羅斯人入侵。不管得付出什麼代價，我們都必須與西方國家維持和平。……既然希特勒不願放棄權位，只能訴諸武力。一旦成立新政府，肩負重任的天主教社群還得阻止德國踏上社會主義之路。』」這吻合梵蒂岡與奧薩尼戈的說法。但施維澤仍有一絲懷疑。他必須確認造反者是否收到直接指令。紐豪斯以曖昧的口吻回答：「哥德勒承認他**經由**德國主教獲得教宗指示。」穆勒神父，後來他怎麼了？

當然是死了，就像哥德勒一樣，不然呢？施維澤的問題讓親衛
隊員難以置信。

　　沒錯，理當如此。除了死，他們哪可能有別的下場？

　　一九四四年七月二十日攻擊行動後，再也沒人躲得過親衛
隊的壓迫。不管是德意志國防軍的將軍還是教會人士，連外交
官都活在親衛隊的陰影中。希特勒意識到每個人都在密謀推翻
他，只是程度不同而已。他的多疑本性戰勝了理智。德國的生
活成了一場看似永無止境的冗長惡夢。

第十二章
權衡與決斷

　　柏林，帝國總理府

　　一九四四年七月二十一日至二十二日，慶祝同年七月二十日暗殺行動失敗

　　簽名簿：共有來自十九個國家的四十名賓客簽名

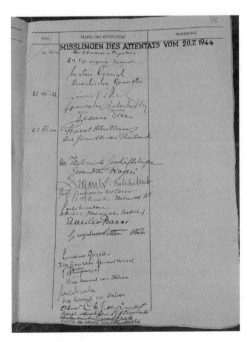

圖說：慶祝一九四四年七月二十日暗殺行動失敗的宴會。上面數來第五個簽名是泰國使節朱辛。下方倒數第二個簽名則是瑞典武官丹菲爾特的簽名（俄羅斯聯邦軍事檔案庫，莫斯科）。

　　各國外交官都得心悅誠服地到場參與，全力支持。無故缺
席會被視為對元首和第三帝國信心不足並遭到反制。哥德勒與
史陶芬堡密謀叛變案隔天，德國立刻邀請各國外交使團前往總
理府。在這悲慟的時刻，德國政府仰賴他們發聲，一同譴責卑
鄙的叛變。最忠誠不貳的盟友總是搶先抵達，全都是些因德軍
才得以苟延殘喘的政權。比如匈牙利人和斯洛伐克人，還有義
大利人。他們全都知道自己危在旦夕，聽到希特勒還活著的消
息都大大鬆了口氣。但他們沒有逗留太久，也許心下害怕又有
人埋了炸彈，也可能擔心同盟國的空襲。與平常迥異的是，現
場沒有任何一名記者，沒有人拿著相機拍攝各國外交官在簽名
簿上留下大名的情景。只有迎賓人員還忙著維持表面的秩序，
默默地迎接訪客。前一晚，謠言在幾個小時內就傳遍各國代表
團，叛變成功了，他未能躲過那場爆炸，戈培爾就要被抓了，
戈林和希姆萊也逃不了。但晚上六點半，他們都從電台聽到了
消息：「元首在今天遭遇一場炸彈攻擊。⋯⋯除了皮膚有點燙
傷和幾處挫傷外，元首安然無恙。他立刻重回工作崗位，並按
照原定計畫接待統帥，兩人長談了一番。」」各國外交官一開始
不大相信。這恐怕又是政宣部的操作吧？但他們聽到了希特勒
的聲音，那個絕不會被錯認的聲音。希特勒開口了：

　　德國人！我不知道有多少針對我的攻擊計畫，也不知道有
多少已付諸實行。今天我在此發言是基於兩個原因：
　　首先，我要讓你們聽到我的聲音，知道我沒有受傷，我安
然無事。

　　第二，我要讓你們知道這場罪案的一切細節，這是德國史上絕無僅有的犯罪行動。[2]

　　丹菲爾特試圖抬頭挺胸地往前走。瑞典武官想盡辦法挺直背桿，禮貌地向總理府官員問好。他盡了全力但還是掩不住內心的恐慌，他們會猜到的，他們會逮捕他，此刻他只想轉身逃跑。為了壯膽，他還命兩名助理陪他同行。這讓德國迎賓人員非常高興，瞧瞧強大的中立國瑞典派了三名外交官出席，可見瑞典對德國政府多麼忠誠，是吧？丹菲爾特聽說德國已逮捕了第一波涉案人士。希特勒在前一晚的公開演說保證那些大膽謀反的人都會面臨最嚴酷的懲罰：「這群奪權者卑鄙無恥，可笑極了。他們根本不是德意志國防軍，更與三軍毫無關聯。這只是一小群利欲熏心的犯罪團體，全都會被毫不留情地消滅。」

　　一派謊言！丹菲爾特知道希特勒在說謊。德意志國防軍深涉其中。德國陸軍再也受不了這個元首，這群納粹和親衛隊，第三帝國在他們的帶領下已窮途末路。瑞典人環視四周，注意到隨處可見的武裝親衛隊士兵，與往日大不相同。他們不是一般軍人，不是德意志國防軍管轄的士兵，而是親衛隊員。納粹政權現在誰也不信任，只有這批精心挑選，全為了盲目服從而建立的禁衛軍。丹菲爾特的前方，義大利使節慢吞吞地往

1　Deutsches Nachrichtenbüro, 20 juillet 1944, in Max Domarus, *The Complete Hitler..., op. cit.*, p. 2924.

2　Deutsches Nachrichtenbüro, 21 juillet 1944, Deutschen Rundfunkarchiv Frankfurt DRA 2623118.

TAG	NAME DES BESUCHERS	WOHNUNG

54. GEBURTSTAG

20.4.1943

圖說：一九四三年四月二十日，希特勒五十四歲壽宴。第一個簽名的人是格奧爾格。接著是三名丹麥人和許多義大利人的簽名（俄羅斯聯邦軍事檔案庫，莫斯科）。

前走。今天義大利只派了九個人到場，遠少於往年：一九四三年四月二十日的希特勒五十四歲壽宴，義大利使館來了二十四人。在這段時間，義大利人經歷了太多劇變。

　　義大利人在一九四三年的夏天可說時運不濟。幾週之內，法西斯政權失去了義大利南部，接著墨索里尼被推翻。然而北義大利的外交官今天還是出席了，仍以義大利之名出使柏林。其實他們代表的不是整個義大利而是北半部，且只有一小部分而已。別再跟他們提起義大利王國，現在他們是義大利社會共和國₃。這是希特勒的主意。他在一九四三年九月救出統帥，讓他統治義大利北半部唯一還受德國控制的地區。元首打的算盤是利用墨索里尼拖延同盟國部隊的行進速度。然而垂頭喪氣的統帥累了，他渴望停止一切，不管是政治、戰爭還是希特勒。但他不敢。最重要的是，他辦不到。德國人敦促他繼續戰鬥，保證會送去新武器，一種駭人的全新科技，足以讓英美部隊灰飛煙滅。但在此之前，義大利人必須為了最後的勝利奮戰，為了民族社會主義的榮耀，為了第三帝國。毫無疑問，統帥會乖乖聽話，發動最後一批軍士，踏上足以與古羅馬帝國時代媲美的終極奉獻之路。事實上，法西斯政權既畏懼納粹也很怕同盟國。駐柏林新任義大利大使安福索在辦公室裡發現蓋世太保藏的麥克風。當七月二十日攻擊事件的消息傳到他耳中，他原料

3　譯注：義大利王國在一九二二年～一九四三年間由墨索里尼掌權，常被史學家稱為「法西斯義大利」。一九四三年在國王的支持下，墨索里尼被推翻並軟禁，並與同盟國進行和平談判。墨索里尼被救出後，在納粹扶植下於北部成立義大利社會共和國，亦稱薩羅共和國。

想事態會朝更惡劣的方向發展。他猜希特勒會指控義大利人。幸好背後的主使者全是德國人。但安福索心知肚明，自己的性命岌岌可危。

　　丹菲爾特觀察那些義大利代表，心頭湧起某種憂傷。誰知道這會不會是他最後一次見到這群能言善道的義大利人呢？其他國家的外交官在他身後陸續抵達。幾名土耳其人，幾名保加利亞人，一名愛爾蘭人和教廷大使。奧薩尼戈帶著他忠誠的參事卡洛・克利（Carlo Colli）前來。梵蒂岡大使也需要別人陪伴才有膽前來嗎？他是不是也早就聽說這件反希特勒的攻擊計畫？

　　但願親衛隊沒有攔截瑞典人的往來信件。實在是太輕率了！他惱怒不已。我這個傻瓜，居然犯了菜鳥才會犯的失誤！丹菲爾特已猜到自己得付出代價。他擔憂的並不是瑞德兩國的外交衝擊，這不太可能發生。至少現在已不可能。一九四四年的第三帝國不再有威脅恐嚇的本錢。就目前的勢力強弱而言，斯德哥爾摩甚至占了上風。有些德國將軍反而擔心瑞典會攻擊駐守在挪威的納粹部隊。不，丹菲爾特才不在乎這些地緣政治的輸贏。他關心的是家人。他試圖回憶自己是在上禮拜哪一天寫信給妻子。那是七月十四日的事。不過是簡短的幾行字，要妻子安心，分享一些近況，如此而已。但事實上他寫的遠多於此。如同過去每年夏天，瑪格瑞塔・丹菲爾特（Margareta Dannfelt）帶著孩子去瑞典南邊的薩羅（Saro）小型海水浴場度幾天假。丈夫傳來的短箋一定嚇了她一大跳：「在這兒，我們面臨龐大壓力，恐怕很快會發生重大事變。說不定會改變德國在這場戰爭的命運。……誰知道呢，也許今秋我就會回到瑞

典。4」瑞典武官說的是史陶芬堡事件。他提到了政變！他在德意志國防軍有幾個聯絡人，他們事先知會了他。原因很簡單：他們想知道萬一德國政權易手，瑞典王國願不願意扮演中間人，代表德國向同盟國交涉。丹菲爾特立刻通報了瑞典大使瑞雪特。瑞典政府答應了。雖然用詞謹慎，但答案是肯定的。可惜毫無用處。希特勒活了下來，現在德國當局急著揪出那些叛徒。

　　一踏出總理府，丹菲爾特就急急忙忙趕回家。他必須警告妻子，要她別回德國，帶著孩子躲到安全的地方。只要元首下令，蓋世太保會毫不猶豫地綁架他們，甚至殺掉他們。他謹慎地提筆寫信，告訴妻子期望落空，他無法在今秋回鄉。

　　其他的外交官也有意告別柏林，逃離這個氣數將盡的納粹政權。但他們只能幻想。首都的生活已經陷入水深火熱之中。數個月來，柏林遭受無止境的空襲。最慘烈的一次絕對是前一年，一九四三年十一月二十二日的大轟炸。警報在晚上七點半左右響起。居民當時還沒察覺異狀。他們說，不過又是一場英軍轟炸，雖說會有幾個人不幸喪命，但沒什麼好擔心的。他們的「蚊式戰鬥機」太過輕巧，只能負載不到兩百公斤的炸彈，根本打不穿防空掩體。大錯特錯。不到半小時，市中心已被無盡火海吞噬。同盟國決定發出致命一擊，派遣了史上最浩大的一批重型轟炸機，包括蘭開斯特（Lancaster）、哈利法克斯

4　Staffan Thorsell, *I hans majestäts...*, *op. cit.*, p. 162.

（Halifax）和斯特令（Stirling）轟炸機。總共動用了八百架空中巨獸，每架都是四引擎機型，最多可負載六噸炸彈。它們的火力足以摧毀整座城市。

然而，戈培爾曾保證過柏林人絕對不用怕。德國的防禦系統會保護他們。還有戈林呢？他那些引以為傲的飛行員，那些德國空軍的一流好手跑到哪去了？他們全消失了。只剩下德國防空系統勉力支撐。它們接連射擊卻鮮少打中目標；面對同盟國飛行員執著而致命的攻擊，即使德國不斷發射也無力拖延敵方攻勢。空中落下的燃燒彈讓建築物全都起火燃燒，熔化的金屬像熔岩般四處溢流；極端高溫讓車輛宛如巨大的香檳瓶塞般爆裂。不到二十四小時，將近兩千噸的炸彈奪走了三千柏林居民的性命，摧毀了多達二十七萬人的住所。

從此時直到一九四四年六月前，德國首都還會經歷二十四場大型空襲。沿著柏林綠樹成蔭的蒂爾花園坐落的大使館區已無法重回往日風采。希特勒在一九三八年決定把所有外交代表團集中到這兒來。在元首的命令下，資質平庸的建築師以大理石和古典立柱堆砌一座座笨重龐大的建築。毫無意外，最快落成的是義大利和日本的大使館。但到了一九四三年十一月底，這兒幾乎什麼也不剩。梵蒂岡、匈牙利、葡萄牙、羅馬尼亞、芬蘭、斯洛伐克和愛爾蘭的使館也都是一樣的下場。

面對一波又一波的攻擊，所有外交官都免不了驚慌失措。他們形容的場景如出一轍：一切都被摧毀了，廢墟仍冒著濃煙，屍體被燃燒彈燒得焦黑難辨。空氣中飄浮著熾熱微粒，那些看似無害的紙絮和棉絮飄盪在半空中，幾乎帶著幾分詩意。

幾乎。千萬不能碰到那些飛絮，得全力避開才行。一旦被它們碰到，衣服和頭髮就會立刻起火燃燒，像酸類一樣造成腐蝕性灼傷。柏林城裡，現在只要警鈴一響就會引起恐慌。有些大使館自行建造防空掩體，比如瑞士和瑞典大使館。其他沒那麼幸運的大使館，人們只能躲進地窖，泰國大使館就是如此。泰國大使朱辛想起一九四三年十一月可怕的柏林大轟炸，依舊心有餘悸：「地面一直顫動。上千枚不斷呼嘯的炸彈點亮了夜空。實在太嚇人了。我躲在地窖裡，全身抖個不停。₅」他不想再面對這樣的恐懼，立刻帶家人搬離柏林，移居到遠離同盟國轟炸目標的郊區。他的決定很明智，但其他外交官無法照辦。拿西班牙人來說，西班牙大使館在轟炸中倒塌，許多人員慘遭活埋，大部分都是躲在其中一個地窖的僕役。沒有半個人活下來。里賓特洛甫執掌的外交部很清楚，再這樣下去，恐怕最後幾個國家的外交官也會離開柏林。既然德國空軍再也無力保衛首都空域，德國人決定把外交官全安置到附近的鄉村地區。辦公室留在柏林，但每週只開放幾天。夜幕一落，所有人都逃離柏林，躲到離城市很遠的地方避難。

　　對王替夫來說，這些防範措施還不夠。滿州國首席祕書在一九四三年底請求調回本國。但他必須等待六個月，與自家外交部交涉多次後才實現願望。一九四四年七月初，上級終於應允，他可以回亞洲了。離開前他還去了瑞士一趟，替自己買了

5　Phra Prasat (Chuthin) Phitayayut, *225 jours..., op. cit.*, p. 29.

幾只手錶。里賓特洛甫的手下展現氣度，保證會確保他所搭的
火車安全無虞。德國會派士兵護送火車直到土耳其邊境。他們
擔保一切都會順利進行，不過巴爾幹地區比較危險，當地反抗
勢力的攻擊性很強。要是警鈴大作，還請您立刻趴到地上免得
被擊中；若有手榴彈攻擊，別忘了保護您的頭部。王替夫恭敬
有禮地鞠了個躬，好掩飾內心的緊張；再次向對方道謝後，他
在一九四四年七月二十日晚上六點踏上了列車的台階，希特勒
才剛在幾個小時前遭到攻擊。「我告別了危險的柏林。6」滿州
人再也受不了這些互相征戰的歐洲人和毫不在乎猶太人下場的
外交官，最重要的是，他再也受不了遠離家人的生活，他渴望
與妻小團圓。

　　有別於心意堅定的王替夫，弗利樹仍然猶豫不決。他非留
在柏林不可嗎？無止境的轟炸深深打擊了瑞士大使的士氣。到
目前為止，瑞士代表團的防空掩體沒受到太多損害。被厚達兩
公尺的水泥牆圍繞，他感到頗為安全。很少瑞士使館人員因空
襲而傷亡，只有一名年輕女子在住處公寓喪命。弗利樹之所以
考慮逃離德國首都，並不是為了躲避英美聯軍的炸彈，而是為
了預防俄羅斯人攻入柏林。他在一九四三年就明白德國不會贏
得戰爭，而且，他幾乎敢斷言率先攻入柏林的必是蘇聯紅軍。
思及此，他立刻改變策略。他小心翼翼地迴避德國人，並建議
主管部門拉近與克里姆林宮的距離。此舉非常敏感，因為瑞士
直到此刻都還沒正式承認蘇聯政權。對瑞士來說，俄羅斯仍停
留在尼古拉二世的帝俄時代。二戰爆發前夕，伯恩差點就能在

一九三九年與莫斯科建交，但半路殺出了程咬金，那就是波蘭戰爭。「史達林為了瓜分波蘭、攻擊芬蘭而與希特勒交好，在此情況下國際聯盟不可能接納蘇聯。瑞士民意不會同意我們與蘇聯建交，」弗利榭在回憶錄中寫道。

自那時起，瑞士只能耐心等待。等個幾個月或一、兩年，直到兩國割據波蘭所引起的民怨漸漸消散。一九四一年二月，人們差不多淡忘了這回事。瑞士終於和蘇聯訂下貿易協定。接下來雙方很快就會互派使節團。但他們沒料到納粹的軍事野心。一九四一年六月二十二日，德國朝原是盟友的蘇聯進攻，瑞士的計畫就此陷入死胡同。「考量到我們與德國的微妙關係，當希特勒朝俄羅斯進攻，我國就不可能與蘇聯建交，，」弗利榭以銳利的否定口吻評論道。不過萬事萬物都有終點。「微妙」關係也難逃結束的一天。

既然希特勒已步下歐洲強人寶座，輪到史達林上台，赫爾維蒂政權立刻順應潮流。當然，他們在這場交易中占不到便宜。在少數幾次得以與元首交手的場合，希特勒從未隱藏內心對瑞士的輕蔑，但克里姆林宮的主人更不好惹。弗利榭對此憤憤難平：「一九四四年十一月，認定自己會戰勝的蘇聯給我們的回覆是無禮得近乎侮辱的拒絕。₈」瑞士大使閉口不提克里

6　王替夫與楊明生，《見過希特勒與救過猶太人的偽滿外交官》，黑龍江人民出版社，2001，頁234。

7　Hans Frölicher, *Meine Aufgabe..., op. cit.*, p. 116.

8　出處同前注。

姆林宮會如此震怒的緣由。但箇中原因非常明顯：「人人皆知瑞士政府違背了歷史悠久的民主傳統，多年來追隨與蘇聯對立的親法西斯政權……。基於前例，蘇聯政府拒絕瑞士政府的提議，不願與瑞士重建外交關係……。」自此之後，瑞士駐柏林大使館再沒人懷疑接下來會發生什麼事。他們的下場絕對會非常慘烈。毫無疑問。也就是說他們會被逮捕，關進大牢，被流放到俄羅斯。

　　史達林的報復行動已在被俄羅斯士兵解放的地區展開。當地的瑞士公民被視為納粹同謀，全數遭到逮捕。有些人很快被釋放，但很多人都淪為人質，比如派駐匈牙利、東普魯士甚至滿州國的五名瑞士外交官[10]。蘇聯反間諜總局劫持了這些人，全送往蘇聯境內。除非瑞士同意以俄羅斯難民或囚犯來交換，不然莫斯科不會放人。這些交涉戰後才會展開。一開始，雙方協調以六名蘇聯公民換五名赫爾維蒂人。一九四五年底，伯恩要求蘇聯保證，這六名俄羅斯人能否得到良好待遇？他們不會被蘇聯判重刑，甚至被處決吧？被阿爾卑斯群山環繞的小國十分擔憂那些人的命運，令莫斯科非常惱火。既然瑞士那麼雞婆，那麼蘇聯就改變交涉條件：除了原先的六名俄羅斯人外，莫斯科又多要求兩名住在瑞士的蘇聯公民，一個是在戰爭結束時請求政治庇護的年輕飛行員，二十三歲的耶拿蒂·科契托夫（Guennadi Kotchetov），另一名則是在飛彈系統研發部門工作的專業工程師弗拉迪米爾·諾維科夫（Vladimir Novikov）。一九四五年十二月二十八日，瑞士政府低頭了。幾個小時後，這些蘇聯難民被送回俄羅斯。沒人確知他們後來的下場。據說

科契托夫剛進入蘇聯境內就因叛國罪被處決。諾維科夫被送到古拉格勞改營。瑞士外交官則在一九四六年一月被蘇聯釋放。

　　不過我們還是先回到一九四四年底吧。弗利樹決定留在德國。即使戰火侵擾德國首府，他也不會因此拋下大使館。他下定決心，他會是最後一個離開使館的人。也許不是最後一個，但至少是最後一批。至於柏林，空襲轟炸開始後他就不再進城。基於顯而易見的安全考量，他搬到柏林西北方三十公里外，靠近卑爾瑙（Bernau）一帶。反正他毫無損失。他告別原本的公務住所，搬進博尼克（Börnicke）一棟富麗堂皇的莊園裡。屋主是名寡婦，她的先夫銀行家保羅·孟德爾頌－巴妥爾迪（Paul Mendelssohn-Bartholdy）有猶太血統，因為納粹的反猶太法令而破產。瑞士大使館其他人員則留在柏林南方近郊。等到俄羅斯人步步進逼，他們仍有時間往西邊逃，逃向英美部隊。大使尋思，麻煩的是英美兩國的部隊移動得太慢了。他咒罵希特勒，差點就罵出聲來。為何他那麼冥頑不靈，堅持要與西歐國家對決？他該解決的是俄羅斯人，後者才是真正危險的敵人。他早該停止找猶太人出氣。是的，猶太人！弗利樹想到未來，想到接下來的和平，也想到戰勝國的反應，他們絕對會對那些知情者問責。而瑞士大使和瑞士政府都沒辦法假裝不知

9　瑞士外交文件：www.dodis.ch/47881，一九四四年十一月一日。

10　這五名外交官為：布達佩斯代表團祕書哈洛德·菲勒（Harald Feller），助理馬克斯·麥爾（Max Meier），艾丙（Elbing）的副領事卡爾－哥特利伯·布蘭登伯格（Karl-Gottlieb Brandenberg），助理雨果·菲爾伯（Hugo Felber）及哈爾濱領事人員鮑瑞斯·伯連納（Boris Bryner，美國演員尤·伯連納〔Yul Bryner〕之父）。

情。既然如此，他們非得救猶太人不可。更何況隨著戰況愈來愈不樂觀，納粹也加快了大屠殺的腳步。

　　一九四四年十一月三日，瑞士司法部警務局長海因里希‧羅斯蒙德（Heinrich Rothmund）寄了封長信給好友弗利榭。羅斯蒙德強烈建議弗利榭說服德國人讓猶太人逃到瑞士，愈多愈好。若有必要，他建議大使可以要脅德國的新任國務祕書，一個名叫古斯塔夫‧斯汀葛拉許‧馮‧莫依蘭（Gustav Steengracht von Moyland）的貴族。這位國務祕書前不久暗中為家人申請瑞士簽證，也順利核發了。「萬一柏林的決策高層得知斯汀葛拉許先生的妻小都到了國外，對他恐怕非常不利。人們會認為他對最終勝利失去信心。[11]」警務局長承認這種手段違反了所有道德準則，不過此事的利害關係重大：「這足以影響數十萬條人命，此時正是教導一個人何謂勇氣的大好時機。」弗利榭斷然拒絕這種流氓手段。沒必要訴諸極端途徑。「為了維護瑞士的利益，也為了瑞士使節團的立場著想，激怒國務祕書絕對會為我們帶來重大傷害，更別提為這次通融而出賣他（作者注：指他為妻小取得瑞士簽證）。[12]」

　　話雖如此，瑞典大使還是遵從羅斯蒙德的指令。正如瑞士政府要求的，他會讓猶太人逃往瑞士。但不是隨便哪個猶太人都可以。只有瑞士外交事務部任務指令中提及的那些人，也就是德國北部伯根─貝爾森（Bergen-Belsen）集中營關的一千三百名猶太人以及八千名匈牙利猶太人。羅斯蒙德立刻回信。為什麼僅限於這些猶太人？除此之外還有那麼多人需要他們幫助。「我非常遺憾您將範圍限制在伯根─貝爾森與匈牙利猶太

人。我的計畫涵蓋的對象比此更加廣泛。[13]」

　　為什麼弗利榭如此事不關己？為什麼他不想拯救更多猶太人的性命？他是否歧視猶太人？他是不是崇拜民族社會主義？答案是否定的。當然不是囉。一九四四年底，除了第三帝國所占領的地區，世界各國幾乎沒人再懷疑猶太人大屠殺的事實，但柏林的人們仍執迷不悟。各國外交官深信德國政府的官方說法，就像瑞士大使一樣。根本沒有什麼「終極解決方案」，也沒有死亡營。駐柏林的愛爾蘭代表就深信不疑。

　　自一九三九年起，愛爾蘭共和國先後派了三名代辦到德國來。第一位是布利，但他與民族社會主義政權太過親近，又是個激烈的反猶太人士，很快就丟了飯碗。在這兒如魚得水的布利沒有離開德國。戰爭在一九四五年畫下句點時，他仍在編寫反猶太的政治文宣。瓦諾克接下他的職位，在一九三九年八月成了愛爾蘭代表團之首。這個身材矮小的好人臉上稚氣未脫，年紀不過二十八歲，但他也像布利一樣，很快就深受希特勒的口號吸引。一九四〇年七月十九日，正值德英對戰期間，元首於德國議會大廈發表演說時，他的熱烈鼓掌引人側目。不只如此，他還預測英國將會滅亡：「我已預見一個龐大的世界帝國將會崩塌。」但一提到猶太人，瓦諾克就變得非常謹言慎行。他和瑞士與瑞典使館人員都使出同一招：不要與希特勒對立。

11 瑞士外交文件：www.dodis.ch/47885，一九四四年十一月三日。

12 瑞士外交文件：www.dodis.ch/47898，一九四四年十一月十五日。

13 出處同前注。

再說，希特勒很快就會擊敗英國人，這是顯而易見的事實，甚至可說是每個愛爾蘭人的期望。至於猶太人，為了避免激怒德國人，最好還是別提了吧。但是都柏林沒有聽取他的建議，還要求他援助一名猶太人。這人可不是普通人。

　　一九四一年十月三十一日，愛爾蘭外交部交給他一個任務。蓋世太保剛逮捕了一個名叫保羅・雷昂（Paul Léon）的人。他有生命危險。愛爾蘭代辦必須立刻插手。但這個事件與瓦諾克和愛爾蘭有何關係？雷昂是名白俄，不但沒有國籍還是個猶太人。代辦回答，就讓那人自己想辦法解決吧。但都柏林堅不讓步。對甫成立的愛爾蘭共和國而言，這名男子握有國家級的重要文件，一份無價的稀世珍寶：愛爾蘭最偉大、最有才華的作家，詹姆斯・喬伊斯（James Joyce）的文書。幾個月前，喬伊斯在一九四一年一月十三日辭世。在他生命的最後幾年，雷昂既是他的祕書也是他的知交。雷昂手中握有大文豪的親筆文稿和往來信件，全都存放在他巴黎的住所。萬一這個猶太人不幸喪命，喬伊斯部分的文學遺產恐怕也會隨著消失。

　　瓦諾克沒有猶豫太久。不管是這人的性命還是喬伊斯的大作，都不足以構成激怒納粹的理由。他寄了封電報向上級解釋：「就我看來，出手援助L$_{14}$恐會被視為干預德國內政，何況此事沒有任何愛爾蘭公民受到牽連。這也可能破壞我們與德國的良好關係。$_{15}$」愛爾蘭不會出手拯救雷昂。後來他被關進巴黎近郊的德宏西（Drancy）囚犯營幾週，接著於一九四二年三月二十七日移送到奧斯威辛─比克瑙集中營，再也沒有離開。

　　猶太人大屠殺，終極解決方案，滅絕營……瓦諾克拒絕相信這一切。即使到了一九四三年，即使各國代表團都出現愈來愈多證據，他仍堅持己見。愛爾蘭人選擇相信第三帝國政府一再重複的版本，納粹把猶太人送到東歐是讓他們去工作，不是把他們殺光。然而都柏林收到更令人惶恐擔憂的證言。猶太人受到天理不容的虐待，慘遭大規模的屠殺……這是真的嗎？起了疑心的愛爾蘭政府打算插手。但要怎麼做？一九四三年十一月一日，他們轉而向瓦諾克確認：「我們得知，獲得中立國簽證的猶太人不會被移送集中營，也不會受到虐待。此事是否為真？[16]」瓦諾克不知道，也不想知道。「德國視猶太人為內政議題，政府不會提供任何相關消息。」但他要求人們別急著批判他。別的中立國，那些比愛爾蘭更古老、更強大的中立國，也都做出同樣的結論。「我已就此事徵詢瑞典使節團的經驗，他們告訴我簽證沒有多大用處。[17]」

　　那柯奈流斯・克雷明（Cornelius Cremin）怎麼想呢？是否該核發簽證給猶太人？克雷明是二戰期間愛爾蘭派駐柏林的第三名外交官，也是最後一名代辦。他在一九四三年十一月二十四日抵達柏林。這名約莫三十五歲的官員因一項重要能

---

14 L指雷昂。

15 《愛爾蘭外交政策文件》（*Documents on Irish Foreign Policy*），n° 144 NAI DFA 339/124，一九四一年十一月七日。

16 《愛爾蘭外交政策文件》，n° 336 NAI DFA 419/44，一九四三年十一月一日。

17 《愛爾蘭外交政策文件》，n° 346 NAI DFA Berlin Embassy 2/12，一九四三年十一月十八日。

力而雀屏中選：他的德文十分流利。在愛爾蘭外交人員中，這
是少見的才能。十一月二十二、三日的大轟炸剛結束幾個小
時，他踏上了德國首都。但愛爾蘭代表團的辦公室已被摧毀。
他找到一臉呆滯，還沒有從震驚中回過神來的瓦諾克。後者不
斷重複幾句話：「我們沒有防空洞，沒有掩體……我想救回檔
案……但火焰和爆炸……」全付之一炬。什麼也沒剩下。只有
一台打字機，還有很重要的加密系統。他冒著生命危險搶救了
這兩件物事，但它們毫無用處。德國祕密情報組織至少在三年
前就破解了愛爾蘭的密碼，輕而易舉就能讀取代表團的往來文
件。瓦諾克遲遲無法從這驚心動魄的一晚振作起來。

　　他意志消沉，身心俱疲，生了場大病，不斷抱怨德國首都
的生活多麼惡劣。糧食配額、危險四伏、蓋世太保的監視，還
有里賓特洛甫手下那難以忍受的輕蔑態度。德國人平時怎麼稱
呼愛爾蘭代辦處？廉價的代表團（Die billige Gesandtschaft）。原
因很明顯，這個使節團只有兩名成員：頂著代辦大人頭銜的瓦
諾克和一名打字員。事實上，此時愛爾蘭在德國有兩名代辦。
克雷明到了柏林，但瓦諾克沒有按原先計畫立刻動身回國。不
只是東線戰場，連西線戰場的戰火都不斷逼近，情況危急。同
盟國空軍四處轟炸，長途旅行成了麻煩事。瓦諾克猶豫不決，
深怕賠上小命。前任代辦遲遲不願離開德國，讓克雷明的任務
更加棘手，而且直接影響了他的薪俸。愛爾蘭外交部拒絕同時
支付兩份代辦薪資。太花錢了。都柏林直截了當地表示：「您
離開後克雷明才會收到津貼，我們不可能同時發放您們兩人的
薪水。您和克雷明對此有何建議？[18]」一九四四年二月二十八

日，瓦諾克終於動身回國，但他先買了些新衣，並依此向政府索討一筆特別補償費，確認錢到手了才離開。

這下子克雷明終於成了愛爾蘭在德國唯一的外交官。他可以前往總理府參加宴會，在簽名簿上留下大名。一九四四年四月二十日，希特勒壽宴。一九四四年五月一日，勞動節慶宴。一九四四年七月二十日叛變失敗的慶宴。他從未錯過任何一次邀約。那猶太人呢？他是否比前兩任代辦展現更多的同理心？面對愛爾蘭外交部的關切，他是否站在同一邊？完全沒有。他的答覆和瓦諾克一樣，「力有未逮，絕不可能，很危險。」德國人不容許任何猶太人出境。我們對此無能為力。一九四四年十月十九日，都柏林向外交官警告大屠殺的事實。「這兒的猶太人社群流傳一則謠言，據說德國有意在最後一刻處決奧斯威辛和比克瑙集中營的所有猶太人，特此通知。[19]」愛爾蘭政府說的沒錯。蘇聯軍隊已在東線戰場解放大半的波蘭領土，愈來愈靠近死刑中心奧斯威辛—比克瑙。納粹加速進行毒氣任務，試圖抹去一切證物，再拆光使用中的毒氣室，把剩下的囚犯全移送到西邊的其他營區。都柏林寄給克雷明的信件中，最後以近乎哀求的口氣提出一個要求：「請告知外交部相關資訊，好平息我們的焦慮。若能獲知這些人平安無事的消息，我們將會

---

18 《愛爾蘭外交政策文件》，NAI DFA 17/1，一九四三年十二月十六日。
19 《愛爾蘭外交政策文件》，nº 491 NAI DFA 419/44，一九四四年十月十九日。

感激不盡。」德國人打算將猶太人趕盡殺絕！這是非常嚴重的指控，代辦不能不深入調查。他必須搜集情報，加以確認，確保消息來源很可靠。

他該向誰求助？

納粹！

一週後，克雷明回覆都柏林：「我已在十月二十五日向德國外交部提起此事。負責的官員告訴我，這些處決猶太人的謠言，全是敵方利用各種途徑散布的謊言。既然這些說法純屬捏造，毫無根據，德國官方也沒有必要對此發表聲明。」他還附上一句，他深信，「如果這些集中營必須廢棄，當地的囚犯應該會撤離到別的地方，不會被殺害，畢竟失去那麼多勞動力對德國毫無益處。」很合邏輯，很有道理。但是在一九四四年底，還有誰懷疑希特勒意圖毀滅一切的瘋狂呢？特別是猶太人。元首心中早就沒有邏輯可循，常做出毫無道理的決策。儘管如此，克雷明堅信德國的政治宣傳。也許他只是假裝相信。為了結束這場討論，他給上級的電報又補上一句，沒有必要一再詢問他猶太人的下場，因為「我們不太可能取得德方對此事的正式聲明。[20]」

都柏林不滿意。愛爾蘭政府相信，弗利榭大使已同意讓一批猶太囚犯到瑞士避難；共有伯根－貝爾森集中營的一千三百名猶太人和八千名匈牙利猶太人。如果伯恩辦得到，愛爾蘭怎會辦不到？克雷明再次到處打聽，深入調查，向他的納粹聯絡人探詢，但後者不失禮貌地表示沒收到他的來信。愛爾蘭外交官只好向瑞士大使館求助。他聽說他們與德國人談了一場猶太

人「交易」。「這兒似乎有種常見作法，只要送上外國貨幣，德國就會容許猶太人逃離德國。目前的價格是每人一千美金（相當於二〇二〇年的一萬五千美元）。一名瑞士外交官告訴我，瑞士有名重要的武器商人被美國列入黑名單，他最近就買了四百名猶太人，希望藉此脫離黑名單。[21]」

　　這名「重要的武器商人」是艾米爾・葛歐克・布爾勒（Emil Georg Bührle），一名在德國出生但歸化瑞士的工業鉅子。他握有赫爾維蒂聯邦其中一個最重要的武器工廠，歐瑞康—布爾勒（Oerlikon-Bührle）。在伯恩的同意下，他於二戰期間向德意志國防軍和第三帝國的盟友販售武器。這一行利益豐厚。一九四〇年六月，他的個人財產是十四萬瑞士法郎，但到了一九四四年九月，已激增為一億兩千七百萬瑞士法郎。熱愛藝術的他趁著兵荒馬亂之際，以很低的價格打造了一座幾乎可傲視全球的歐陸藝術大師畫作收藏庫。理所當然，其中不少畫作都來自那些財產遭到掠奪的猶太人。根據美國《對敵貿易法》（Trading With the Enemy Act），他從一九四二年一月起就被列入黑名單，被視為罪犯。眼看戰爭即將落幕，這位工業鉅子打算花錢買回清白名聲。他不只公然疏遠民族社會主義政權，甚至自命為猶太人的救世主。但他不打算拯救平凡人，正如瑞士司法警

---

20 《愛爾蘭外交政策文件》，n° 497 NAI DFA Berlin Embassy 2/12，一九四四年十月二十七日。

21 《愛爾蘭外交政策文件》，n° 525 NAI DFA 419/44，一九四四年十二月二十三日。

察部門所言：「名列同盟國黑名單的工業家布爾勒似乎希望解救那些盎格魯－薩克遜政府特別關切的猶太人。[22]」幾週後，瑞士駐柏林大使弗利樹證實了布爾勒的行動。他的確「買回了」猶太人。不是克雷明說的四百人，而是三百一十八人。

　　為了拯救一群人的性命而撒錢，有何不可？雖說愛爾蘭不如瑞士富裕，但這代表還是有成功救人的可能，愛爾蘭找到了一線希望。唯一麻煩的是，克雷明興趣缺缺。他在幾週內送回了許多報告，明列各種數據，試圖說服上級放棄希望。他認為這種作法非常危險，注定失敗，最好還是別貿然行事。他解釋，教廷大使奧薩尼戈說過他也曾試圖拯救伯根－貝爾森集中營的巴西猶太人。那是去年十二月十三日的事。德國人拒絕了，宣稱只有這些猶太人所屬國籍的國家有權干涉。既然如此，都柏林願意向猶太囚犯提供愛爾蘭護照。絕無可能！不管是基於原則還是兩國邦交，德國人都會拒絕。克雷明補充，德國的拒絕甚至可說是很「人道」的舉動。「根據德方的暗示，要是讓這些家庭成為愛爾蘭公民，德國政府會仁慈地讓我們也嘗嘗那些猶太人體驗過的悲慘命運。[23]」

---

22 瑞士外交文件：www.dodis.ch/47823，一九四四年八月三十日的報告。
23 《愛爾蘭外交政策文件》，nº 403 NAI DFA 419/44，一九四四年三月二十四日。

第十三章
大限將至

柏林，帝國總理府

一九四五年一月一日，新年宴會

簽名簿：共有來自十四國的七十二位賓客簽名

圖説：一九四五年新年慶宴。安福索大使代表新成立的義大利社會共和國出席，率先於此頁簽下姓名。緊跟著是十幾名義大利外交官。最下方則是丹麥使節莫爾（俄羅斯聯邦軍事檔案庫，莫斯科）。

「哈囉？……哈囉？」

「我要打通國際電話……」

「哪一國？」

「日本……」

「哪個城市？」

「大阪……」

一陣沉默。

接線小姐再次開口，語調冷靜而專業：「對方姓名？」

「朝日新聞社……情況緊急，拜託了。」

　　一九四四年十二月三十一日，朝日新聞社柏林辦公室聯絡大阪主管森山義夫。即使同盟國投下了數千噸炸彈，還是未能摧毀德國的工業儀器和電信系統。俄羅斯人已駐紮在離柏林不到兩百公里處，而德國的公共服務機關照常運作。

　　「請稍等……」

　　線路很快就會接通。只要短短的一分鐘。但這給了接線生足夠時間暗中聯絡蓋世太保內部專門負責監聽國際電話的部門。德國電信局的職員非常熟悉整個程序。她是否也明確地報上了通話雙方的姓名？她是否提到這家叫做《朝日新聞》的報社？這是日本最重要的日報之一，每天賣出四百萬份報紙。《朝日新聞》以民族主義的編輯風格為傲，刊登的全是歌頌日本政府政策的文章。

　　蓋世太保準備好了。他們正在監聽。

　　「接通大阪了……交給您……」

「這裡是柏林分部。天氣多雲。今年有強烈寒流侵襲，周邊地區已感受到冷意。整個歐洲都陷入戰火，這第六年的寒冬恐怕會格外艱辛。[1]」

這暗示也太明確了，納粹不用破譯也明白。氣象報告？日本記者在乎的才不是籠罩柏林的寒流。他知道自己受到監控，無法可想，只能透過隱喻提及戰爭、俄羅斯人和極有可能發生的敗仗。這麼說來，日本人也不再認為德國盟友吉星高照？該死的小記者，難道他沒聽到希特勒的長篇演說？他在全國電台剛發表了除夕談話，不是嗎？等等，日本人的確聽到了。他現在正提到演講。他說了個大概並加上分析。這段內容一定會刊登在隔天的日報上。蓋世太保小心翼翼地記下每一個字。他笑了起來，對標題十分滿意：「希特勒宣布：『我會成為最終贏家，直到最後一刻，我也絕不會放棄。』」

有些人以為他生了重病，連話都說不了，自七月二十日謀反事變後就臥床不起。他再也不出席公開場合也不親自發言，只能從戈培爾滿腔憤恨的演說得知他的想法。元首說我們必須奮勇殺敵……元首接見了某某將軍……做下某某決定……他不分晝夜地為了人民而奮鬥……勝利的榮耀屬於他……絕對屬於他！宣傳部人員想盡辦法為電台、報紙設計內容，濫用那些民族主義抒情文體，德國人早就聽煩了。終於，他開口了。阿

1　http://www.saturn.dti.ne.jp/~ohori/sub-shogatu.ht

道夫・希特勒本人。這是他沉默近六個月後首次發言。他親筆寫下冗長講稿，對人民發聲。誰比他更擅長怨恨那些弱者、懦夫和叛徒？這種人實在太多了。他向他的人民，這些善良的好德國人列了一長串名單，命令他們牢牢記住。芬蘭、羅馬尼亞、保加利亞、匈牙利，甚至還有義大利，維克多・埃瑪紐耶爾二世（Victor-Emmanuel II）統治的義大利王國，不是墨索里尼的義大利社會共和國。這些國家都背棄了第三帝國。他們終將為自己的怯懦付出代價。他們哀求俄羅斯人發發慈悲？他們會被送進地獄，永遠不見天日！希特勒會把他們擊垮，就像其他人一樣，他會擊敗所有人。

帝國總理府。一九四五年一月一日。元首再次對各國外交使節避不見面。他人在德國中部的齊根堡（Ziegenberg）總部，與參謀部想辦法拯救德國。在柏林，元首的缺席讓不少代表團鬆了口氣。各國大使和代辦至少可以確定不用見到他。有些人恐懼他的怒火，有些人明顯迴避德國政府，大部分的人不想公開出現在元首身邊。那三個在簽名簿上留下大名的匈牙利人絕對不想被人見到自己在元首附近。他們想必聽過前一晚的演說，聽到希特勒對那些太過軟弱、不願繼續作戰的國家的威脅。當他提到匈牙利時，他們心中有何感想？感到恥辱還是恐慌？他們確定自己逃不了了，很快會淪落悲慘下場。勾結納粹的匈牙利王國幾乎消失了。紅軍從九月就占領了一部分的匈牙利，剩下的則由納粹占據。[2] 克羅埃西亞和斯洛伐克的代表也笑不出來。他們知道第三帝國一旦滅亡，本國的法西斯政權也會

瓦解，而他們張著希特勒大旗所犯下的暴行也將面臨報應。

　　除了這些國家，其他外交官倒是頗為高興，鬆了口氣，幾乎已露出贏家的得意。很有把握的他們略帶不耐地等著即將到手的獵物。他們都來自純潔無辜的國家。他們那身高雅西裝沒有沾上任何血跡。至少他們這麼相信。瑞士、瑞典、梵蒂岡……全都是中立國的代表。他們自認一點責任也沒有。瞧瞧他們在總理府迎賓大廳擺出那副悠然自得的神態，真是不容錯過的好戲。他們從未如此自信滿滿過。一群耀武揚威的傢伙，真惹人厭。

　　安福索受不了那群人。默默觀察的義大利大使帶著幾分輕蔑地注意到他們的行為舉止與往日大不相同。以前他們總是急於討好，一逮到機會就表達對強國的傾慕，老拍德國和義大利的馬屁。現在他們倒成了大人物。「他們是唯一一群陶醉於此刻的人，只是嘴上不肯承認罷了，我保證，他們那副德性還真難看。」安福索不期待從他們身上獲得任何支持。除了他，其他軸心陣營的代表也都這麼想。「他們很害怕軸心國代表會冒險向他們請求提供簽證或某種保護措施，因此只要有人對他們微笑，即使只是出於禮貌，他們也會像刺蝟一樣張開全身的刺。真是陰險的一幕啊，比我們周遭那些廢墟還可怕多了，這

2　譯注：由米克洛什・霍爾蒂（Miklós Horthy）擔任攝政王的匈牙利王國（一九二〇年～一九四六年）原為德國盟友。一九四四年匈牙利有意退出軸心國，與同盟國交涉。原與蘇聯達成協議，但德國知悉後隨即出兵扶植親德的箭十字黨政府，繼續與蘇聯作戰。霍爾蒂流亡國外。另一方面，蘇聯於一九四四年底協助成立匈牙利臨時政府。

提醒我，面對外交官一定要隨時戒備。₃」

　　弗利樹對義大利人的道德教訓毫無興趣。長久以來他都對那些仗勢欺人的強國忍氣吞聲，此刻怎能不享受占上風的滋味？這些軸心國的高官貴人多年來都對他視而不見。這群粗人深信自己象徵歐洲的未來，一個由希特勒定義、依種族劃分的歐洲。而金字塔的尖端，當然由德國人占據。瞧瞧他們現在備受打擊，一敗塗地，受盡屈辱的樣子，瑞士大使感到好笑極了。他等著德國人懺悔贖罪。一個個低著頭，哀求不可能的饒恕，誰知道弗利樹會做下什麼決定。誰拿得到簽證？誰能獲得前往瑞士的通行證，取得免於一死的保證？自一九四四年十一月起，瑞士大使館的領事處就忙碌不堪，太多人渴望取得珍貴的護身符。但不是誰都能求得到。西班牙和葡萄牙外交官渴望逃離柏林？沒問題。瑞士邊界不是關了嗎？可以為他們打開。愛爾蘭代辦克雷明擔憂妻小的安危？想把他們送到瑞士？當然可以。我們很樂意為您服務。立刻遵辦。

　　那納粹呢？這就比較棘手了！只能按個別情況處理。一九四五年一月一日，弗利樹觀察那些高傲的德國官員，個個突然都變得格外殷勤，稱呼他為「先生」、「閣下」，滿心關切地環繞在他左右，真讓人覺得卑鄙極了。就連里賓特洛甫都記起他的存在。走到瑞士人面前道歉的德國外交部長，簡直像個沒穿衣服的國王。為了向瑞士人賠罪，外交部長提議到他家吃頓飯好好聚一聚，也會邀請所有中立國代表到他的官邸同歡。日期就訂在這幾天。這是場重要宴會，我們等著你來。但弗利樹拿不定主意，不知道該不該赴宴。他對這樣的禮遇故作意

外，讓人心癢難耐。其實從好幾週前里賓特洛甫就多次提起晚宴的事。德國人從秋天起接連派了數名助理拜訪瑞士大使，表示外交部長希望盡快見面，請與他聯絡。但瑞士人故作冷淡。

　　照理來說，里賓特洛甫絕不可能容忍這種目中無人的態度，但自一九四五年起部長不得不配合外交官的心情，包括那些他長久以來瞧不起的人。他知道德國政府的未來不妙。希特勒期待已久的亞爾丁（Ardennes）攻防戰於十二月中旬展開，本該扭轉西線戰場的局勢，但目前看來大勢已去。里賓特洛甫再次謙卑地向瑞士朋友提起這場重要晚宴，好像與老友重逢般親熱。日期是二月底，地點是德意志帝國總統宮殿（Reichspräsidentenpalais），這兒原是總統官邸，現在則是里賓特洛甫的住所。只有第三帝國最德高望重的人物和最重要的外交官，才有幸前往這座十八世紀的宮殿，享受普魯士風格嚴守禮法的招待。

　　這是尊榮禮遇嗎？非也，完全稱不上，至少在一九四五年初的冬天不是。當親愛的弗利榭獲得邀請，就稱不上什麼尊榮禮遇了。各國大使和代辦幾乎都離開了柏林，一個接一個逃離首都，關閉使館，躲避炸彈攻擊和俄羅斯人接下來的進攻。如今帳面上只有十六國的外交代表還留在德國，相比之下，一九四二年有二十二國，一九三九年四月則多達五十三國。連

3　Filippo Anfuso, *Du palais de Venise au lac de Garde, 1936-1945, Mémoires d'un ambassadeur fasciste*, Paris, Perrin, 2016, p. 361.

教廷大使也告別柏林。人人都知道他與德國人關係親密，但他這下也慌了。他怕紅軍怕得要命。他在一九四五年一月搬到柏林西邊的郊區，靠近波茨坦一帶，但他要求搬到更遠的地方去。二月八日，德國當局准許他帶著祕書搬到遠離戰火的巴伐利亞小城艾克斯提特（Eichstätt）。照理來說這地區會被美國人解放。有美國人在，教廷大使就不用怕。

　　克雷明更加謹慎，非常明智地選擇待在瑞士邊界附近，落腳於康斯坦士湖畔。萬一大事不妙，愛爾蘭人只要划個槳就能踏上瑞士領土。奧薩尼戈和克雷明也都受到里賓特洛甫的邀請。他們深感榮幸，但不得不萬分遺憾地婉拒外交部長的好意。教廷大使太過勞累又年事已高，不方便長程奔波也不敢穿越不斷移動的戰線。克雷明願意前往，但部長必須替他安排一輛汽車才行。愛爾蘭外交官捉襟見肘，負擔不起車資。德國人體諒他的處境。他們向他保證，他們會安排一切。接著他們改變說法，再也沒有汽車可供使用，連汽油也沒了，什麼都沒了。克雷明只好作罷。既然提到了錢，愛爾蘭人趁機把一張單據交給德國政府，上面明列愛爾蘭使館遭摧毀後所蒙受的損失。雖說一九四三年炸毀那棟建築的炸彈全是英國人或美國人投下的，但都柏林判定德國政府得負責。克雷明自從在一九四三年接下駐柏林代辦一職後就不斷糾纏第三帝國當局，要求他們賠償。一九四四年八月，代辦向上級回報，雙方交涉有望。但進度實在太慢了。外交官心知他們必須趕快達成協議。俄羅斯的戰車正在擊垮東邊最後一道防線，第三帝國接下來數週會忙著為生存搏鬥。克雷明直到最後一刻都想盡辦法獲

得一個官方簽名，一張具備法律效力的文書，好證明德國承認這筆債務。這樣一來，愛爾蘭政府才能在戰後向德國新政府提出債權。這是最重要的事。一九四五年二月一日，國務祕書斯汀葛拉許判斷大勢已去，終於同意簽訂賠償條款。若愛爾蘭人有天獲得賠償，付錢的也不會是第三帝國。斯汀葛拉許猜得沒錯。很久以後，德國聯邦共和國終於在一九五八年清償這筆債務。為了賠償二戰期間愛爾蘭因轟炸而遭受的財物損失，西德共付了三十二萬七千英鎊。

回到前總統宮殿。弗利樹在柏林上任後，只來過這兒兩次。就任七年的時間只來了兩次。這座普魯士城堡已不如往昔般富麗堂皇。它未能在美國空襲中全身而退。弗利樹步下座車時注意到「側翼已被摧毀」。內部的殘破更令他說不出來：「主屋搭了臨時屋頂，擋住雨水和冷風。牆壁上滿是裂縫，都是爆炸造成的結果。」這哀悽的景象讓外交官臉色發白。炸彈隨時都可能落在他們頭頂！顯然同盟國的轟炸機把這棟宮殿視為首要目標之一。即使在離地數百公尺的上空，這兒也是很容易辨認的標的。伯恩也通知過弗利樹，同盟國會進一步加強空襲火力，每天至少會有一次空襲，而且不會等到入夜才行動。得趕緊通知司機才行。弗利樹退了出去，命令司機：「只要響起任何警報，立刻來接我。」絕不能被同盟國發

4　Hans Frölicher, *Meine Aufgabe...*, *op. cit.*, p. 157.

現他與里賓特洛甫共處一室，與這該死的傢伙共處數個小時。

　　晚宴在尊榮大廳展開。五年前，站在這兒的德國外交部長不但賣弄見識，還擺出蠻橫無禮的架子。那都是另一個時代的事了。弗利樹仍清楚記得當時的情景。他怎忘得掉？那是一九四〇年，德國進攻法國前幾週。瑞士人坐立難安，心想恐怕很快就會收到德國的宣戰書。「如今，我毫不費力就能保持冷靜，」他刻薄地評論道，同時注意到僕役從存放在防空洞的紙箱，拿出了盛大場合才會使用的高級餐具。整班僕人都圍繞在圓桌旁，與莊嚴恢宏的大廳相比，這張桌子真是小得可憐。除了弗利樹，里賓特洛甫還邀請了瑞典代表、義大利和日本大使、國務祕書斯汀葛拉許，以及幾名外國記者。會出現一流餐點嗎？安福索希望能吃到一桌好菜。現在在柏林就連填飽肚子也是妄想，首都的菁英階級都在挨餓。脾氣暴躁的日本人大島浩一定會想吃魚，而且是生魚。外交部人員對此習以為常。大島還要喝啤酒。「大島將軍身材結實，會說德文還會唱德文歌。再加上他吃大量的生魚，這些特點讓他在啤酒暢飲會上所向披靡。₅」安福索不用擔心，這一天德國政府提供了足夠的食物，他們得以飽餐一頓。

　　享用美食好酒之餘，高談闊論才是重頭好戲，外交部長忙不迭地侃侃而談，他最喜歡聊的話題就是自己。這一點早在柏林激怒了不少人。他向賓客分析戰況。啊！戰爭！他可是近距離觀察過戰事，非常近的距離。里賓特洛甫剛從東邊戰線回來。他以推心置腹的口吻說道，他去視察了一番。德國部隊啊，這些令人驚嘆的戰士，多令人驕傲！他以激動的口吻驚嘆

道。值得為他們寫齣華格納悲劇！弗利樹一反常態，面對這場
拙劣演出，他再也無意掩飾內心的憤怒。他鼓起勇氣打斷德國
部長的獨白：你們還有希望贏得這場戰爭嗎？戈培爾一再重複
德軍將逆轉情勢，我們能相信嗎？一片沉默籠罩眾人。里賓特
洛甫直視著瑞士人，露出一抹勉強苦笑，再次開口。他努力保
持樂觀，但這回沒有保證德國會獲勝。不過他繼續說道，千萬
別搞錯，要是德國真的敗亡，整個歐洲也將隨德國陷入混沌，
失去所有的文明與自由。我們的下一代將受布爾什維克主義控
制。說到這個，同盟國不是已簽下雅爾達密約[6]嗎？那是十五天
前的事。

　　總統宮殿的宴客廳一片死寂。沒人想得到外交部長居然會
對他們洩露機密。里賓特洛甫一口飲盡杯中的酒。他醉了，陶
醉在自己的話語中，不惜揭露祕密情報。這些都不再重要。沒
時間故作含蓄了。是的，外交部長知道同盟國的祕密。他得到
密報。一定是瑞典人！多虧那些親切的瑞典人提供文件，德國
很清楚邱吉爾和羅斯福兩人與史達林做了什麼交涉。希特勒收
到警告，史達林會獲得西線部隊大力助攻，一方面削弱德國部
隊的武力，同時掩護紅軍朝柏林進軍。里賓特洛甫接著說道，
所以，這場戰爭的贏家已經決定了，不是嗎？弗利樹帶著幾分
同情聆聽部長的絮叨，就像陪伴一名大限已近的病人。「身為

5　Filippo Anfuso, *Du palais de Venise au lac de Garde..., op. cit.*, p. 365.
6　譯注：英美蘇三國領袖於一九四五年二月四日至二月十一日期間，在蘇聯舉
　　行了雅爾達會議，制定第二次世界大戰戰後的新秩序和列強利益分配，對戰
　　後局勢影響深遠。

免於戰火侵襲的中立國代表，我沒有立場批判任何人。但我不禁對德國外交部長湧起憐憫之心，他身處絕望的境地，儘管他本身能力不足也罪有應得，但基於人性，我還是忍不住同情他。[7]」

輸掉這場戰爭？里賓特洛甫真敢當著外國人的面，在一群記者和外交官面前暴露自己的悲觀嗎？一九四五年二月，希特勒牢牢掌握整個國家的權力。隨著德軍一再失利，他砍下一名又一名將領的頭顱。當元首變得如此偏執狂暴，外交部長還敢公開宣稱勝敗已定嗎？弗利榭在回憶錄中斷言此事不假。他還清楚記得當時的情景。然而大島將軍的說詞與弗利榭完全相左。日本大使非常崇拜希特勒。他眼中的希特勒是名征服者，一個滿懷自信的男人，不惜犧牲數百萬條性命也要建立一個全新帝國。一個有骨氣的男子漢！不像那些狡詐的義大利人。一九四三年七月，同盟國一登陸西西里島，大島就邀請義大利大使去他那兒作客，只為好好教訓對方一番。暴跳如雷的他無法好好說話，只能大聲咆哮。他從喉嚨深處發出的嘶吼，簡直像人們吐痰前清嗓子般刺耳。「追捕他們！阻擋他們！不惜代價！這一回義大利士兵非振作起來不可！[8]」日本大使要是見到里賓特洛甫如此沮喪，會有何反應？絕對會勃然大怒。而且他一定會立刻通知東京。

大島的確向日本上級回報了這場晚宴細節。英國人握有這份完整報告，大使其他的加密電報也是。他們從一九四○年九月就破解了日本人的密碼系統。託日本駐柏林代表團的福，同盟國才會知道希特勒打算在一九四一年夏天入侵蘇聯，也知道

一九四四年六月德軍在諾曼地海岸的部署。至於里賓特洛甫招待各國外交官的這場晚宴，大島的報告與弗利樹的說法剛好相反。「里賓特洛甫指出，絕不能低估俄方的潛在軍力，」日本人寫道。「另一方面，他強調德國軍官與士兵鬥志激昂，特別是新招募的年輕國民擲彈兵（Volksgrenadier），。他們全都士氣高昂。他毫不懷疑德方將會重創蘇軍。10」

　　戰勝還是戰敗，真那麼重要嗎？……最重要的還是保住性命。這就是弗利樹最在乎的事。晚宴順利結束了，沒有半顆炸彈落下來，同盟國還算有分寸，沒有來鬧場。里賓特洛甫像與好友話別般，感謝賓客前來之餘還以詼諧口吻開了幾個玩笑，但沒有提起何時會再相見。他再次為了這些年未能與瑞士大使多往來，向弗利樹表達遺憾。他看起來似乎真情流露。接著他提起錢的事，是的，錢，您也清楚，那些被困在您們那兒，困在瑞士的資產……弗利樹心想，事情果然沒那麼簡單。他早就猜想對方會要求簽證，絕望地請求前往安全處所，但倒沒料到外交部長會提起錢的事。等到美國人和蘇聯人控制整個德國後，這筆錢又有什麼用呢？部長笑了。看到自己輕而易舉就讓賓客坐立難安，想必令他頗為得意。里賓特洛甫接著說，是

7　Hans Frölicher, *Meine Aufgabe..., op. cit.*, p. 158.

8　Leonardo Simoni, *Berlin, ambassade d'Italie, op. cit.*, p. 411.

9　因東線與西線戰場的傷亡太過慘重，德國在一九四四年秋組建了一支國民擲彈兵。

10 Magic Diplomatic Summary, 4 mars 1945, document 74. 大島報告了二月二十八日與里賓特洛甫的對話。Peter Herde, *Die Achsenmächte, Japan und die Sowjetunion*, Berlin, De Gruyter, 2018, p. 393.

吧，是吧，瑞士趁機大賺一票，還真是公平的遊戲呀。他暗指的是瑞士聯邦委員會做出的一項決議。約莫十幾天前，聯邦委員會在二月十六日決定凍結德國政府在瑞士的所有資產。這是美國的要求。沒有人敢向未來的戰勝國抗議，瑞士理所當然地照辦。弗利榭試圖打斷這場尷尬對話，向里賓特洛甫保證下次再討論這回事。等到希特勒保證的新式武器扭轉情勢再說。誰知道呢？

過了幾天，伯恩和華盛頓針對納粹在瑞士銀行的祕密帳戶，於三月八日達成另一項更嚴格的協議。現在瑞士不再畏縮，就算會激怒德國也沒關係。第三帝國已是強弩之末，他們的軍隊毫無威脅。就法理而言，柏林也已陷入死胡同。即使德國想提出抗議，他們又拿得出什麼理由？他們想收回什麼？那些從猶太人身上搶走的錢嗎？不然是什麼錢？

在伯恩上級的要求下，弗利榭於二月底前往巴伐利亞地區，慕尼黑南部的施坦貝格湖畔避難。不過柏林的瑞士大使館沒有關閉。弗利榭的同事阿弗雷德・策恩德（Alfred Zehnder）留守柏林。這決定很明智，因為後者是名出生於莫斯科的瑞士外交官，說得一口流利俄文。至少當蘇聯士兵突襲使館時，這位勇氣可佳的領事聽得懂他們的威脅恫嚇。畢竟瑞士使館人員全都確信，接下來他們會吃不少苦。「就連代表團的參事策恩德也相信俄羅斯人不會對他親切招呼，甚至連基本禮貌都不用奢望，」思慮清晰的弗利榭在旅行日誌中寫道。

不過到目前為止，蘇聯還沒攻下柏林。德國人仍在最後幾

座滅絕營中屠殺猶太人。二月、三月、四月，眼看戰爭即將結束，親衛隊駭人的屠殺機器仍在最後幾個月運作不歇。瑞典、瑞士、愛爾蘭和梵蒂岡的外交官都不斷收到自家政府慌張失措的要求，命駐外官員想辦法干預，救出集中營的囚犯，愈多愈好。教廷大使早就離開柏林，搬到了巴伐利亞，而梵蒂岡仍傳給他一連串危言聳聽的消息。快向德國政府插手，想辦法讓他們清醒過來，他們必須停止屠殺猶太人。

　　一九四五年二月四日，慢了好幾拍的梵蒂岡似乎終於發現大屠殺的慘劇：「這兒有報導指出德國人逮捕的猶太囚犯都會被處決。若真有其事，最尊貴的閣下，請您以聖座之名加以干預。[11]」二月？他們二月才知道這回事嗎？但同盟國好幾個月前就解放了數座滅絕營。俄羅斯人在一九四四年七月解放第一座滅絕營，也就是波蘭境內，盧布令附近的馬伊達內克（Majdanek）滅絕營。接著又陸陸續續解放了其他營區，且在一九四五年一月解放了最著名的奧斯威辛。奧薩尼戈沒料到他的上級那麼慢才明白事態嚴重，也沒等他們回過神來才做出應對。他早就多次向希特勒政府的數名部長關切過此事。不幸的是，全是徒勞。他向梵蒂岡當局這麼回報。他遺憾地表示，自己用盡各種手段都毫無成效。

　　雖然大使束手無策，但相當於他國外交部的梵蒂岡國務院

---

11 *Actes et documents du Saint-Siège relatifs à la Seconde Guerre mondiale, janvier 1944-juillet 1945*, télégramme n° 1210 (A.E.S. 500/45), p. 537, 4 février 1945.

對此並不滿意。這一回不能就此了事。教廷大使必須更賣力一點才行。美國開始追究庇護十二世的責任。天主教世界都義憤填膺，激動不已，要求一個答案。奧薩尼戈在二月二十七日又收到梵蒂岡的公文。「我不斷收到新的指令，要求我代聖座出面，拯救被關在德國及其占領地區的猶太囚犯，聽說他們的處境會進一步惡化。12」要是我們真無力幫助他們逃離親衛隊的虎爪，至少送他們「一些食物和衣物13」。為將死的囚犯送上食物和衣物?!但教廷大使連這一點小事也辦不到。事實上，他連試也沒試。奧薩尼戈宣稱，和德國人再怎麼交涉也毫無用處。並非如此！有些納粹分子願意販售猶太人的性命。一九四五年二月七日，一列德意志國鐵列車停在瑞士的克羅伊茲林根（Kreuzlingen）車站，離德國的康斯坦士小鎮只有幾公里遠。十七節車廂裡擠滿了一千兩百名猶太人。他們全來自特雷津集中營，而他們的目的地本是奧斯威辛。他們怎會到了瑞士境內？發生了什麼奇蹟？有群擇善固執、放手一搏、誓不放棄的人實現了原本不可能的事，與猶太人劊子手達成交易。那個劊子手是誰？正是發明「終極解決方案」的親衛隊全國領袖（Reichsführer），納粹政權的第二把交椅希姆萊。他同意交出一千兩百名猶太人以換取五百萬瑞士法郎。這筆錢當然存進了一間……瑞士銀行。

　　教廷大使當然沒這種財力。但他真有聯絡德國政府嗎？他已搬到柏林南邊五百公里外的城鎮，離首都那麼遠，他真能與德國當局聯絡嗎？在梵蒂岡資料庫裡，找不到德高望重的奧薩尼戈閣下為猶太人說情的證據。有封標上三月十日，由他親筆

簽名的快遞，但他在信中關切的是羅馬尼亞的德國人。奧薩尼戈懇求梵蒂岡國務院干預，阻止他們被移送俄羅斯。他還做了件勇氣可佳的事。一九四五年四月十八日，他寫了封長信給德國外交部。他在信中抨擊長久以來波蘭境內發生的不幸事件。他清楚明列德國的三條罪狀。三條。

　　一、禁止教徒參加彌撒。所有的天主教徒每個禮拜日都必須參加彌撒，不能只在重大節慶參加，一個月參加一次也不夠。

　　二、禁止波蘭工人的孩子受洗。

　　三、禁止瀕死人士接受臨終祝禱，也不能在喪禮上進行一般的宗教儀式。[14]

　　教廷大使在信尾提起一個希望，一個夢想。他期盼第三帝國為波蘭天主教徒的身心福祉設想，希冀德國外交部「對此詳加考慮，並盡力影響負責相關事宜的政府機關，我方將深深感激。[15]」至於波蘭的猶太社群，他還是隻字未提。

12　出處同注11，télégramme n° 1221 (A.E.S. 1170/45), p. 547，一九四五年二月二十七日。

13　出處同注11。

14　出處同注11，n° 479, p. 570，一九四五年四月十八日。

15　出處同注11。

第十四章
最後的宴會

柏林，帝國總理府

一九四五年四月二十日，元首五十六歲壽宴

簽名簿：共有來自三國的五名賓客簽名

圖說：一九四五年四月二十日，希特勒五十六歲壽宴。這一頁五個名字都清楚可辨：日本大使館的海軍武官阿部勝雄及其助理溪口泰麿，阿富汗使節納華茲，日本大使館參事河原駿一郎，及泰國使節朱辛（俄羅斯聯邦軍事檔案庫，莫斯科）。

有幾國？

十二國。

又有十二國向德國宣戰。

僅僅不到七週。

包括了阿根廷。連阿根廷也向德國下了戰書。阿根廷是榮
登這一長串名單的最後一個國家。精確來說，那是三月二十七
日的事。在美國的施壓與堅持下，阿根廷人終於舉手投降。他
們直到最後一刻才變節。這場要置第三帝國於死地的戰爭，他
們也參了一腳。到了一九四五年四月，至少已有五十國正式向
希特勒政權宣戰。

那其他國家呢？還是有幾個國家留下來吧？

中立國呢？各代表團的最高官員都已離開。諸如瑞士
人、瑞典人、葡萄牙人、西班牙人、愛爾蘭人……

這些國家的外交部只在柏林留下幾個「自願」留守的次級
外交官。他們肩負重任，必須保護那些無法離開德國的同胞，
還得阻止大使館遭到洗劫。因為俄羅斯人馬上就要來了。

最後一場戰役已經開打。蘇聯軍隊自四月十六日起猛攻第
三帝國首都。史達林集結了兩百五十萬大軍，打算一舉消滅希
特勒和他最後的部隊，令人驚嘆的是，他還有一百二十五萬名
士兵。

四月二十日，柏林周邊的郊區城鎮一一落入紅軍手中。他
們離市區不過幾公里的距離。結果已呼之欲出。連希特勒也清
楚自己輸定了。

元首自三月就移居到帝國新總理府正下方八公尺深的地堡

中。從此他再也沒離開過。

那生日呢？一九四五年四月二十日，誰還會記得這一天是希特勒的五十六歲壽辰？

只剩下身邊那些最親近他的人，最後的狂熱分子，包括戈培爾、戈林、希姆萊……他們仍伸直手臂，吐出有點無精打采的「萬歲」，祝賀那個沮喪苦惱的男人，而他已決定放棄這個令他失望透頂的德國。總理府每間廳堂的家具都被搬光，那些絲滑掛氈和厚實地毯都收了起來。哀傷的納粹軍官怨嘆自己對希特勒的死心塌地，他們鑲了鐵片的靴底在赤裸的大理石地面敲出了清脆回聲，幾乎壓過了那些低語。他們的呢喃消散在通往接待廳的廊道裡，德國外交部的公務員正在另一端忙碌。這些不值一提的小人物可有聽到希姆萊向希特勒保證自己忠心不貳？有沒有聽到戈林還在吹牛，說德國空軍的新式噴射機威力驚人？這兩個人根本口是心非，心底只盼著逃離戰區，保住自己的小命。看到希特勒和戈培爾決定萬一戰敗就要以死明志，他們都高興得不得了，為自己輕鬆逃過一劫而鬆了口氣。他們真心希望那兩個人最好就此完蛋。這兩個瘋子。也許他們能利用這兩人的屍身和美國人交涉，說不定也能向史達林說情。

誰知道呢？

希姆萊走了……現在戈林也離開了……在走廊裡遇到兩位大人物的迎賓人員非常意外，急急忙忙護送他們前往出口。祝賀儀式提早結束了嗎？快讓讓，你們這些悲慘的傢伙，納粹高官趕著逃命，沒時間理你們，快恭敬地向他們行禮，接著乖乖等死吧。這些公務員什麼也不懂，不知道發生了什麼事，還

以為這兩個納粹大人物會救他們一命，拯救這個政權，這個國家。一見到行色匆匆的兩人，他們全背牆站好，高喊：「勝利萬歲！」接著紛紛回到工作崗位：迎接各國外交官。元首生日是個神聖的日子。各國外交使節都必須獻上官方賀詞。即使在如此悲慘的時刻也不例外。

只有五人出席。

來自三國大使館的五名外交官。

一名阿富汗人，三名日本人和一名泰國人。

新總理府自一九三九年落成啟用以來，這是禮賓人員首次沒要求賓客交出請帖。因為他們根本沒寄出正式邀請函。這都是炮彈的錯，紅軍送來了槍林彈雨，沒有半個信使願意冒死送信。那些被稱為「史達林的管風琴」的喀秋莎火箭炮，十秒內最多能發射重達兩噸的炮彈，柏林的大街小巷都變得危機四伏。所以請帖送不出去。也沒人在沉重的簽名簿上，細心地以花式字體寫下「元首五十六歲壽宴」，這些慣例都被拋在腦後。禮賓人員只在空白處簡單地用數字標明日期。字跡有點潦草。這一頁只有少少幾個名字。

居然沒有半個瑞士人？弗利榭早就逃離首都，但參事策恩德接下他的職務。在如此重要的日子，策恩德理當代表瑞士出席。但他卻刻意迴避。眼看希特勒一敗塗地，赫爾維蒂聯邦可不想陪著他下地獄。不過第三帝國外交部的第二把交椅並沒有為此生氣。位高權重的斯汀葛拉許暗地裡已把妻小送往瑞士，此刻再也無意掩飾對元首和納粹的厭惡。就在蘇聯進軍柏林前，他鼓起勇氣向策恩德吐露心事。瑞士外交官寄給上級的

報告中描述：「德國對瑞士大使館格外殷勤，外交部招待我前往亞德隆飯店共進最後一頓午餐。我一進到餐廳，國務祕書斯汀葛拉許就非常熱忱地迎接我，我們勾肩搭背走進一間廂房。……令人驚奇的是，他居然向我坦承他從來都不想加入民族社會主義黨。但要在外交界謀得一職，他非這麼做不可。當我問他為何向我坦承這一切，他期望我為他做什麼，他回答：『別擔心，我不是要您發瑞士簽證給我。』[1]」

　　根據斯汀葛拉許的說法，他只是想找人說幾句真心話，渴望展露真實本性。他並不是納粹。是的，他的確從一九三三年就加入納粹黨，但這只是年輕時犯下的錯誤罷了。誰年輕時沒做過傻事？但瑞士外交官壓根不信他說的話。這場突如其來的告白令他疑心大起。斯汀葛拉許就像第三帝國其他高官一樣，心知在不久的將來，需要有人證明他的道德品性，辯護納粹政權所犯的惡行不干他的事。他需要像策恩德這樣的人物告訴世人他其實不是納粹。策恩德猜對了。戰爭一結束，希特勒的最後一名國務祕書就被同盟國逮捕，為第三帝國政府服務的他遭到審判。一九四九年，他被判了僅僅七年的徒刑，然而隔年他就獲得特赦，於一九五〇年一月重獲自由。

　　那教廷大使呢？他人在哪？這一年的四月二十日，梵蒂岡大使館居然沒派任何人前往總理府？他們全在幾週前離開了柏

1　瑞士聯邦檔案，編號：J1.236#1993/368#11*, document 02，一九四五年六月十五日。

林。還有那些忠心耿耿的義大利人，總是派了那麼多人前來祝賀。但這一回他們也缺席了。德國人在上週把他們送到八百公里外的南部，奧地利滑雪勝地巴特加斯泰因（Bad Gastein），離薩爾斯堡（Salzbourg）不遠。這麼做是為了保護義大利人不受敵軍攻擊，但最重要的是，萬一希特勒決定逃離柏林，躲到巴伐利亞阿爾卑斯山區繼續抗戰，必須確保這些人能及時援助。墨索里尼的大使安福索在巴德加斯坦與數位外交官重逢，他們都和他一樣「被困在寒冷空盪的旅館內，這些旅館呈扇形分布於河谷上方的峭壁頂端。這兒根本不像外交官的住所，還不如說是關死囚的牢房。₂」大島將軍也住進同一間旅館，豪華的莫札特大飯店，還有幾名斯洛伐克和克羅埃西亞人與他們作伴。日本人從好幾天前就坐立難安。他焦急地等著一封電報。一封對日本來說至關重要的電報，攸關戰況──不是歐洲，而是亞洲戰況。他那幾名還留在柏林的助手足以左右一部分的戰事。

一九四五年四月二十日，三名日本人前往總理府。訪客簽名簿上留著他們的名字。大使館的海軍武官阿部勝雄中將，其副手溪口泰麿上校，以及參事河原駿一郎。在東京的授權下，他們打出最後一張牌：取得帝國海軍（Kriegsmarine）的潛艇隊，去攻擊日本海域的美國海軍艦隊。他們在四月十五日接到此任務命令。既然第三帝國已無勝算，何必浪費這些武力，不如把那些珍貴的U型潛艇交給日本人吧。可惜的是，大島大使已在前一天離開柏林。河原參事只好接下這個任務。為了說服德國人，他決定找海軍的阿部中將與溪口上校同行。這兩人在戰爭期間都待在德國，與納粹的關係良好，和河原剛好相反，

就連親衛隊也覺得河原太一板一眼了。您們想見希特勒？現在？日本人的要求令德國人大吃一驚。負責聯絡的德國官員探詢對方的理由。他們回答，這是極為重要的機密事務。不說就算了，反正元首不會接見他們。四月十六日不行，十七日也不行。其他日期也不行。德國人拒絕了，元首沒有時間。河原仍堅持不懈，不然別人也行，任何一名政府要員都好。

全是徒勞。

沒有人願意接見這群日本叛徒。是的，他們全是叛徒！羅斯福在一九四五年四月十二日逝世，而日本人的反應令納粹大怒。東京居然向美國人獻上最真摯的慰問。這令戈培爾大發雷霆。他原希冀羅斯福的過世會削弱英國人與俄羅斯人的同盟關係，沒想到納粹最後的盟友，那些日本人卻背叛了他們。河原也很不悅，德國宣傳部長和這些西方人都搞不懂日本人的想法。他冷冷地向迎接他的德國官員解釋，羅斯福是名值得敬重的對手。但他來此的目的並不是為日本辯白。他想晉見海軍總司令鄧尼茨（Dönitz）。這是他最後一次機會，他最後的希望。河原不是單獨前往。阿部中將與他同行。鄧尼茨與阿部很熟，兩名海軍將領惺惺相惜。鄧尼茨能否抽空見他一面？看在老朋友阿部的分上。

到了希特勒生日這一天。上午十一點半，阿部和屬下溪口上校踏進了總理府大廳。他們什麼也沒說，只在簽名簿上簽了

2　Filippo Anfuso, *Du palais de Venise au lac de Garde...*, *op. cit.*, p. 425.

字就沮喪離開。他們在前不久得知鄧尼茨的答覆。他拒絕了日本人的要求。由於燃料不足，沒有任何一艘德國潛艇能離開。里賓特洛甫則在好幾天前就委婉迴避。對日本人來說，這一回他們敗得徹底。阿部和溪口已沒有留在柏林的理由。一秒都不浪費，他們立刻上路前往波羅的海海岸。有艘小船等著把他們送到瑞典。阿部很久以前就與斯德哥爾摩討論逃離第三帝國的途徑。在溪口的陪伴下，他可以悠閒地等待戰事落幕。河原沒有加入兩位同事。當天稍晚，他也在總理府簽名簿上留下他的大名，接著回到日本大使館。即使德國顯然輸掉這一戰，他仍堅守崗位。四月二十一日晚上十點，他完成最後一份標上「非常緊急」的機密報告。他明列各種十分敏感、令人擔憂的戰略資料，指出這場戰爭的最終走向。俄羅斯人步步進逼，情勢危急。德國外交部忙著打包。還有那些炮彈，成千上萬的炮彈在市中心落下。河原低頭深思，仔細重讀，才將報告寄出；確認自己完成使命後，他才心不甘情不願地摧毀加密設備，免得落入蘇聯手中。他提醒上級，從此之後他只會透過專為這種時刻設計的特殊「記憶式密碼」與日本聯絡，這是種手動的加密法。他沒有違背自己的誓言。儘管戰火連天，他仍與東京保持聯絡。五月八日後，他被紅軍逮捕，接著被送往莫斯科。

河原在即將駛向蘇聯的火車上遇見納華茲。這個阿富汗人和他一樣也是外交官。一九四五年四月二十日那一天，這人也像河原一樣，在簽名簿上簽了字。納華茲是阿富汗代表團的最高官員。德國投降後，他也在一片斷垣殘瓦的柏林被蘇聯反間

諜組織逮捕。後來他在莫斯科郊區被關了好幾天；不，不是被關，這叫做軟禁。對這名阿富汗國王的親信來說，這是個悲慘的結局。他在民族社會主義政權下擔任了十年大使，最後淪為布爾什維克的囚犯。

這故事從一開始就很血腥，沾滿前任外交官的鮮血。那位前輩在一九三三年被人射了四到五槍，其中一槍在心臟上方；在剛開始納粹化的柏林，光天化日下發生了一場謀殺。一名阿富汗學生認為本國大使與英國人太過親密，於是舉槍殺了他。對阿富汗民族主義者來說，大使犯了大罪。他們永遠也忘不了上個世紀倫敦在他們的國土上發起的三場戰爭。謀殺犯被逮捕，經法院審理後被判處死刑，於一九三五年處決。納華茲未能見證行刑過程。新任使節在死刑執行後幾天才抵達德國。這名五十歲的阿富汗貴族曾在四年前造訪德國，對這兒並不陌生。德國政府非常熱情地迎接他。柏林希望說服阿富汗與德國結盟。納粹的舉動其實只是重拖威廉二世₃時期的老計謀罷了。第一次世界大戰期間，皇家情報機構打算提供阿富汗部落武器，幫他們組建軍隊，派他們去攻打受英國統治的印度人。為了贏得喀布爾的信任，希特勒表現得十分大方。德國在一九三六年同意提供一千五百萬德國馬克的貸款，幫助阿富汗部隊現代化。三年後，德國又借給阿富汗五千五百萬馬克。相對的，柏林希望時機一旦成熟，阿富汗別忘了攻擊駐紮印度的

---

3 譯注：一八五九年～一九四一年，德意志第二帝國末代皇帝。

英軍。一九四一年六月，德國進攻蘇聯，給了阿富汗信號。阿富汗國王查希爾・沙阿（Zaher Shah）₄終於在八月集結全國士兵，接著……什麼也沒做。同盟國剛剛入侵了鄰國伊朗。阿富汗國王很明智地拒絕加入這場世界大戰。

在這場地緣政治角力戰的中心，納華茲登上舞台。這是一場結合刺探、金錢與勒索的比試。一九四一年十一月，阿富汗放棄攻擊印度的幾個月後，一名在瑞士活動的德國間諜通報柏林，查希爾國王決定把阿富汗境內所有的德國探員驅逐出境。情報來源十分可靠，來自駐德阿富汗代表團的成員。他們正在瑞士境內。納華茲為納粹工作嗎？赫爾維蒂聯邦政府對此深信不疑。他們認為納華茲過度頻繁地造訪瑞士聯邦的美麗城市，並在當地拜會各國商人。當地警方記錄：「納華茲在一九四三年四度入境瑞士。最後一次是在一九四四年四月八日前往巴塞爾。₅」當地的反間機構決定發動一次範圍廣大的任務：「一旦納華茲再次進入瑞士，立刻啟動祕密跟蹤任務。」一九四四年七月十九日，阿富汗大使回來了，帶著妻子和三名年幼子女於下午兩點抵達巴塞爾。表面上，他的旅遊目的是：休息。他計劃休假四週。

瑞士人監聽他，監視他，跟蹤他。相關報告愈來愈多，幾乎每天都有新內容。但什麼也沒有，他們找不到任何對他不利的資訊。有天與朋友用餐時，納華茲提起德國的情況；對方是名住在瑞士的英屬印度貿易商。納華茲說了什麼？他是不是向一名英國間諜提供機密情報？根本沒有。「他說他希望保障家

人的安全，他覺得德國太過危險，但他自己也必須在幾天內回
到柏林。₆」他的確這麼做了，正如他所說的，他在八月一日回
到柏林。這場調查在一九四四年八月二十三日畫下句點。納華
茲到底是不是納粹探員？「我們沒有找到任何支持此說法的證
據，」負責調查的探員做出結論。「根據我們所建立的人際關
係網看來，沒有任何他暗中為情報機構服務的可疑線索。₇」

　　那麼，通報德國情報機構的究竟是誰？阿富汗代表團中，
是誰洩露那些重要資訊？

　　一切都指向阿富汗大使館的商務專員阿布杜‧勞夫（Abdul
Rauf）。這名外交官早在數月前就展露自己對德國政權的崇
拜。一九四一年十一月，他和納華茲都在瑞士，德國間諜就是
在這段期間得知查希爾國王決定驅逐境內的德國探員。戰後的
數項調查都發現不利於勞夫的證據。一九四六年，美國戰略情
報局（Office of Strategic Services，簡稱OSS）收到荷蘭政府的警
示，勞夫參與了數次納粹的洗錢行動。他顯然在戰爭期間假扮
數名德國人在荷蘭購置不動產。戰略情報局進一步調查，審問
相關證人，特別是移居瑞士的德國猶太難民。這些人表示他們

4　譯注：一九一四年～二〇〇七年，阿富汗末代國王，一九三三年～一九七三
　　年間在位。

5　瑞士聯邦檔案，編號：E4320B#1990/133#721*, référence：C.12-3765 P,
　　document 03.

6　瑞士聯邦檔案，編號：E4320B#1990/133#721*, référence：C.12-3765 P,
　　document 06.

7　瑞士聯邦檔案，編號：E4320B#1990/133#721*, référence：C.12-3765 P,
　　document 09.

在一九四一年與勞夫見過面，將柏林的不動產交給他代管。當時猶太人的財產不斷被充公。為了避免失去一切，有些人寧願把財產託付給非猶太人，希望戰後再收回。這種手段的風險相當高，完全仰賴接手的人有沒有良心。勞夫是不是藉代管猶太人財產之名發了筆不義之財？戰略情報局的報告指出：「顯然他本身就是激烈的親納粹分子，與民族社會主義政府高層締結良好關係。他成為重要人物，累積了龐大財富。8」納華茲知不知道自己的屬下與納粹來往密切？他認同自家商務專員的作法嗎？調查人員獲得了更多證言。這些證詞異口同聲地指出納華茲很厭惡勞夫，發現屬下從事洗錢一事後，他向阿富汗經濟部部長抱怨過。戰略情報局指出：「戰爭將盡時，勞夫失去了外交官一職。9」接著他就銷聲匿跡，杳無音訊。

　　他是最後一位訪客。

　　他留下了親筆簽名。

　　他為此感到自豪。他叫做帕薩・朱辛，泰王國的代表，他正簽下歷史的一頁。

　　總理府賓客簽名簿的最後一個名字，屬於一名熱忱的希特勒崇拜者。這位泰國將軍自一九三九年二月底擔任駐德大使。戰爭落幕之際，他也謹慎地送家人離開柏林，到巴德加斯坦去。這一年的四月二十日，他想必後悔自己沒跟著離開。俄羅斯大炮發出如雷響聲，黑夜被炮火照得如白天般明亮，整座城市危不可測。他冒險留在首都卻毫無用處，他根本沒能在總理府見到希特勒，當面祝賀他的五十六歲生日。他本希望提醒希

特勒，他的國家一直都沒有背棄元首，對他滿懷信賴，希特勒
仍是個鼓舞人心的偶像。但大使根本沒機會說這些話。泰國大
使館如今已成一座廢墟，既沒有電力也沒有自來水，幾乎不能
住人，但他只能回到這兒，被恐懼折磨的他筋疲力盡。他只能
靠著酒精勉強維持理智，忍受機槍噠噠噠的射擊聲和炸彈爆炸
前獨特的呼嘯聲。每個晚上，他都得躲進髒得要命的防空洞，
空氣中散布的金屬黑沙充塞他的肺葉，令他作嘔。他身邊只剩
下一名大使館成員。一名也是軍人出身的中將留了下來。這個
海軍武官是條好漢。他們還得撐多久？直到被俄羅斯人抓住
嗎？巨大的不確定感令人難以忍受。更別提他們沒有糧食充
飢。四月二十五日，蘇聯炮兵部隊終於摧毀了德軍最後的防
線。他大叫，明天一切就結束了！

　　俄羅斯人把他們團團包圍。士兵撞開了防空洞的出入口，
手中的自動步槍對準了兩名泰國人，他們的意圖再清楚不過。
朱辛打破對峙局面，用德文解釋：「我告訴他們我是泰國大
使，這裡本來是我的大使館。我的國家沒有參與攻擊蘇聯的戰
事。我的國家不是你們的敵人。那名士兵默默地聽，但他不懂
德文……[10]」疲憊不堪的外交官坐了下來，喘著氣等待，因惶
恐而口乾舌燥。這群士兵中的軍官猶豫不決。他該把這人當作

8　美國國家檔案庫，戰略情報局華盛頓祕密情報／特殊資金紀錄：1942-1946,
　　NARA, M1934, Catalog Id: 4504574, Washington, États-Unis.

9　出處同前注。

10 Phra Prasat Phitayayut, *225 jours..., op. cit.*, p. 71.

受害者？還是敵人？他以非常不友善的語調開了口，連手勢也帶著敵意。站起來！站起來！他一再重複。朱辛只能猜測他的意思。「他緊緊握住那把衝鋒槍，指著我。我立刻站起身來。[11]」他成了一名囚犯。這一天是一九四五年四月二十六日。

四天後的四月三十日，希特勒於元首地堡的會客室自戕身亡。

紅軍會洗劫整個總理府。

納粹已先行銷毀最機密的文件。

但他們留下了簽名簿。千萬不能毀掉第三帝國的賓客紀錄簿。這份珍貴萬分的證物，見證了多少備受景仰的外交官出席了納粹政府的宴會，要是下一代看不到這些寶貴紀錄，會多麼可惜呀！

---

11 出處同注10，p. 72.

尾聲

他的命不值錢。

頂多只有一丁點的價值。朱辛真希望自己能背叛某個人，告發某個人好保住性命。他真希望自己找得出一個名字，比如某個紅軍逃兵，某個反史達林人士，某個內務人民委員部前探員，不管是誰都好，只需要找到一個人。但泰國大使找不到，他沒有任何能與蘇聯人交涉的情報以換回自由。他在克拉斯諾哥斯克困了多久？被關了三個月後，寒冷與暴風降臨這座囚犯營，他就放棄數日子了。他還記得清清楚楚，突然之間那些蚊子像被施了魔法般全消失得無影無蹤，首波寒流襲來，看似沒什麼大不了的。至少他還受得住。那些士兵從哪個月開始披上沉重的毛皮大衣和毛靴？朱辛不太確定。九月或十月吧？他已搞不清楚時間日期。每一天都跟前一天一模一樣。他何時踏上蘇聯領土？那是一九四五年五月二十五日的事。從柏林開往莫斯科的火車整整行駛了五天，他受到與外交官身分毫不相稱的粗魯對待。當時的他還很天真地以為，即使處於戰爭時期，各國依舊會遵守國際慣例。他沉著聲一再重複：恕我直言，我是泰王國的外交代表。攻擊他本人等同於攻擊泰王國，絕不能容忍！但是俄羅斯人根本不在乎泰國。他們贏了戰爭，打敗了希

特勒。至於泰國⋯⋯

　　瑞士人、瑞典人、挪威人、葡萄牙人、匈牙利人、義大利人，那麼多在柏林遭到逮捕的各國公民。朱辛認得其中幾個人。他曾在柏林的官方宴會見過那些大使館雇員，想必是在總理府，不然就是在某間領事官邸靜謐舒適的接待廳打過照面。抵達莫斯科前，原有很多日本代表與他們同行，但這些人一眨眼就不見了。蘇聯和日本帝國早在開戰前就簽訂協約，因此日本人都經由西伯利亞鐵路被送回家鄉。其他人的終點站則是蘇聯首都北邊的克拉斯諾哥斯克囚犯營。有些人只在那兒待了幾週，其他人待了幾個月，還有人待了好幾年。一切全看克里姆林宮的心情，人們說史達林直接下達命令。各國外交部很快就推動規模浩大的人質議價。除非滿足蘇聯的條件，不然俄羅斯人不會釋放囚犯，想要人就得付出高價才行。最好拿人命來換。成千上萬的蘇聯人成了西歐國家的戰俘或自願成為難民。大部分都是紅軍的逃兵，有些則是自願投入軸心國陣營的叛徒。莫斯科要這些人，各國得立刻把他們送回來。那些曾加入德意志國防軍或武裝親衛隊的人不用妄想獲得任何憐憫，至於在戰場上被敵軍捕獲的紅軍軍官，也別以為下場會好一點。幸運的人得坐好幾年的牢；不幸的話將被處以死刑。一開戰史達林就明白指示，不管軍階為何，一律不准投降。一九四一年八月十六日，克里姆林宮頒布的第兩百七十號法令明定，所有淪為敵軍囚犯的軍官或政務官員都被視為逃兵，一律立刻處決。這還不夠。連他們的家人都得面臨連坐懲罰。低階士兵也無法

獲得饒恕，根據一九四二年七月二十八日第兩百二十七號命令，「恐慌或畏戰者」都會被定期處決。

所有歐洲國家都清楚蘇聯法令就是如此殘酷嚴厲。但斯德哥爾摩從一九四五年六月開始就與俄羅斯人簽定協議，交出一群波羅的海部隊的親衛隊成員，包括一百三十二名拉脫維亞人，九名立陶宛人和七名愛沙尼亞人。其中想必有很多人得在西伯利亞的古拉格勞改營度過漫長歲月。但瑞典不再關心他們的下場。對斯堪地那維亞王國而言，最重要的是救回在柏林被捕的外交人員。共計十名瑞典外交官，包括了代辦昂法斯特。用一百四十八名波羅的海國家公民，換十條瑞典人的性命；用親衛隊員換回外交官。戰爭期間還有道德可言嗎？若真有那也是戰勝者說了算。莫斯科沒有食言，那些瑞典人都順利返家。

瑞士人遇上比較多麻煩。俄羅斯人一開始堅持了好幾個禮拜，不願做出任何讓步。朱辛還記得：「有一天，瑞士囚犯發起抗爭行動。他們決心絕食抗議，若不被釋放絕不退讓。[1]」他們居然打算靠不吃東西迫使蘇聯人改變心意？泰國人搞不懂這些外交人員的邏輯。對內務人民委員部來說，這些人早點或晚點餓死有什麼差別？朱辛拒絕加入。然而……伯恩幾乎立刻就向史達林獻上一個大禮。全是金銀財寶！自從德國在一九四一年進攻蘇聯，瑞士就凍結了蘇聯在國家銀行和民營銀行的所有資產。一九四五年底，瑞士突然取消凍結措施。蘇聯拿回了兩

1　Phra Prasat Phitayayut, *225 jours...*, p. 126.

千萬瑞士法郎。不只如此，瑞士政府決定更進一步。瑞士所握
有的俄羅斯債權，包括一九一七年革命前欠下的，全都一筆勾
銷。瑞士在一九四一年前送去的機床，一直沒收到貨款？免費
送你們。拘留俄羅斯軍官的費用也都免了。瑞士銀行協會共計
免費給了蘇聯超過三千萬瑞士法郎，相當於今天的兩億歐元。
對當地銀行來說這是相當龐大的損失。但他們非乖乖照辦不
可，瑞士聯邦委員會已下定決心：「蘇聯國家銀行對瑞士民間
銀行的欠款必須全數免除，不得提出異議或條件。2」

　　即使如此，蘇聯人還是不滿意。既然瑞士多年來都把賭注
押在納粹獲勝，就得付出比別人更慘痛的代價。數千名俄羅斯
人滯留赫爾維蒂聯邦境內，克里姆林宮等著那些人重回祖國懷
抱。這將近一萬一千人，多半是逃離納粹囚犯營的紅軍士兵。
但他們並不願意回到共產政權懷抱。他們解釋，這一去恐怕就
沒命了。但他們還是不得不回去。莫斯科也準備解放那群被關
在克拉斯諾哥斯克囚犯營的瑞士人。但何時放人？怎麼放人？
沒人知道。報告的結論是：「我們不清楚遣送計畫的執行層
面。3」蘇聯人終究遵守了遊戲規則，把那二十名瑞士人送了
回去。當他們動身離開囚犯營，前大使朱辛大為震驚：「突然
之間所有的瑞士囚犯都被釋放了，包括一名與我相熟的領事人
員，從他在加爾各答任職時我就認識他了。4」一九四五年十月
十五日，一班飛機把他們送到奧地利維也納。他們自由了。

　　瑞士人絕食抗議成功，別人也有樣學樣。朱辛的同房囚
友，兩名斯堪地那維亞人也決定絕食。泰國人還是不願仿效。
他認為他們人數太少，營區的管理人員不會理會。他是對的。

過了幾天，看守在半夜把那兩人拖出牢房。朱辛再也沒見過他
們。過了一週又一週，他愈來愈孤獨寂寞。剩下來的外交官都
一一獲釋。他苦澀地想起那些丹麥人。原本他有三十名丹麥同
伴，個個活潑樂觀，每晚都會舉辦小聚會，沒什麼大排場，只
有一點從守門人那兒買來的伏特加酒，他們會唱幾首歌，跳一
些舞……但這也成了回憶。他們都走了。莫斯科的丹麥大使在
某次私下會晤，說服了蘇聯外交部長莫洛托夫釋放這些人。就
連另外三名挪威人也找到與蘇聯人和解的辦法，紛紛回家去。
泰國代表團的最高官員忍不住擔憂起來，難不成他將老死於此？

　　朱辛打算寫信向史達林陳情，請求他的特赦，提醒他泰國
從未與蘇聯軍隊交戰過，期盼正義終得伸張。他真這麼做了，
寫了數封冗長的信，提出有利的論點，接著等待。沒有回音。
於是他寫信給莫洛托夫。泰國人心想，莫洛托夫是名外交官，
必定能理解我的處境。他的期望再次落空。「我一直沒有收到
任何回覆，最後我忍不住懷疑那些信都被史達林和莫洛托夫的
屬下攔截了。[5]」事實上，他才是那個必須回覆蘇聯質問的人。
他受到愈來愈多的審問，一再面對同樣的問題。他是誰？他的
國籍？他屬於哪個政黨？他親近納粹，崇拜希特勒，為自己在

2　瑞士外交文件：www.dodis.ch/57，一九四五年十月九日。
3　出處同注2。
4　Phra Prasat Phitayayut, *225 jours...*, p. 129.
5　出處同注4，p. 129.

四月二十日於總理府簽名簿上留下大名而自豪。朱辛當然不敢
提及這段過去，他深信俄羅斯人不知道真相。大錯特錯。他必
須再受好幾週的苦刑。阿富汗大使納華茲也是，他也在官方簽
名簿上，希特勒最後一個生日那頁簽了名。他們守著柏林直到
最後一刻，必須為此付出沉重代價。朱辛被監禁兩百二十五天
後才獲得釋放。納華茲也終於獲准離開俄羅斯。但他另一名阿
富汗同事就沒那麼幸運了，得在克拉斯諾哥斯克囚犯營待上兩
年半才能離開。

　　愛爾蘭人克雷明，瑞典人瑞雪特，瑞士人弗利樹，梵蒂岡
大使奧薩尼戈，他們都逃過史達林的報復行動。戰爭才剛結
束，克雷明就被分派新任務，這一回他將出使另一個專制國
家：薩拉札爾（Salazar）₆統治的葡萄牙。這個職位清閒多了。
遠離那些在二戰期間遭到嚴重破壞的國家。他的上級認為這
是合理的報償。愛爾蘭外交部祕書約瑟夫・沃爾許（Joseph P.
Walshe）甚至發了一封祝賀電報給他：「我希望您明白，外交
部和我們所有人都萬分感謝您在德國的傑出表現。……您與夫
人親身經歷了一場偉大的冒險，我們深深感謝您們的付出，外
交部會銘記本國建國初期歷史上，這精采又動人的一頁。₇」
他隻字未提克雷明沒有告知都柏林猶太大屠殺的真相，即使到
了一九四五年四月，人人都知道滅絕營真實存在，克雷明仍沒
有改變態度。愛爾蘭外交部寧願把他駐守柏林的表現，描繪
成「一場偉大的冒險」。話說回來，愛爾蘭政府在整個二戰期
間，都與第三帝國保持曖昧不明的友誼，我們還能期待他們怎

麼做呢？希特勒在一九四五年四月三十日自殺身亡後，愛爾蘭
首相甚至公開表示遺憾，更是應證了兩國關係匪淺。除了愛爾
蘭，沒有任何一個中立國悼念希特勒自殺一事。就連瑞士，就
連梵蒂岡也不敢這麼做。

　　弗利樹也逃離紅軍魔掌。一九四五年五月底，當他那些守
在柏林的同事都在蘇聯情報組織的護衛下被送往莫斯科，這位
大使則在伯恩附近科諾爾芬根（Konolfingen）的私人豪宅裡休
養。他在那兒接受媒體訪談，分享戰爭最後幾個月的經歷。
他細細描述那些他忍受那麼多年的「駭人轟炸」。「沒有親身
經歷的人，絕對想像不出那是什麼樣的光景。」更重要的是，
他試圖為自己與希特勒政權的親密關係開脫。就算他真與納粹
同流合汙，這一切也全是為瑞士著想。為了瑞士的存滅。「我
提心吊膽，好幾回都擔心我國會大禍臨頭。但只要想辦法贏得
德國重要人物的心，讓他們發揮影響力支持瑞士的中立，我國
就能避免踏上比利時、荷蘭或丹麥的後塵。」那猶太人的下場
呢？他沒有對猶太人伸出援手，這又該怎麼解釋？向德國提起
猶太人問題實在太敏感，太危險了。不過他的確已傾盡全力，
有時還達成目標呢：「同盟軍抵達前幾天，我們再次從達豪集
中營救回十三名瑞士人。在此之前我們的努力都徒勞無功。[8]」

6　譯注：薩拉札爾於一九三二年至一九六八年間擔任葡萄牙總理，推行專制的
　　社會主義。

7　愛爾蘭檔案庫：NAI DFA, Secretary's Files P12/3，一九四五年六月七日。

8　*Gazette de Lausanne*, 29 mai 1945.

就各種證據看來，上級對弗利榭的解釋並不滿意。他再也不會擔任大使館館長，也無權管理領事館。瑞士政府最高層嚴厲批評他的作為。經過一年的冷凍，他在瑞士的德國人民權益局謀得一職。他在那兒服務直到退休。聯邦委員會以一篇低調而簡短的公文宣布了他退休的消息：「弗利榭局長已屆退休年齡，於一九五三年三月三十一日告別聯邦政府。聯邦委員會……藉此機會感謝弗利榭局長多年來的貢獻。，」

　　前瑞典駐德大使瑞雪特是否料想過自己會遭受那麼多的責難？侮辱，公開抨擊，媒體指責，連政府對他都毫無謝意。戰後他從柏林回到家鄉，卻沒有獲得他期望的熱忱歡迎。就像瑞士的外交官，突然之間人們紛紛譴責他的外交舉措過於迎合納粹。他成了瑞典面對納粹暴政時一籌莫展的象徵。對瑞典外交部來說，當務之急是甩掉這個燙手山芋。他們得解決幾個問題：怎麼處理他？讓他退休？然而瑞雪特不過五十八歲，擔任八年的駐柏林大使館最高官員後，他滿心期待獲得上級賞識，得到與身分地位相稱的晉升。德高望重的外交官，把目標訂在地方首長。他夢想掌理瑞典王國某個省分。他具備高尚氣質，出了名地忠誠，行事又很認真，理當夠格擔任地方首長，不是嗎？但艾爾莎・巴特爾（Elsa Bartel）事件推翻了這一切。

　　這名四十二歲的瑞典女士本是瑞雪特在柏林的祕書。瑞雪特對她百分之百的信任。但他錯了。她向蓋世太保提供情報。一九四一年到一九四五年間，她將數百份機密文件交給德國。多虧她的幫忙，納粹情報組織對大使館傳送的所有資訊瞭若指

掌。戰後瑞典警察揭發了她的罪行，她在一九四六年夏天遭到審訊。這場調查讓世人發現瑞典大使多麼天真且欠缺魄力。祕書在一九四一年嫁給一名德國工程師，一名民族社會黨員，人人皆知此人效忠納粹，但瑞雪特沒有意識到自己應對祕書保持戒心，也許該將她轉調其他部門；即使大使館的安全部門提出報告，明列讓巴特爾繼續擔任如此機要的職位有多少風險，大使寧願展現完美的紳士風度，大手一揮拒絕下屬的提醒。瑞雪特拒絕懷疑這位親信。即使愈來愈多的證據指出代表團藏了為德國人服務的線民，他還是不願改變心意。前大使館祕書被瑞典法院判了四年六個月的徒刑。瑞雪特全身而退。但接下來幾個月，許多文章都厲聲譴責他。

前大使在私人日記裡寫道，戰後的頭幾年「非常陰鬱」。他孑然一身。他夢想的省長一職呢？「這可說是毫無機會，[10]」政府首長回覆道。他必須靜待三年，等人們逐漸淡忘「巴特爾」醜聞，才能獲准擔任哥特堡（Göteborg）北方艾爾夫斯堡省（Älvsborg）省長。

教廷大使奧薩尼戈判斷得很正確。奪得巴伐利亞控制權的果然是美國人。他十分愜意地待在離慕尼黑一小時車程的小城，艾克斯提特。他認為史達林的手下應該找不到他。蘇聯情

9　瑞士外交文件：www.dodis.ch/57，一九四五年十月九日。
10　瑞典國家檔案庫，Riksarkivet：https://sok.riksarkivet.se/Sbl/Mobil/Artikel/12232#/sbl/Mobil/Artikel/6725.

報組織的探員絕對不敢逮捕他，至少不會在美軍的勢力範圍出手。就連內務人民委員部，就連可怕的反間諜總局也不敢動他一根汗毛。梵蒂岡大使很清楚，蘇聯反間組織才不在乎外交豁免權，想抓誰就抓誰。但他們不敢在美軍面前下手。年老的大主教不願落得其他大使或代辦的下場，被丟進莫斯科市郊某座祕密監獄臭氣沖天的地牢裡。奧薩尼戈知不知道瑞典的匈牙利代表團首席祕書勞烏·瓦倫堡（Raoul Wallenberg）在布達佩斯被抓了？他在一九四五年一月被反間諜總局逮捕，自此沒人知道他的下落。還有那些克羅埃西亞、保加利亞還有匈牙利的駐柏林大使，奧薩尼戈常在第三帝國總理府與他們碰面，這些人也全被抓了，蘇聯宣稱會一一處決他們。奧薩尼戈知道這些事嗎？就連滿洲國代表呂宜文也被中國共產黨判了死刑。其他人的下場稍微好一點。義大利最後一位駐柏林大使安福索雖然也被判了死刑，但他沒有出庭。他先躲在法國，隨後逃往西班牙，僥倖逃過一劫。

　　這些審判，這些針對納粹受害者的報復行動，想必令奧薩尼戈煩擾不安。他該不該向同盟國坦白？在希特勒統治期間，他的無作為或者顯然毫無效率的行事作風，令戰勝國心起疑竇。但教廷大使沒有機會見識史達林或世人的怒火。他突然在一九四六年四月一日過世了。根據官方說法，他死於急性腸缺血症，享年七十二歲。與他非常親密的參事克利接下教廷大使一職。但他也跟奧薩尼戈一樣，驟然就在一九四七年一月二日辭世。當時他不過五十六歲。

　　在莫斯科，德意志第三帝國總理府的簽名簿被小心翼翼地收進蘇聯祕密警察的檔案庫。接下來數十年間，沒人知道它的存在。史達林把它占為己有，這是他珍貴的戰利品，一項見證歷史的證物，記載著那麼多國家對納粹的妥協與盲目。

賓客簿名單

　　一九三九年四月二十日至一九四五年四月二十日，德意志第三帝國新總理府賓客簽名簿的國家及主要代表名單。

　　除了特殊情況外，只列出大使或代表團最高官員。

　　此名單按簽名順序列出，標上星號的是本書提到的人物。

一九三九年四月二十日

元首五十歲壽宴

共有來自四十四國的四十八名賓客簽名（另有三個難以辨認的簽名）

　　丹麥：無簽名

　　南斯拉夫：Ivo Andric

　　盧森堡：讓・斯徒姆＊

　　立陶宛：Kazys Skirpa

　　英國：代辦喬治・奧吉爾維─佛比斯閣下＊

　　阿富汗：亞拉・納華茲＊

　　伊朗：Nader Arasteh

　　土耳其：Mehmed Hamdi Arpag

芬蘭：Aarne Artur Wuorimaa

尼加拉瓜：湯瑪斯・弗朗西斯科・梅迪納＊

中國：陳介＊

委內瑞拉：拉斐爾・安格瑞塔・艾爾維洛＊

難以辨識

羅馬尼亞俄羅斯少數族群代表：難以辨識

瓜地馬拉：Adan Manrique Rios

法國：克里斯蒂安・卡何・德・沃聖錫爾＊

瑞士：漢斯・弗利樹＊

美國：雷蒙・蓋斯特＊

埃及：Mourad Sid-Ahmed Pascha

泰國：帕薩・朱辛＊

阿根廷：Eduardo Labougle Carranza

葡萄牙：Alberto da Veiga Simões

愛沙尼亞：Karl Tofer

拉脫維亞：Edgars Krievins

阿爾巴尼亞：Rauf Fico 與代表團首席祕書

外國媒體協會會長：Filippo Bojano

瑞典：無簽名

荷蘭：無簽名

保加利亞：總領事

德國：Franz Böhme將軍

南非聯盟：François Naudé Gie

比利時：賈克・戴菲儂＊

挪威：無簽名

難以辨識

烏拉圭：維爾吉羅‧桑波納羅＊

希臘：無簽名

羅馬尼亞：無簽名

伊拉克：Muhammad Atta Amin

祕魯：Enrique Gildemeister

西班牙：Antonio Magaz y Pers

巴拿馬：Francisco Villalaz

難以辨識

海地：Constantin Fouchard

南斯拉夫：代表團參事

墨西哥：胡安‧弗朗西斯科‧阿茲卡拉特＊

羅馬尼亞：三名參事

梵蒂岡：教廷大使館參事卡洛‧克利＊

哥倫比亞：Ernesto Caro

梵蒂岡：教廷大使館祕書Joseph di Meglio

多明尼加共和國：羅貝托‧戴斯帕瑞多＊

滿州國：呂宜文＊

德國：弗瑞德呂希‧波登，布藍什外格自由邦退休大使＊

尼泊爾軍隊：難以辨識

一九三九年十一月九日

慶祝一九三九年十一月八日暗殺行動失敗

共有來自三十九國的七十四名賓客簽名（另有一個難以辨識的

簽名）

立陶宛：Kazys Skirpa

梵蒂岡：切塞雷・奧薩尼戈＊

多明尼加共和國：羅貝托・戴斯帕瑞多＊

西班牙：Antonio Magaz y Pers

委內瑞拉：Alberto Zérega Fombona

土耳其：休斯瑞夫・格瑞德＊

義大利：伯納多・阿特利科＊及夫人，偕九名參事

荷蘭：Jonkheer Hendrik Maurits van Haersma de With

烏拉圭：維爾吉羅・桑波納羅＊

波希米亞和摩拉維亞保護國：Frantisek Chvalkovsky

匈牙利：大使館參事

葡萄牙：Alberto da Veiga Simões

瑞典：代辦

芬蘭：Aarne Artur Wuorimaa

比利時：賈克・戴菲儂＊

南斯拉夫：Ivo Andric

阿富汗：亞拉・納華茲＊

拉脫維亞：Edgars Krievins

希臘：無簽名

阿根廷：Ricardo Olivera及七名參事與武官

保加利亞：Parvan Draganoff

烏拉圭：代表團首席祕書

梵蒂岡：卡洛‧克利＊及一名祕書

美國：亞歷山大‧柯克＊

荷蘭：六名參事與武官

羅馬尼亞：無簽名

烏拉圭：艾瑪與戴麗雅‧桑波納羅（大使之女）＊

日本：宇佐美珍彥

瑞士：漢斯‧弗利樹＊

玻利維亞：Hugo Ernst Rivera及一名參事

尼加拉瓜：湯瑪斯‧弗朗西斯科‧梅迪納＊及夫人

義大利：一名大使館祕書及夫人

祕魯：無簽名

伊朗：Nader Arasteh

愛沙尼亞：Oskar Öpik

智利：Carlos Morla Lynch及一名參事

巴西：Themistocles da Graça Aranh及三名參事

難以辨認

盧森堡：讓‧斯徒姆＊

中國：陳介＊

斯洛伐克：Matus Cernak

德國：Georg Herzog zu Mecklenburg

德國：Elisabeth Staudt

滿州國：呂宜文＊

厄瓜多：Gustavo Perez Chiriboga

瓜地馬拉：Adan Manrique-Rios

巴拿馬：Francisco Villalaz

一九四〇年四月二十日

元首五十一歲壽宴

共有來自四十二國的六十八名賓客簽名（另有兩個難以辨識的

簽名）

波希米亞和摩拉維亞保護國：使節

梵蒂岡：切塞雷・奧薩尼戈＊與卡洛・克利＊

德國：海因里希・格奧爾格＊

泰國：帕薩・朱辛＊

日本：來栖三郎

巴拿馬：Francisco Villalaz

土耳其：代辦

海地：無法辨識

多明尼加共和國：羅貝托・戴斯帕瑞多＊

瑞士：法蘭茲・卡普勒＊

愛爾蘭：威廉・瓦諾克＊

中國：陳介＊

斯洛伐克：Matus Cernak

瓜地馬拉：Adan Manrique-Rios

丹麥：赫魯夫・札勒＊

希臘：Alexandros Rizos Rankabes

匈牙利：斯托堯伊・德邁

伊朗：Nader Arasteh

保加利亞：Parvan Draganoff

拉脫維亞：Edgars Krievins

愛沙尼亞：魯道夫・莫勒森＊

德國：弗瑞德呂希・波登，布藍什外格自由邦退休大使＊

南斯拉夫：Ivo Andric

瑞典：奧維德・瑞雪特＊

立陶宛：Kazys Skirpa

芬蘭：無法辨識

烏拉圭：維爾吉羅・桑波納羅＊及一名祕書

盧森堡：讓・斯徒姆＊

西班牙：Antonio Magaz y Pers

比利時：賈克・戴菲儂＊

智利：Carlos Morla Lynch

玻利維亞：Alfredo Flores 及菲德利科・尼爾森—雷耶斯＊
難以辨識

阿根廷：Ricardo Olivera及兩名祕書

巴西：無簽名

委內瑞拉：Alberto Zérega Fombana

厄瓜多：Gustavo Pérez Chiriboga

巴拉圭：Manlio Schenoni Lugo

烏拉圭：維爾吉羅・桑波納羅＊

義大利：伯納多・阿特利科＊及夫人

德國：保羅－奧圖・施密特（希特勒翻譯官）

西班牙：祕書

滿州國：呂宜文＊

荷蘭：Jonkheer Hendrik Maurits van Haersma de With

保加利亞：Stephan Tschapraschikov

哥倫比亞：Ernesto Caro Tanco

梵蒂岡：祕書

義大利：參事Guelfo Zamboni及十名副官

葡萄牙：Alberto da Veiga Simóes

難以辨識

美國：亞歷山大・柯克＊

羅馬尼亞：無簽名

義大利：兩名參事

一九四一年一月一日

共有來自三十二國的五十五名賓客簽名（另有一個難以辨識的簽名）

義大利：迪諾・艾爾菲里＊及十五名參事

阿富汗：首席祕書

瑞士：漢斯・弗利樹＊

智利：Tobias Barros Ortiz

伊朗：Moussa Noury-Esfandiary

希臘：Alexandros Rizos Rankabes

泰國：帕薩・朱辛＊

南斯拉夫：Ivo Andric

中國：Beue Tann

巴西：西羅・德・弗雷達斯・瓦雷＊

愛爾蘭：威廉・瓦諾克＊

哥倫比亞：祕書

丹麥：無簽名

美國：勒蘭・B・莫里斯＊

梵蒂岡：卡洛・克利＊

匈牙利：斯托堯伊・德邁

瑞典：奧維德・瑞雪特＊

斯洛伐克：Matus Cernak

滿州國：呂宜文＊

保加利亞：Parvan Draganoff

芬蘭：Toivo Kivimäki

難以辨識

日本：來栖三郎

土耳其：Ferruh Alkend

梵蒂岡：一名祕書

厄瓜多：Gustavo Pérez Chiriboga

巴拉圭：Manlio Schenoni Lugo

蘇聯：弗拉迪米爾‧迪卡諾佐夫＊

羅馬尼亞：Konstantin Grecianu

墨西哥：Juan Francisco Azcarate Pino

委內瑞拉：Alberto Zérega Fombana及拉斐爾‧安格瑞塔‧艾爾維洛＊

多明尼加共和國：羅貝托‧戴斯帕瑞多＊

阿根廷：Eduardo Olivera及三名參事

西班牙：Eugenio Espinosa de los Monteros y Bermejillo

梵蒂岡：切塞雷‧奧薩尼戈＊及一名祕書

義大利：難以辨識

一九四二年一月一日

共有來自二十六國的七十三名賓客簽名（另有一個難以辨識的簽名）

義大利：十九名參事

梵蒂岡：切塞雷‧奧薩尼戈＊及卡洛‧克利＊

匈牙利：兩名參事

阿根廷：三名參事

斯洛伐克：三名參事

日本：大島浩＊

羅馬尼亞：Raoul Bossy及兩名參事

尼加拉瓜：湯瑪斯‧弗朗西斯科‧梅迪納＊（但尼加拉瓜

已於一九四四年十二月十二日向德國宣戰）

　　祕魯：兩名參事

　　西班牙：一名參事

　　泰國：帕薩・朱辛＊及三名參事

　　丹麥：奧托・卡爾・莫爾＊

　　阿富汗：亞拉・納華茲＊

　　瑞典：法蘭茲・卡普勒＊

　　克羅埃西亞：兩名參事

　　梵蒂岡：兩名參事

　　滿州國：呂宜文＊及一名參事

　　玻利維亞：尼爾森—雷耶斯＊

　　葡萄牙：Pedro Tovar de Lemos及一名參事

　　烏拉圭：桑波納羅＊

　　梵蒂岡：一名祕書

　　厄瓜多：Gustavo Pérez Chiriboga

　　難以辨識

　　巴拉圭：Manlio Schenoni Lugo

　　委內瑞拉：拉斐爾・安格瑞塔・艾爾維洛＊（但委內瑞拉
已於前一天與德國斷交）

　　瑞典：奧維德・瑞雪特＊及一名參事

　　巴西：西羅・德・弗雷達斯・瓦雷＊及五名參事

　　智利：Tobias Barros Ortiz

　　保加利亞：參事

　　芬蘭：參事

阿根廷：Ricardo Olivera及兩名參事

一九四二年四月二十日
希特勒五十三歲壽宴
共有來自二十二國的一百四十九名賓客簽名

　　梵蒂岡：切塞雷・奧薩尼戈＊及卡洛・克利＊

　　愛爾蘭：威廉・瓦諾克＊

　　義大利：迪諾・艾爾菲里＊及二十六名參事

　　西班牙：Enrique Perez-Hernandez及三名參事

　　克羅埃西亞：Oskar Turina

　　西班牙：三名參事

　　瑞士：漢斯・弗利榭＊

　　斯洛伐克：Matus Cernak及一名參事

　　匈牙利：斯托堯伊・德邁＊及三名參事

　　土耳其：休斯瑞夫・格瑞德＊

　　瑞典：奧維德・瑞雪特＊，科特・朱林—丹菲爾特＊，安
德斯・弗歇爾＊及四名參事

　　日本：大島浩＊，阿部勝雄＊，溪口泰麿＊及三十六名參
事

　　滿州國：呂宜文＊及王替夫＊

　　德國：海因里希・格奧爾格＊

　　羅馬尼亞：七名參事

丹麥：奧托・卡爾・莫爾＊及三名參事

泰國：帕薩・朱辛＊

芬蘭：Toivo Kivimäki

智利：Tobias Barros及八名參事

阿富汗：亞拉・納華茲＊及兩名參事

葡萄牙：Pedro Tovar de Lemos及兩名參事

西班牙：José Finat y Escriva de Romani

芬蘭：武官

阿根廷：Luis Luti及四名參事

保加利亞：Parvan Draganoff及十名參事

西班牙：兩名武官

土耳其：一名武官

梵蒂岡：三名參事

保加利亞：Konstantin Watschoff

希臘：Polyvios Sarantopoulos，希臘總理內閣首長

一九四三年一月三十日

希特勒掌權十週年慶宴

共有來自十八國的六十一名賓客簽名（另有一個難以辨認的簽名）

匈牙利：斯托堯伊・德邁＊

義大利：迪諾・艾爾菲里＊及二十五名參事

斯洛伐克：Matus Cernak及六名參事

羅馬尼亞：Raoul Bossy

愛爾蘭：威廉・瓦諾克＊

克羅埃西亞：Mile Budak及兩名參事

日本：大島浩＊

難以辨識

丹麥：奧托・卡爾・莫爾＊

瑞典：奧維德・瑞雪特＊

西班牙：Ginés Vidal y Saura及六名參事

梵蒂岡：切塞雷・奧薩尼戈＊

保加利亞：Slavtscho Dimitrov Sagoroff及兩名參事

瑞士：法蘭茲・卡普勒＊

葡萄牙：Pedro Tovar de Lemos

泰國：帕薩・朱辛＊

阿富汗：參事

阿根廷：Luis Luti

滿州國：呂宜文＊及王替夫＊

一九四四年七月二十一至二十二日
慶祝同年七月二十日暗殺行動失敗
共有來自十九個國家的四十名賓客簽名

七月二十一日

匈牙利：難以辨識

斯洛伐克：Matus Cernak

西班牙：Ginés Vidal y Saura及一名參事

泰國：帕薩・朱辛＊

義大利：九名參事

瑞典：科特・朱林—丹菲爾特＊及一名參事

瑞士：武官

土耳其：兩名參事

保加利亞：Slavtscho Dimitrov Sagoroff及五名參事

愛爾蘭：柯・克雷明＊

梵蒂岡：切塞雷・奧薩尼戈＊及卡洛・克利＊

葡萄牙：代辦及一名參事

七月二十二日

中國（汪精衛國民政府）：Ilse Albertz代Wang Teh Yin簽名

日本：大島浩＊

阿富汗：一名參事

瑞典：奧維德・瑞雪特＊

瑞士：漢斯・弗利樹＊

滿州國：一名參事

芬蘭：Toivo Kivimäki

丹麥：奧托・卡爾・莫爾＊及一名參事

羅馬尼亞：使節

一九四五年一月一日
共有來自十四國的七十二名賓客簽名（另有兩個難以辨識的簽名）

義大利：菲利浦・安福索＊及九名參事

丹麥：奧托・卡爾・莫爾＊

斯洛伐克：參事

難以辨識

難以辨識

日本：大島浩＊，阿部勝雄＊，溪口泰麿＊及十三名參事

葡萄牙：Pedro Tovar de Lemos及一名參事

中國（汪精衛國民政府）：Wang Teh Yin

西班牙：六名參事

梵蒂岡：卡洛・克利＊及兩名參事

瑞士：漢斯・弗利樹＊及一名參事

匈牙利：三名參事

克羅埃西亞：Vladimir Kosak及十八名參事

瑞典：奧維德・瑞雪特＊

滿州國：呂宜文＊及一名參事

泰國：帕薩・朱辛＊及兩名參事

一九四五年四月二十日
希特勒五十六歲壽宴
共有來自三國的五名賓客簽名

　　日本：阿部勝雄＊及溪口泰麿＊
　　阿富汗：亞拉‧納華茲＊
　　日本：河原駿一郎＊
　　泰國：帕薩‧朱辛＊

資料來源

獨家文件：

資料來源：俄羅斯聯邦軍事檔案庫。

德意志第三帝國新總理府賓客簽名簿完整副本。

納粹情報組織，親衛隊保安處「宗教」部部長文件，至今仍標為機密檔案。

蘇聯祕密警察內務人民委員部及反間諜總局對一九四五年五月八日後，在柏林抓到的各國外交官所編寫的逮捕報告。

蘇聯軍事法庭關於駐柏林滿州國大使館首席祕書的檔案。

內務人民委員部對德國演員及納粹文宣重要人物海因里希·格奧爾格所編寫的檔案。包括他被捕、審問、判刑直到過世的資訊。

以母語出版、不曾被譯成他國語言的外交官回憶錄：

王替夫：滿州國的中國外交官表示自己在柏林期間拯救了數千名猶太人。戰後他被蘇聯逮捕，被關進古拉格勞改營十二年，接著被送回中國，又被毛澤東政權判二十二年的再教育營刑期。

帕薩·朱辛：泰國大使是親納粹人士，在柏林一直待到二

戰結束。一九四五年四月二十日，他是在簽名簿最後一頁留下本名的五名外交官之一。他被蘇聯逮捕，送往莫斯科審問，在俄羅斯囚犯營關了兩百二十五天。

漢斯·弗利樹：瑞士大使自費出版回憶錄。整個戰爭期間他都擔任出使柏林的外交官。

弗朗西斯科·納巴若：墨西哥外交官，見證了一九四二年美洲各國先後與德國斷交後，納粹非法軟禁南美和北美外交官數月的過程。

部分參考書單：

· Anfuso Filippo, *Du palais de Venise au lac de Garde, 1936-1945, Mémoires d'un ambassadeur fasciste*, Paris, Perrin, 2016.

· Berezhkov Valentin, *History in the Making. Memoirs of World War II Diplomacy*, Moscou, Progress Publishers, 1983.

· Chuthin Prasat, ๒๒๕ วนั้ ในคกุ รสั เซยี ของ พลตรี พระประศาสนพ์ ทิ ยายทุ ธ หนง้ สอี อนสุ รณโ์ นงานพระราชทานเพลงิ ศพ นางประศาสนพ์ ทิ ยายทุ ธ, *225joursdansuncampdeprisonniers de guerre en Russie, du général de division Prasat Phitayayut*, publié à compte d'auteur en 1948.

· Coulondre Robert, *De Staline à Hitler. Souvenirs de deux ambassades, 1936-1939*, Paris, Hachette, 1950.

· Drews Berta, *Mein Mann Heinrich George*, Munich, Langen Müller, 2013.

· Findhal Theo, *Undergang, Berlin 1939-1945*, Oslo, H. Aschebourg

& Co, 1945.

· Frölicher Hans, *Meine Aufgabe in Berlin*, Berne, Büchler, 1962.

· Gerede Hüsrev, *Harb içinde Almanya*, Istanbul, ABC, 1989.

· Hagglof Gunnar, *Diplomat*, Londres, The Bodley Head, 1972.

· Hvidtfeldt Arild, *I fred og krig*, Copenhague, Gyldendal, 1995.

· Joffroy Pierre, *A Spy for God. The Ordeal of Kurt Gerstein*, New York, Harcourt Brace Jovanovich, 1971.

· Keogh Niall, *Con Cremin Ireland's Wartime Diplomat*, Dublin, Mercier Press, 2006.

· Leonard Thomas M. et Bratzel John F., *Latin America during World War II*, Lanham, Rowman & Littlefied Publishers, 2007.

· Navarro Francisco, *Alemania por dentro*, Madrid, Ediciones Minerva, 1944.

· Patterson Jefferson, *Diplomatic Duty and Diversion*, Cambridge, The Riverside Press, 1956.

· Ribbentrop Joachim von, *De Londres à Moscou, Mémoires*, Paris, Nouveau Monde éditions, 2013.

· Schön Bosse, *Hitler Svenska soldater*, Stockholm, Forum, 2015.

· Simoni Léonardo, *Berlin, ambassade d'Italie*, Paris, Robert Laffont, 1947.

· Speer Albert, *Au cœur du Troisième Reich*, Paris, Fayard/Pluriel, 2010.

· Thorsell Staffan, *I Hans Majestäts tjänst*, Stockholm, Albert Bonniers Förlag, 2009.

· Thorsell Staffan, *Mein Lieber Reichskanzler*, Stockholm, Albert Bonniers Förlag, 2006.

· Vassiltchikov Missie, *Journal d'une jeune fille russe à Berlin, 1940-1945*, Paris, Phébus, 2007.

· 王替夫，《偽滿外交官的回憶》，黑龍江人民出版社，1988。

· 王替夫與楊明生，《見過希特勒與救過猶太人的偽滿外交官》，黑龍江人民出版社，2001。

· Weizsäcker Ernst von, *Erinnerungen*, Munich, Paul List, 1950.

· Widmer Paul, *Minister Hans Frölicher, Der umstrittenste Schweizer Diplomat*, Zürich, Verlag Neue Zürcher Zeitung, 2012.

各國國立檔案庫：

德國

巴西

美國

赫爾維蒂聯邦

愛爾蘭

日本

俄羅斯

瑞典

梵蒂岡

委內瑞拉

謝辭

　　誠摯感謝華玲·費格拉（Hualin Figura）幫忙翻譯德文，鄭于（Yu Zhang，音譯）幫忙翻譯中文，及瓦瑞莎哈·森王（Warisara Senwong）幫忙翻譯泰文。

　　特別感謝俄羅斯翻譯拉娜·帕辛納（Lana Parshina）的卓越才能及交涉技巧，幫忙與負責檔案的莫斯科官員再三協商。在她的引薦下，我得以與德國演員海因里希·格奧爾格的長子強·格奧爾格聯絡，這是非常珍貴的機會，我對此萬分感激。

國家圖書館出版品預行編目資料

希特勒的賓客簿：二戰時期駐德外交官的權謀算計與詭譎的國際情勢
／讓—克里斯多弗・布希薩（Jean-Christophe Brisard）著；洪夏天譯.
-- 初版. -- 臺北市：商周出版：英屬蓋曼群島商家庭傳媒股份有限公司
城邦分公司發行，2021.05
　面；　公分. -- （漫遊歷史；23）
譯自：Le livre d'or d'Hitler : Des diplomates au coeur du IIIe Reich
ISBN 978-986-0734-08-9(平裝)

1.希特勒時代 2.人物志 3.外交人員

781　　　　　　　　　　　　　　　　　110005858

線上版讀者回函卡

漫遊歷史23

希特勒的賓客簿：二戰時期駐德外交官的權謀算計與詭譎的國際情勢

作　　　　者	／	讓—克里斯多弗・布希薩（Jean-Christophe Brisard）
譯　　　　者	／	洪夏天
企 劃 選 書	／	羅珮芳
責 任 編 輯	／	羅珮芳
版　　　　權	／	吳亭儀、江欣瑜
行 銷 業 務	／	周佑潔、黃崇華、賴玉嵐
總 編 輯	／	黃靖卉
總 經 理	／	彭之琬
事業群總經理	／	黃淑貞
發 行 人	／	何飛鵬
法 律 顧 問	／	元禾法律事務所王子文律師
出　　　　版	／	商周出版

　　　　　　　台北市104民生東路二段141號9樓
　　　　　　　電話：(02) 25007008　傳真：(02)25007759
　　　　　　　E-mail:bwp.service@cite.com.tw

發　　　　行	／	英屬蓋曼群島商家庭傳媒股份有限公司城邦分公司

　　　　　　　台北市中山區民生東路二段141號2樓
　　　　　　　書虫客服服務專線：02-25007718；25007719
　　　　　　　服務時間：週一至週五上午09:30-12:00；下午13:30-17:00
　　　　　　　24小時傳真專線：02-25001990；25001991
　　　　　　　劃撥帳號：19863813；戶名：書虫股份有限公司
　　　　　　　讀者服務信箱：service@readingclub.com.tw
　　　　　　　城邦讀書花園：www.cite.com.tw

香 港 發 行 所	／	城邦（香港）出版集團

　　　　　　　香港灣仔駱克道193號東超商業中心1F　E-mail: hkcite@biznetvigator.com
　　　　　　　電話：(852) 25086231　傳真：(852) 25789337

馬 新 發 行 所	／	城邦（馬新）出版集團【Cite (M) Sdn Bhd】

　　　　　　　41, Jalan Radin Anum, Bandar Baru Sri Petaling,
　　　　　　　57000 Kuala Lumpur, Malaysia.
　　　　　　　電話：(603) 90563833　傳真：(603) 90576622
　　　　　　　Email: service@cite.com.my

封 面 設 計	／	兒日設計
內 頁 排 版	／	陳健美
印　　　　刷	／	韋懋印刷事業有限公司
經　　　　銷	／	聯合發行股份有限公司

　　　　　　　地址：新北市231新店區寶橋路235巷6弄6號2樓
　　　　　　　電話：(02)2917-8022　傳真：(02)2911-0053

■2021年5月6日初版
■2023年2月15日初版2.1刷

Printed in Taiwan

定價460元

城邦讀書花園
www.cite.com.tw

«LE LIVRE D'OR D'HITLER: DES DIPLOMATES AU COEUR DU IIIᴱ REICH» by Jean-Christophe Brisard
© Librairie Artheme Fayard, 2020
Chinese-Traditional edition © 2021 by Business Weekly Publications, a division of Cite Publishing Ltd.
Chinese-Traditional edition published in agreement with Librairie Artheme Fayard, through The Grayhawk Agency
All rights reserved.